新版
市区町村長限りの職権訂正記載例集
コンピュータシステム編

長山 康彦 著

日本加除出版株式会社

序　文

　戸籍訂正事件は難解であり，頭を悩まされることが多い。法務局に照会される戸籍訂正事案の内でも，軽微な訂正である市区町村長限りの職権訂正事件に関するものが圧倒的多数を占めている実情にあるが，日常の事務処理にあたっての市区町村戸籍事務担当者の多大なる御労苦のほどが察せられる。

　本書は，全国の政令指定都市では初めての実施となった，札幌市の戸籍コンピュータ化改製作業に伴う戸籍訂正処理に関わる照会事案への対応等を通して，以前からコンピュータシステムに対応する職権訂正記載例集の必要性を痛感していた筆者がまとめ上げたものであり，戸籍訂正処理にかかるコンピュータ戸籍と従来の戸籍との橋渡しの役割をも担っているものである。

　このため，既にコンピュータ処理されている市区町村における戸籍訂正処理はもちろんのこと，これからコンピュータ化が予定されている市区町村でのセット・アップ作業が効率良く行われ，また，当分の間コンピュータ戸籍と非コンピュータ戸籍が混在する状況を余儀なくされることからも，両者間の戸籍訂正事務処理がスムーズに連携が図られるよう，本書を活用されることをお勧めしたい。

　平成13年8月

札幌法務局北出張所長
（前札幌法務局民事行政部戸籍課長）
大　場　　浩

新版はしがき

　本書の増補版が刊行されてから8年以上が経過し，その間，電子情報処理組織（コンピュータ）によって事務処理を行う市区町村の割合が99パーセント以上となっているところ，多くの市区町村の戸籍事務担当者から再刊行の希望が寄せられているとお伺いし，大変感謝しているところです。

　増補版の刊行後，平成22年3月24日付け法務省民一第730号民事第一課長通知が発出され，嫡出でない子の戸籍における父母との続柄の記載の更正についての平成16年11月1日付け法務省民一第3008号民事局長通達に係る対象戸籍が広がるなどしています。

　新版の刊行に当たっては，全体的な見直しと補訂を行った上で，札幌法務局において実務上直面した戸籍訂正の実例を参考に，コンピュータ戸籍の訂正処理記載例を追加しました。

　本書が，戸籍事務の適正処理に多少なりともお役に立つことができれば幸いです。

　最後に，新版として刊行の機会を与えてくださった，日本加除出版株式会社営業部の結城仁氏には心から感謝申し上げ，また，本書が無事刊行に至ったのは，コンピュータ上の戸籍の挙動についてなど数々の貴重な御意見を頂いた，元東京都豊島区区民課区民サービス担当係長の加藤信良氏と，旧刊における筆者の誤りを指摘し，校正について一方ならぬお力添えを頂いた，日本加除出版株式会社編集第一部の髙山康之氏の各氏の多大な御支援があったからであり，ここに深く感謝の意を表します。

　平成30年3月

　　　　　　　　　　　　札幌法務局民事行政部戸籍課長　長　山　康　彦

増補版はしがき

　電子情報処理組織（コンピュータ）によって戸籍事務を処理するなかでの，改製作業に伴う誤記や遺漏，軽微な誤りなどの職権訂正事案に対応する参考書として，平成13年に発刊させていただいた本書ですが，職権訂正事案の中には文字訂正に係る部分があり，その後の氏または名の記載に用いる文字の取扱いに関する通達の改正を整理する必要があったこと，また，全国各市区町村の戸籍事務担当職員の皆様方からの再版のご要望があったことから，このたび増補版として出版させていただくこととなりました。

　平成13年以降の札幌法務局管内のコンピュータ化市区町村からの職権訂正事案についての照会事例を参考に，若干の事例を増やし，今回増補版として出版することができましたが，これも札幌法務局戸籍課長はじめ，戸籍課の皆様のご協力によるものであり，心から感謝申し上げる次第です。

　また，増補版の出版に当たっては，日本加除出版株式会社編集部の大野弘氏からのご助言，ご協力をいただき，心から感謝の意を表します。

　平成21年7月

　　　　　　　　　　　　札幌法務局会計課施設係長　長　山　康　彦

（初版）はしがき

　戸籍法及び住民基本台帳法の一部を改正する法律（平成6年法律第67号）が施行されてから7年余りが経過し，電子情報処理組織によって戸籍事務を処理している市区町村が全国で600を超えていますが，現在も多くの市区町村で戸籍事務のコンピュータ化が計画されている状況にあります。

　コンピュータ化された市区町村では，その改製作業に伴う誤記や遺漏，また，記載処理の過程においての操作の不慣れからくる軽微な誤りが発生しているようですが，コンピュータ戸籍については従前の紙戸籍とは異なる特有な処理方法によらなければならず，参考とする文献が少ない中で，各市区町村担当者がその訂正方法に苦慮している現状にあります。

　本書は，私の上司・先輩である柳澤守男・松田淳一両氏著のレジストラーブック「市町村長限りの職権訂正事例集」を基礎に，電子情報処理組織（コンピュータ）に対応する職権訂正記載例集として発刊させていただくものですが，訂正処理部分はもとより，戸籍記録の全面を掲載することにより，処理の全体像がわかりやすくなっているものと思います。

　本書で例示した記載例とは異なる考え方などもあろうかと思いますが，これもひとえに筆者のシステム処理に対する不勉強からくるものであり，御叱正をお願いするとともに，コンピュータ庁における訂正処理に際し，本書がいくらかでもお役に立てれば幸甚です。

　最後になりましたが，本書の発刊にあたっては，柳澤守男札幌法務局職員課長の御指導・御助言，北海道石狩市役所の戸籍事務担当職員の方々の御協力，そして何と言いましても札幌法務局民事行政部戸籍課の皆さんの心強いサポートをいただきましたことに心からお礼を申し上げます。

　平成13年8月

札幌法務局苫小牧支局
（前札幌法務局民事行政部戸籍課）
長　山　康　彦

目　次

はじめに

1　市区町村長限りの職権による戸籍訂正について……………………1
2　電子情報処理（コンピュータシステム）による戸籍訂正について……………………………………………………………………2
3　全部事項証明と一部事項証明……………………………………3

第1　共　通

1　婚姻等による入籍事項につき，従前戸籍の表示を誤記した場合……4
2　婚姻届書の誤記（従前の本籍が婚姻届受理前に転籍等により変更したことによる誤記）により，婚姻事項中，入籍者の従前の戸籍の表示に過誤がある場合……………………………………………8
3　婚姻等による入籍事項につき，従前戸籍の筆頭者の氏名を誤記した場合……………………………………………………………10
4　婚姻等による除籍事項につき，入籍すべき戸籍の表示を誤記した場合……………………………………………………………12
5　婚姻等による除籍事項につき，入籍すべき戸籍の筆頭者の氏名を誤記した場合………………………………………………………14
6　婚姻事項等で，届書の受理市区町村長名を誤記した場合…………16
7　婚姻事項等で，送付を受けた日と受理市区町村長名の記載を遺漏した場合……………………………………………………………19
8　婚姻事項等で，届書の送付を受けた日を誤記した場合……………22
9　外国人との婚姻等で，外国人の生年月日を誤記した場合…………24
10　外国人との婚姻等で，外国人の国籍を誤記した場合………………26
11　外国人との婚姻等で，外国人の氏名の順序を誤記した場合………28

12 外国人配偶者の氏名の順序を氏，名に更正する旨の申出があった場合（昭和59年12月31日以前の婚姻）……………………………………31
13 外国人と婚姻している日本人配偶者（戸籍の筆頭者で昭和59年12月31日以前に婚姻）から配偶者区分の記録方について申出があった場合……………………………………………………………………34
14 国籍の表示「朝鮮」を「韓国」と訂正する申出があった場合………37

第2 本籍欄及び筆頭者氏名欄の訂正

1 町名を誤記した場合……………………………………………………40
2 地番号を誤記した場合…………………………………………………42
3 枝番の記載を遺漏した場合……………………………………………44
4 氏を誤記した場合………………………………………………………46
5 氏の文字更正申出があった場合………………………………………49
6 転籍届と同時に氏を通用字体へ更正する申出があった場合（従前地での処理）……………………………………………………………56
7 婚姻届と同時に氏を通用字体へ更正する申出があった場合（夫婦の新本籍地での処理）…………………………………………………60
8 筆頭者の氏の文字更正の記載をし，配偶者の婚姻事項欄及び子の父母欄の記載を「文字関連更正」とすべきを「文字更正」とした場合………………………………………………………………………64
〈文字訂正についての解説〉
　(1) 文字訂正について……………………………………………………68
　(2) 誤記訂正について……………………………………………………69
9 俗字について，氏の文字訂正申出があった場合……………………70

第3 戸籍事項欄の訂正

1 転籍事項の届出年月日を誤記した場合………………………………77

2　転籍事項の従前戸籍の表示を誤記した場合 …………………… 79
　　3　転籍後の新本籍の表示を誤記した場合 …………………………… 81
　　4　氏変更事項の移記を遺漏した場合 ………………………………… 83
　　5　記載不要な氏変更事項を誤って記載した場合 ………………… 87
　　6　氏変更の事由「戸籍法73条の2」とすべきを誤って「戸籍法77
　　　条の2」と記録した場合 …………………………………………… 89

第4　戸籍に記録されている者の欄の訂正

1　名の訂正 ……………………………………………………………………… 92
　　1　名（筆頭者の名）を誤記した場合 ………………………………… 92
　　2　名の俗字を正字に訂正する申出があった場合 ………………… 98
　　3　名を通用字体へ更正する申出があった場合 ………………… 105
　　4　転籍届と同時に名を通用字体へ更正する申出があった場合 ……… 112
　　5　婚姻届と同時に名を通用字体へ更正する申出があった場合 ……… 116

2　生年月日の訂正 ………………………………………………………… 117

3　父母の訂正 ………………………………………………………………… 118
　　1　父母の氏を誤記した場合 ………………………………………… 118
　　2　父の名を誤記した場合 …………………………………………… 120
　　3　認知事項を記載したが，父の記載を遺漏した場合 ………… 123
　　4　父の移記を遺漏した場合 ………………………………………… 125
　　5　父母離婚したため，母の氏の更正申出があった場合 ……… 128
　　6　外国人母の氏を父の氏に変更（漢字表記）したい旨の申出が
　　　あった場合 ………………………………………………………… 131
　　7　外国人父母の子の父母の名・氏の順序を更正する申出があった
　　　場合（昭和59年12月31日以前の記載） ……………………… 134
　　8　父母の氏の俗字を正字への訂正申出があった場合 ………… 137

9　筆頭者の氏の文字更正の際に，子の父母欄の更正を遺漏した場合……………………………………………………………………………… 140

4　続柄の訂正 ………………………………………………………… 142
　　1　続柄を誤記した場合 ………………………………………………… 142
　　2　年長者の出生届によって弟妹の続柄を訂正する場合 …………… 144
　　3　続柄の記載を遺漏した場合 ………………………………………… 146
　　4　婚姻準正子について，続柄の訂正を遺漏した場合 ……………… 148
　　5　認知準正子について，父母との続柄を【関連訂正事項】により訂正すべきところ，その記録を遺漏した場合 …………………… 150
　　6　父母が外国の方式で婚姻したことにより嫡出子の身分を取得した婚姻準正子について，父母との続柄の訂正を遺漏した場合 ……… 156
　　7　長女（長男）として子が在籍する戸籍に，その者の姉（年長者）の国籍取得届がされた場合（国籍取得届のその他欄に続柄について訂正の申出がある。） …………………………………… 158

5　配偶者区分の訂正 ………………………………………………… 160
　　1　配偶者区分の記載「夫」を「妻」と誤記した場合 ……………… 160
　　2　離婚届の際，配偶者区分の記載の消除を遺漏した場合 ………… 162

6　養父母の訂正 ……………………………………………………… 164
　　　養父の名を誤記した場合 …………………………………………… 164

7　養父母との続柄の訂正 …………………………………………… 166
　　　養父母との続柄を誤記した場合 …………………………………… 166

第5 身分事項欄の訂正

1 出生事項の訂正 …………………………………………………… 168
 1 生年月日と出生日の双方を誤記した場合 ……………………… 168
 2 出生届出年月日を誤記した場合 ………………………………… 171
 3 出生地を誤記した場合 …………………………………………… 173
 4 外国で出生した子について，市区町村名の記載を遺漏した場合 …… 175
 5 出生届出人の資格を誤記した場合 ……………………………… 177
 6 届出人の氏名の記載を誤記した場合 …………………………… 179
 7 出生事項を遺漏した場合 ………………………………………… 181
 参考：出生事項の記録を遺漏したため出生事項中に出生日のみ記録されている場合 …………………………………………………… 183

2 認知事項の訂正 …………………………………………………… 184
 1 父母婚姻中に父が認知し，届出人の資格「同居者」とあるのを「父」と更正する旨の申出があった場合 ……………………… 184
 2 認知者の氏名を誤記した場合 …………………………………… 187
 3 父の戸籍に認知に関する記載を遺漏した場合 ………………… 193
 4 胎児認知について，一般の認知と同様の記載をした場合（子について） ……………………………………………………………… 196
 5 胎児認知された子の出生に基づき，子の戸籍に記載すべき胎児認知事項のインデックスを誤った場合 ………………………… 199
 6 日本人が外国人の子の認知を，外国人の本国法の方式により成立させた旨の証書を提出し報告的認知届をしたが，創設的認知の記載をした場合 …………………………………………………… 201

3 養子縁組事項の訂正 ……………………………………………… 205
 1 代諾者の氏名を誤記した場合 …………………………………… 205
 2 代諾者の資格を誤記した場合 …………………………………… 207

3　代諾者の資格の記載を遺漏した場合 …………………………… 209
　　4　養親の縁組事項につき，養子の氏名を誤記した場合 ………… 212
　　5　養父の氏名について，養父母欄と縁組事項双方を誤記した場合 … 216
　　6　養親について，縁組事項の記載を遺漏した場合 ……………… 218
　　7　養親について，移記不要の縁組事項を移記した場合 ………… 225
　　8　「養子」と「養女」とを誤記した場合 ………………………… 227
　　9　養子縁組事項中，インデックス【養母氏名】を【養父氏名】と
　　　誤記した場合 ……………………………………………………… 231

 4　養子離縁事項の訂正 ……………………………………………… 233
　　1　死亡養親との離縁届出がされたが，誤って裁判による離縁の記
　　　載をした場合 ……………………………………………………… 233
　　2　養子離縁事項中，インデックス【離縁の和解成立日】を誤って
　　　【離縁の調停成立日】とした場合 ……………………………… 236

 5　婚姻事項の訂正 …………………………………………………… 238
　　1　婚姻事項中，配偶者氏名を誤記した場合 ……………………… 238
　　2　婚姻による除籍事項の新本籍の表示を誤記した場合 ………… 241
　　3　婚姻による新戸籍の記載完了後，妻の従前戸籍の記載の誤りが
　　　判明し追完届出がされた場合 …………………………………… 243
　　4　婚姻による除籍事項に，夫婦の称する氏を誤記した場合 …… 246
　　5　外国で婚姻が成立し証書の提出がされたが，届出と同様の記載
　　　をした場合 ………………………………………………………… 248
　　6　外国人と婚姻した夫から，妻の氏が変更した旨の記載申出（漢
　　　字表記）があった場合 …………………………………………… 252
　　7　夫の名の変更に伴い，妻の婚姻事項中配偶者氏名を申出により
　　　更正したが，更正事項を誤記した場合 ………………………… 255

6 離婚事項の訂正 ………………………………………………………… 259
1 夫の氏名を誤記した場合 ……………………………………………… 259
2 離婚の年月日を誤記した場合 ………………………………………… 261
3 移記不要の離婚事項を移記した場合 ………………………………… 265
4 離婚によって，妻は婚姻前の戸籍に復するためインデックス【入籍戸籍】とするところ，【新本籍】と誤った場合 …………… 268
5 裁判（調停）による離婚の届出がされたが，誤って協議離婚の記載をした場合（未成年の子がいる場合） ……………………… 270

7 親権・未成年後見事項の訂正 ………………………………………… 274
1 親権者指定事項につき，届出の年月日を誤記した場合 …………… 274
2 未成年者について，親権事項の移記を遺漏した場合 ……………… 276
3 父母の離婚届に親権者の記載があったがその記載を遺漏した場合 …………………………………………………………………… 278
4 移記不要の親権事項を移記した場合 ………………………………… 284
5 父母の離婚届が送付されたため，親権事項に送付事項を記載した場合 ………………………………………………………………… 286
6 親権者変更事項で裁判確定の年月日を誤記した場合 ……………… 291
7 同籍内での縁組により共同親権となった旨の記載を遺漏した場合 …………………………………………………………………… 293
8 未成年者が婚姻したため，親権に服さなくなった旨の記載申出があった場合 …………………………………………………… 295
9 未成年者が成年に達したため，親権に服さなくなった旨の記載申出があった場合 ………………………………………………… 298
10 未成年後見開始の年月日を誤記した場合 …………………………… 300
11 未成年後見終了の年月日を誤記した場合 …………………………… 302
12 調停離婚及び調停離縁が同時に成立し，子について新戸籍を編製したが，親権事項の記載を遺漏していた場合 ………………… 304

8　死亡事項の訂正 ……………………………………………………… 306
1　死亡時分を誤記した場合 …………………………………………… 306
2　死亡地を誤記した場合 ……………………………………………… 308
3　届出人の資格を誤記した場合 ……………………………………… 310
4　届出人の氏名を誤記した場合 ……………………………………… 312
5　配偶者死亡による婚姻解消事項の記載を遺漏した場合 ………… 314
6　外国人配偶者の死亡による婚姻解消事項について，記録日を遺漏した場合 ………………………………………………………… 319
7　水難による死亡報告に基づき戸籍の記載がされた後，その取消通知があった場合 …………………………………………………… 322

9　入籍事項の訂正 ……………………………………………………… 325
1　15歳以上の未成年者の入籍事項につき，親権者届出と誤記した場合 ………………………………………………………………… 325
2　15歳未満の者の入籍事項につき，届出人の資格の記載を遺漏した場合 ……………………………………………………………… 328

10　帰化事項の訂正 ……………………………………………………… 330
1　帰化者につき従前の氏名を誤記した場合 ………………………… 330
2　妻（夫）の帰化事項の年月日を誤記した場合 …………………… 332
3　帰化者の子につき母欄更正年月日を誤記した場合 ……………… 336

11　名変更事項の訂正 …………………………………………………… 339
1　名変更事項の移記を遺漏した場合 ………………………………… 339
2　15歳未満の子の名の変更届で，届出人の記載を遺漏した場合 …… 341
3　性別の取扱いの変更の裁判確定による嘱託によって新戸籍を編製する際に，名の変更事項に【従前の記録】を移記してしまった場合 …………………………………………………………………… 343

12 転籍事項の訂正 ……………………………………………… 345
転籍地の戸籍に除籍者を記載した場合 ……………………… 345

13 その他の訂正 ……………………………………………… 347
1 改製の際，誤って除籍者を記載した場合 ………………… 347
2 コンピュータ移行のデータ送付後，筆頭者が死亡したが，異動データの送付を失念し，そのまま改製された場合 …………… 349
3 改製の際，国籍留保とともに出生届をしている場合の記載を誤記，遺漏した場合 ………………………………………… 352
4 戸籍の消除事項の記録を遺漏した場合 …………………… 354

資　料

―参考事項（通達・回答）―
1 市区町村長限りで戸籍訂正ができる範囲
　昭和47年5月2日民事甲第1766号通達 ………………………… 361
2 氏名の訂正・更正申出
　平成2年10月20日民二第5200号通達 …………………………… 362
3 外国人配偶者・父母欄の氏名の更正申出
　昭和55年8月27日民二第5218号通達 …………………………… 368
　昭和59年11月1日民二第5500号通達（抄）……………………… 369
4 父母の婚姻等による氏変更の申出
　昭和26年12月20日民事甲第2416号回答 ………………………… 372
5 父母欄の「亡」の字の冠記
　平成3年11月28日民二第5877号通達 …………………………… 373
6 配偶欄を設ける申出
　昭和59年11月1日民二第5500号通達（抄）……………………… 373
7 嫡出でない子の父母との続柄欄の記載の更正
　平成16年11月1日民一第3008号通達 …………………………… 374

記録事項の見方

(2の1) 決裁用帳票

本籍欄及び筆頭者氏名欄	本　　籍	北海道室蘭市入江町一丁目1番地
	氏　　名	甲野　義夫
戸籍事項欄	戸籍事項 　　戸籍改製	【改製日】平成11年1月10日 【改製事由】平成6年法務省令第51号附則第2条 　　　　　　第1項による改製
戸籍に記録されている者の欄	戸籍に記録されている者	【名】義夫 【生年月日】昭和40年5月1日　【配偶者区分】夫 【父】甲野幸雄 【母】甲野春子 【続柄】長男
身分事項欄 「基本タイトル」又は「左端タイトル」という。 （2文字分空く）	身分事項 　　出　　生	【出生日】昭和40年5月1日 【出生地】北海道室蘭市 【届出日】昭和40年5月10日 【届出人】父
	婚　　姻	【婚姻日】平成5年1月10日 【配偶者氏名】乙野梅子 【従前戸籍】札幌市北区北八条西二丁目1番地1 　　　　　　甲野幸雄
「処理タイトル」又は「段落タイトル」という。 （基本タイトルから2文字分空く）	○○訂正	【訂正日】平成12年1月10日 【訂正事由】誤記 【従前の記録】 　　【従前戸籍】札幌市北区北九条西二丁目1番地 　　　　　　　1　甲野幸雄
	訂　　正	【訂正日】平成12年1月10日 【訂正事項】父母との続柄 【訂正事由】誤記 【従前の記録】 　　【父母との続柄】長女

「戸籍に記録されている者」欄の事項を訂正するときには左端タイトルとなる。

【　】は「項目」又は「インデックス」という。

はじめに

 市区町村長限りの職権による戸籍訂正について

　戸籍訂正とは，戸籍の記載が法律上許されないものであること又はその記載に錯誤若しくは遺漏があることを発見した場合に，法定の手続によって，その記載を訂正することをいいます。この戸籍訂正は，下図に示すとおり，届出人等からの申請に基づく訂正と職権による訂正に大別されます。

```
                ┌ 職権訂正 ┬ 市区町村長限りで訂正できるもの
                │          └ 市区町村長が管轄法務局の長の許可を得て訂正できる
戸籍訂正 ─┤                   もの（戸籍法24条2項）
                │          ┌ 戸籍法59条の規定によるもの
                └ 申請訂正 ┼ 家庭裁判所の許可によるもの（戸籍法113条・114条）
                           └ 確定判決（審判）によるもの（戸籍法116条）
```

　職権訂正については，訂正の正確性を期するため管轄法務局の長の許可を得てするのが原則とされていますが，事務の迅速な処理の要請に応えるため，戸籍記載の錯誤又は遺漏が市区町村長の過誤によるものであることが届書類等によって明白であり，かつ，その内容が軽微で訂正の結果が身分関係に影響を及ぼさない場合の訂正は，管轄法務局の長の許可を要することなく，市区町村長限りの職権で訂正できるとされています。

　そこで，戸籍法施行規則には，そのような場合の訂正手続が定められています（戸籍法施行規則41条・43条・45条）し，それ以外の場合でも，戸籍先例（昭和47・5・2民甲1766号通達）により個別的に許可を要しない場合が類型ごとに示され，その類型に該当する事案である限り市区町村長限りの職権で訂正をしても差し支えない扱いとされています。例えば，①軽微・顕著な誤記又は遺漏，②法令の改廃によるもの，③届出又は申請に付随して訂正するもの，④申出によるもの等が，市区町村長限りの職権で訂正できる場合の類型です。

2 電子情報処理（コンピュータシステム）による戸籍訂正について

　平成28年度の戸籍訂正・更正事件数は86,873件であり，平成16年度の358,611件をピークに年々減少しています。

　これは，平成16年法務省令第76号により嫡出でない子の父母との続柄の記載に関する取扱いが改正される以前に出生し，既に戸籍に記載されている嫡出でない子について，その父母との続柄を「長男（長女）」，「二男（二女）」等の記載に更正する申出があったときは，市区町村長限りで更正するものとされたこと，また，戸籍事務のコンピュータ化が進んだため，その改正作業に伴う戸籍訂正事件が一段落し，コンピュータによる事務処理が開始された後は，自動審査機能に加え，戸籍の記載（記録）が定型化することによって誤りが減少したためと思われます。

　参考までに，平成28年度と，その10年前の平成18年度の戸籍訂正・更正事件数について比較してみます。

　市区町村長の職権によるものが平成18年度238,584件，平成28年度77,202件，戸籍法第24条第2項によるものが平成18年度19,563件，平成28年度4,718件，戸籍法第113条又は114条によるものが平成18年度1,482件，平成28年度879件，戸籍法第116条によるものが平成18年度1,703件，平成28年度1,138件，続柄の記載更正及び訂正（嘱託及び申出）が平成18年度3,910件，平成28年度2,936件となっています。

❷ 電子情報処理（コンピュータシステム）による戸籍訂正について

　コンピュータシステムによる戸籍訂正の処理は，既に記録されている事項（本籍欄及び筆頭者氏名欄・戸籍事項欄・戸籍に記録されている者の欄・身分事項欄等）について，訂正・記録・消除を行っていくわけですから，この処理をしたことを明らかにして残しておく必要があります。そしてこの処理を行う場合には必ず，訂正・更正・記録・消除等の明示をタイトルとして記録することになります。

　また，コンピュータシステムによる戸籍訂正の処理は，訂正前の事項を【従前の記録】として必ず記録を残すことにしています。しかし，誤記，遺

漏等を理由とする市区町村長限りの職権訂正に関する事項については，証明書に出力しない取扱い（平成6・11・6民二7002号通達第5の5(3)）となっていますので，例えば，タイトルが「訂正」，「記録」となっている事項で，訂正事由が誤記・遺漏の場合には，訂正後の全部事項証明にはその職権訂正事項は出力されません。また，「文字訂正」，「文字更正」に伴い訂正（更正）された「文字関連訂正」，「文字関連更正」についても，訂正後の全部事項証明にはその職権訂正事項は出力されません（後述3参照）。

なお，タイトルが「消除」，「更正」となっている事項は全部事項証明に必ず出力されます。また，タイトルが「訂正」，「記録」となっている事項でも，訂正事由が錯誤・申出の場合には，全部事項証明に出力されます。

❸ 全部事項証明と一部事項証明

戸籍の訂正事項については，その変遷を履歴として戸籍に残しておくことが必要なのは言うまでもありませんが，職権訂正事項のうち，市区町村長の過誤により訂正する訂正事項まで証明書に出力し，公示を必要とするかというと，訂正そのものが分かりきった軽微なものである場合は，その必要性はないものと言えます。

つまり前記平成6年の通達によって，コンピュータシステムによる戸籍事務の処理中，職権訂正事項のデータの取扱いについては，「記録事項証明書には，（中略）市区町村長限りの職権訂正事項（誤記，遺漏又は文字関連訂正（更正）によるものに限る。）を出力しないものとする。ただし，一部事項証明書の交付を請求する者から職権訂正事項の証明を求められた場合には，これを出力する機能を有するものとする。」としています。

したがいまして，市区町村長限りの職権訂正事項については，全部事項証明書及び個人事項証明書には，訂正に係る事項を証明しない取扱いとし，特にその訂正に係る事項についての証明書を求められた場合に限って，一部事項証明書で対応することとしています。

4　第1　共通

市区町村長限りの職権訂正記載例集

第1　共　通

〔共通1〕婚姻等による入籍事項につき，従前戸籍の表示を誤記した場合

戸　籍　訂　正　書

受付	平成30年1月10日	戸　籍	
	第　40　号	調査	

(1)	事件本人	本　籍	北海道室蘭市入江町1丁目1番地	記載	
		筆頭者氏名	甲野義夫	記載調査	
(2)		住所及び世帯主氏名	室蘭市入江町1丁目1番地　甲野義夫	送付通知	
(3)		氏　名	甲野義夫	住民票	
		生年月日	昭和58年5月1日	記載	
(4)	訂正・記載の事由		事件本人の婚姻による入籍事項中，従前の本籍の表示「北9条」は「北8条」の誤りであることを発見したが，これは当職の過誤であるので，職権により戸籍の訂正をする。	通知	
				附　票	
(5)	訂正・記載の趣旨		事件本人の婚姻事項中従前の本籍「北9条」を「北8条」と訂正する。 （記載例） 婚　姻　　【婚姻日】平成29年1月10日 　　　　　【配偶者氏名】乙野梅子 　　　　　【従前戸籍】札幌市北区北八条西二丁目 　　　　　　　1番地1　甲野幸雄 訂　正　　【訂正日】平成30年1月10日 　　　　　【訂正事由】誤記 　　　　　【従前の記録】 　　　　　【従前戸籍】札幌市北区北九条西二丁目 　　　　　　　1番地1　甲野幸雄	記載	
				通知	
(6)	添付書類		戸（除）籍謄本		

　　　上記のとおり職権によって訂正する。
　　　　平成30年1月10日

　　　　　　　　　　北海道室蘭市長　〇　〇　〇　〇　[職印]

（注）事件本人が二人以上であるときは，必要に応じ該当欄を区切り記載する。

注　従前の本籍が判明する戸（除）籍謄本を添付する。婚姻の届書謄本の添付は要しない。

訂正前の記録事項証明書

(2の1) 全部事項証明

本　　籍	北海道室蘭市入江町一丁目1番地
氏　　名	甲野　義夫
戸籍事項 　　戸籍編製	【編製日】平成29年1月10日
戸籍に記録されている者	【名】義夫 【生年月日】昭和58年5月1日　　　【配偶者区分】夫 【父】甲野幸雄 【母】甲野春子 【続柄】長男
身分事項 　　出　　生	【出生日】昭和58年5月1日 【出生地】北海道室蘭市 【届出日】昭和58年5月10日 【届出人】父
婚　　姻	【婚姻日】平成29年1月10日 【配偶者氏名】乙野梅子 【従前戸籍】札幌市北区北九条西二丁目1番地1　甲野幸雄

以下余白

決裁用帳票

(2の1) 決裁用帳票

本　　　籍	北海道室蘭市入江町一丁目1番地
氏　　　名	甲野　義夫
戸籍事項 　　戸籍編製	【編製日】平成29年1月10日
戸籍に記録されている者	【名】義夫 【生年月日】昭和58年5月1日　　　【配偶者区分】夫 【父】甲野幸雄 【母】甲野春子 【続柄】長男
身分事項 　　出　　生	【出生日】昭和58年5月1日 【出生地】北海道室蘭市 【届出日】昭和58年5月10日 【届出人】父
婚　　姻	【婚姻日】平成29年1月10日 【配偶者氏名】乙野梅子 【従前戸籍】札幌市北区北八条西二丁目1番地1　甲野幸雄
訂　　正	【訂正日】平成30年1月10日 【訂正事由】誤記 【従前の記録】 　【従前戸籍】札幌市北区北九条西二丁目1番地1　甲野幸雄

以下余白

※　段落ちタイトル「訂正」の場合，基本タイトルと【従前の記録】との関係で，訂正の対象となった事項を特定することができるので，【訂正事項】の記録は不要となる。

訂正後の記録事項証明書

(2の1) 全部事項証明

本　　籍	北海道室蘭市入江町一丁目1番地
氏　　名	甲野　義夫
戸籍事項 　　戸籍編製	【編製日】平成29年1月10日
戸籍に記録されている者	【名】義夫 【生年月日】昭和58年5月1日　　【配偶者区分】夫 【父】甲野幸雄 【母】甲野春子 【続柄】長男
身分事項 　　出　　生	【出生日】昭和58年5月1日 【出生地】北海道室蘭市 【届出日】昭和58年5月10日 【届出人】父
婚　　姻	【婚姻日】平成29年1月10日 【配偶者氏名】乙野梅子 【従前戸籍】札幌市北区北八条西二丁目1番地1　甲野幸雄

以下余白

※　市区町村長限りの職権訂正に関する事項（誤記，遺漏，文字関連訂正（更正）によるものに限る）は，全部事項証明書には出力されない。

8　第1　共通

〔共通2〕婚姻届書の誤記（従前の本籍が婚姻届受理前に転籍等により変更したことによる誤記）により，婚姻事項中，入籍者の従前の戸籍の表示に過誤がある場合

決裁用帳票

（2の1）　決 裁 用 帳 票

本　　籍	北海道室蘭市入江町一丁目1番地
氏　　名	甲野　義夫
戸籍事項 　戸籍編製	【編製日】平成29年1月10日
戸籍に記録されている者	【名】義夫 【生年月日】昭和58年5月1日　　　　【配偶者区分】夫 【父】甲野幸雄 【母】甲野春子 【続柄】長男
身分事項 　出　　生	【出生日】昭和58年5月1日 【出生地】北海道室蘭市 【届出日】昭和58年5月10日 【届出人】父
婚　　姻	【婚姻日】平成29年1月10日 【配偶者氏名】乙野梅子 【従前戸籍】札幌市北区北八条西二丁目1番地1　甲野幸雄
訂　　正	【訂正日】平成30年1月10日 【訂正事由】錯誤 【従前の記録】 　　【従前戸籍】札幌市西区琴似二条七丁目1番地1　甲野幸雄

以下余白

※　段落ちタイトル「訂正」の場合，基本タイトルと【従前の記録】との関係で，訂正の対象となった事項を特定することができるので，【訂正事項】の記録は不要となる。

訂正後の記録事項証明書

(2の1) 全部事項証明

本　　　籍	北海道室蘭市入江町一丁目1番地
氏　　　名	甲野　義夫
戸籍事項 　戸籍編製	【編製日】平成29年1月10日
戸籍に記録されている者	【名】義夫 【生年月日】昭和58年5月1日　　　　【配偶者区分】夫 【父】甲野幸雄 【母】甲野春子 【続柄】長男
身分事項 　出　　生	【出生日】昭和58年5月1日 【出生地】北海道室蘭市 【届出日】昭和58年5月10日 【届出人】父
婚　　姻	【婚姻日】平成29年1月10日 【配偶者氏名】乙野梅子 【従前戸籍】札幌市北区北八条西二丁目1番地1　甲野幸雄
訂　　正	【訂正日】平成30年1月10日 【訂正事由】錯誤 【従前の記録】 　【従前戸籍】札幌市西区琴似二条七丁目1番地1　甲野幸雄

以下余白

※1　本事例は，婚姻により夫婦につき新戸籍を編製したが，夫（又は妻）の従前本籍が婚姻届受理前に転籍等により変更していることが判明したため，夫（又は妻）の婚姻入籍事項中，従前の本籍の表示の記載を市区町村長限りの職権で訂正するものである。本来，この記載の誤りは，市区町村の過誤によるものではないため，戸籍法113条の規定により訂正すべきものであるが，転籍前後の戸籍の記載によって容易に事件本人の同一性を確認することができる等の理由から，先例において，夫（又は妻）の従前の本籍地からの通知（戸24条3項）又は事件本人の申出により市区町村長限りの職権で右本籍の表示を訂正して差し支えないとされている（昭和42・5・19民事甲1177号通達）。

2　本事例の訂正事項は，市区町村長の誤記等によるものではないため，全部事項証明書に表示される。

10　第1　共通

〔共通3〕婚姻等による入籍事項につき，従前戸籍の筆頭者の氏名を誤記した場合

決裁用帳票

（2の1）　　決 裁 用 帳 票

本　　籍	北海道室蘭市入江町一丁目1番地
氏　　名	甲野　義夫
戸籍事項 　　戸籍編製	【編製日】平成29年1月10日
戸籍に記録されている者	【名】義夫 【生年月日】昭和58年5月1日　　　　　【配偶者区分】夫 【父】甲野幸雄 【母】甲野春子 【続柄】長男
身分事項 　　出　　生	【出生日】昭和58年5月1日 【出生地】北海道室蘭市 【届出日】昭和58年5月10日 【届出人】父
婚　　姻	【婚姻日】平成29年1月10日 【配偶者氏名】乙野梅子 【従前戸籍】札幌市北区北八条西二丁目1番地1　甲野幸雄
訂　　正	【訂正日】平成30年1月10日 【訂正事由】誤記 【従前の記録】 　　【従前戸籍】札幌市北区北八条西二丁目1番地1　乙野幸雄
	以下余白

※　段落ちタイトル「訂正」の場合，基本タイトルと【従前の記録】との関係で，訂正の対象となった事項を特定することができるので，【訂正事項】の記録は不要となる。

訂正後の記録事項証明書

(2の1) 全部事項証明

本　　籍	北海道室蘭市入江町一丁目1番地
氏　　名	甲野　義夫
戸籍事項 　　戸籍編製	【編製日】平成29年1月10日
戸籍に記録されている者	【名】義夫 【生年月日】昭和58年5月1日　　　【配偶者区分】夫 【父】甲野幸雄 【母】甲野春子 【続柄】長男
身分事項 　　出　　生	【出生日】昭和58年5月1日 【出生地】北海道室蘭市 【届出日】昭和58年5月10日 【届出人】父
婚　　姻	【婚姻日】平成29年1月10日 【配偶者氏名】乙野梅子 【従前戸籍】札幌市北区北八条西二丁目1番地1　甲野幸雄

以下余白

※　市区町村長限りの職権訂正に関する事項（誤記，遺漏，文字関連訂正（更正）によるものに限る）は，全部事項証明書には出力されない。

〔共通4〕婚姻等による除籍事項につき，入籍すべき戸籍の表示を誤記した場合

決裁用帳票

(2の1) 決 裁 用 帳 票

本　　　籍	北海道室蘭市栄町一丁目2番地
氏　　　名	乙野　茂雄
戸籍事項 　戸籍改製	【改製日】平成13年2月3日 【改製事由】平成6年法務省令第51号附則第2条第1項による改製
戸籍に記録されている者 除　　籍	【名】梅子 【生年月日】昭和58年8月1日 【父】乙野茂雄 【母】乙野寿子 【続柄】二女
身分事項 　出　　生	【出生日】昭和58年8月1日 【出生地】北海道登別市 【届出日】昭和58年8月10日 【届出人】父
婚　　姻	【婚姻日】平成29年1月10日 【配偶者氏名】甲野義夫 【入籍戸籍】札幌市北区北八条西二丁目1番地1　甲野義夫
訂　　正	【訂正日】平成30年1月10日 【訂正事由】誤記 【従前の記録】 　　【入籍戸籍】札幌市北区北九条西二丁目1番地1　甲野義夫

以下余白

※　段落ちタイトル「訂正」の場合，基本タイトルと【従前の記録】との関係で，訂正の対象となった事項を特定することができるので，【訂正事項】の記録は不要となる。

訂正後の記録事項証明書

(2の1) 全部事項証明

本　　　籍	北海道室蘭市栄町一丁目2番地
氏　　　名	乙野　茂雄
戸籍事項 　　戸籍改製	【改製日】平成13年2月3日 【改製事由】平成6年法務省令第51号附則第2条第1項による改製
戸籍に記録されている者 　　除　籍	【名】梅子 【生年月日】昭和58年8月1日 【父】乙野茂雄 【母】乙野寿子 【続柄】二女
身分事項 　　出　　生 　　婚　　姻	【出生日】昭和58年8月1日 【出生地】北海道登別市 【届出日】昭和58年8月10日 【届出人】父 【婚姻日】平成29年1月10日 【配偶者氏名】甲野義夫 【入籍戸籍】札幌市北区北八条西二丁目1番地1　甲野義夫 　　　　　　　　　　　　　　　　　　　　　　　　以下余白

※　市区町村長限りの職権訂正に関する事項（誤記，遺漏，文字関連訂正（更正）によるものに限る）は，全部事項証明書には出力されない。

14　第1　共通

〔共通5〕婚姻等による除籍事項につき，入籍すべき戸籍の筆頭者の氏名を誤記した場合

決裁用帳票

（2の1）　　決 裁 用 帳 票

本　　籍	北海道室蘭市栄町一丁目2番地
氏　　名	乙野　茂雄
戸籍事項 　戸籍改製	【改製日】平成13年2月3日 【改製事由】平成6年法務省令第51号附則第2条第1項による改製
戸籍に記録されている者 　除　　籍	【名】梅子 【生年月日】昭和58年8月1日 【父】乙野茂雄 【母】乙野寿子 【続柄】二女
身分事項 　出　　生	【出生日】昭和58年8月1日 【出生地】北海道登別市 【届出日】昭和58年8月10日 【届出人】父
婚　　姻	【婚姻日】平成29年1月10日 【配偶者氏名】甲野義夫 【入籍戸籍】札幌市北区北八条西二丁目1番地1　甲野義夫
訂　　正	【訂正日】平成30年1月10日 【訂正事由】誤記 【従前の記録】 　【入籍戸籍】札幌市北区北八条西二丁目1番地1　甲野良夫
	以下余白

※　段落ちタイトル「訂正」の場合，基本タイトルと【従前の記録】との関係で，訂正の対象となった事項を特定することができるので，【訂正事項】の記録は不要となる。

第1 共通 15

訂正後の記録事項証明書

(2の1) 全部事項証明

本　　籍	北海道室蘭市栄町一丁目2番地
氏　　名	乙野　茂雄
戸籍事項 　　戸籍改製	【改製日】平成13年2月3日 【改製事由】平成6年法務省令第51号附則第2条第1項による改製

戸籍に記録されている者 除　　籍	【名】梅子 【生年月日】昭和58年8月1日 【父】乙野茂雄 【母】乙野寿子 【続柄】二女
身分事項 　　出　　生	【出生日】昭和58年8月1日 【出生地】北海道登別市 【届出日】昭和58年8月10日 【届出人】父
婚　　姻	【婚姻日】平成29年1月10日 【配偶者氏名】甲野義夫 【入籍戸籍】札幌市北区北八条西二丁目1番地1　甲野義夫

以下余白

※　市区町村長限りの職権訂正に関する事項（誤記，遺漏，文字関連訂正（更正）によるものに限る）は，全部事項証明書には出力されない。

16　第1　共通

〔共通6〕婚姻事項等で，届書の受理市区町村長名を誤記した場合

		戸 籍 訂 正 書	受付	平成30年 1月10日	戸籍	
				第　41　号	調査	
(1)	事件本人	本　籍　北海道室蘭市入江町1丁目1番地			記載	
		筆頭者氏名　甲野 幸雄			記載調査	
(2)		住所及び世帯主氏名　室蘭市入江町1丁目1番地　甲野義夫			送付通知	
(3)	本人	氏　名　甲野 義夫			住民票	
		生年月日　昭和58年 5月 1日			記載	
(4)	訂正・記載の事由	事件本人の婚姻による除籍事項中，受理区長名「西区長」は「東区長」の誤りであることを発見したが，これは当職の過誤であるので，職権により戸籍の訂正をする。			通知	
					附　票	
(5)	訂正・記載の趣旨	事件本人の婚姻による除籍事項中，受理者「札幌市西区長」を「札幌市東区長」と訂正する。 （記載例） 　　婚姻　　【婚姻日】平成29年1月10日 　　　　　　【配偶者氏名】乙野梅子 　　　　　　【送付を受けた日】平成29年1月13日 　　　　　　【受理者】札幌市東区長 　　　　　　【新本籍】札幌市北区北八条西二丁目1番地1 　　　　　　【称する氏】夫の氏 　　訂正　　【訂正日】平成30年1月10日 　　　　　　【訂正事由】誤記 　　　　　　【従前の記録】 　　　　　　　【受理者】札幌市西区長			記載	
					通知	
(6)	添付書類	婚姻の届書謄本				

　　上記のとおり職権によって訂正する。
　　　平成30年 1月10日

　　　　　　　　北海道室蘭市長　○　○　○　○　[職印]

（注）事件本人が二人以上であるときは、必要に応じ該当欄を区切り記載する。

【決裁用帳票】

(2の1)　決 裁 用 帳 票

本　　　籍	北海道室蘭市入江町一丁目1番地
氏　　　名	甲野　幸雄
戸籍事項 　　戸籍改製	【改製日】平成13年2月3日 【改製事由】平成6年法務省令第51号附則第2条第1項による改製
戸籍に記録されている者 除　　籍	【名】義夫 【生年月日】昭和58年5月1日 【父】甲野幸雄 【母】甲野春子 【続柄】長男
身分事項 　　出　　生	【出生日】昭和58年5月1日 【出生地】北海道室蘭市 【届出日】昭和58年5月10日 【届出人】父
婚　　姻	【婚姻日】平成29年1月10日 【配偶者氏名】乙野梅子 【送付を受けた日】平成29年1月13日 【受理者】札幌市東区長 【新本籍】札幌市北区北八条西二丁目1番地1 【称する氏】夫の氏
訂　　正	【訂正日】平成30年1月10日 【訂正事由】誤記 【従前の記録】 　　【受理者】札幌市西区長
	以下余白

※　段落ちタイトル「訂正」の場合，基本タイトルと【従前の記録】との関係で，訂正の対象となった事項を特定することができるので，【訂正事項】の記録は不要となる。

18　第1　共通

訂正後の記録事項証明書

(2の1)　全部事項証明

本　籍	北海道室蘭市入江町一丁目1番地
氏　名	甲野　幸雄
戸籍事項 　　戸籍改製	【改製日】平成13年2月3日 【改製事由】平成6年法務省令第51号附則第2条第1項による改製
戸籍に記録されている者 除　籍	【名】義夫 【生年月日】昭和58年5月1日 【父】甲野幸雄 【母】甲野春子 【続柄】長男
身分事項 　　出　生 　　婚　姻	【出生日】昭和58年5月1日 【出生地】北海道室蘭市 【届出日】昭和58年5月10日 【届出人】父 【婚姻日】平成29年1月10日 【配偶者氏名】乙野梅子 【送付を受けた日】平成29年1月13日 【受理者】札幌市東区長 【新本籍】札幌市北区北八条西二丁目1番地1 【称する氏】夫の氏
	以下余白

※　市区町村長限りの職権訂正に関する事項（誤記，遺漏，文字関連訂正（更正）によるものに限る）は，全部事項証明書には出力されない。

〔共通7〕婚姻事項等で,送付を受けた日と受理市区町村長名の記載を遺漏した場合

訂正前の記録事項証明書

（2の1） 全部事項証明

本　　　籍	北海道室蘭市入江町一丁目1番地
氏　　　名	甲野　幸雄
戸籍事項 　戸籍改製	【改製日】平成13年2月3日 【改製事由】平成6年法務省令第51号附則第2条第1項による改製
戸籍に記録されている者 　除　　籍	【名】義夫 【生年月日】昭和58年5月1日 【父】甲野幸雄 【母】甲野春子 【続柄】長男
身分事項 　出　　生	【出生日】昭和58年5月1日 【出生地】北海道室蘭市 【届出日】昭和58年5月10日 【届出人】父
婚　　姻	【婚姻日】平成29年1月10日 【配偶者氏名】乙野梅子 【新本籍】札幌市北区北八条西二丁目1番地1 【称する氏】夫の氏
	以下余白

20　第1　共通

決裁用帳票

（2の1）｜決裁用帳票

本　籍	北海道室蘭市入江町一丁目1番地
氏　名	甲野　幸雄
戸籍事項 　戸籍改製	【改製日】平成13年2月3日 【改製事由】平成6年法務省令第51号附則第2条第1項による改製

戸籍に記録されている者 除　籍	【名】義夫 【生年月日】昭和58年5月1日 【父】甲野幸雄 【母】甲野春子 【続柄】長男
身分事項 　出　生	【出生日】昭和58年5月1日 【出生地】北海道室蘭市 【届出日】昭和58年5月10日 【届出人】父
婚　姻	【婚姻日】平成29年1月10日 【配偶者氏名】乙野梅子 【送付を受けた日】平成29年1月13日 【受理者】札幌市東区長 【新本籍】札幌市北区北八条西二丁目1番地1 【称する氏】夫の氏
訂　正	【訂正日】平成30年1月10日 【訂正事由】記録遺漏 【記録の内容】 　【送付を受けた日】平成29年1月13日 　【受理者】札幌市東区長
	以下余白

※　段落ちタイトル「訂正」の場合，基本タイトルと【従前の記録】との関係で，訂正の対象となった事項を特定することができるので，【訂正事項】の記録は不要となる。

訂正後の記録事項証明書

（2の1） | 全部事項証明

本　　　籍	北海道室蘭市入江町一丁目1番地
氏　　　名	甲野　幸雄
戸籍事項 　　戸籍改製	【改製日】平成13年2月3日 【改製事由】平成6年法務省令第51号附則第2条第1項による改製
戸籍に記録されている者 　除　　籍	【名】義夫 【生年月日】昭和58年5月1日 【父】甲野幸雄 【母】甲野春子 【続柄】長男
身分事項 　　出　　生 　　婚　　姻	【出生日】昭和58年5月1日 【出生地】北海道室蘭市 【届出日】昭和58年5月10日 【届出人】父 【婚姻日】平成29年1月10日 【配偶者氏名】乙野梅子 【送付を受けた日】平成29年1月13日 【受理者】札幌市東区長 【新本籍】札幌市北区北八条西二丁目1番地1 【称する氏】夫の氏
	以下余白

※　市区町村長限りの職権訂正に関する事項（誤記，遺漏，文字関連訂正（更正）によるものに限る）は，全部事項証明書には出力されない。

22　第1　共通

〔共通8〕婚姻事項等で，届書の送付を受けた日を誤記した場合

決裁用帳票

（2の1）　決　裁　用　帳　票

本　　籍	北海道室蘭市入江町一丁目1番地
氏　　名	甲野　幸雄
戸籍事項 　　戸籍改製	【改製日】平成13年2月3日 【改製事由】平成6年法務省令第51号附則第2条第1項による改製
戸籍に記録されている者 　除　　籍	【名】義夫 【生年月日】昭和58年5月1日 【父】甲野幸雄 【母】甲野春子 【続柄】長男
身分事項 　　出　　生	【出生日】昭和58年5月1日 【出生地】北海道室蘭市 【届出日】昭和58年5月10日 【届出人】父
婚　　姻	【婚姻日】平成29年1月10日 【配偶者氏名】乙野梅子 【送付を受けた日】平成29年1月13日 【受理者】札幌市東区長 【新本籍】札幌市北区北八条西二丁目1番地1 【称する氏】夫の氏
訂　　正	【訂正日】平成30年1月10日 【訂正事由】誤記 【従前の記録】 　　【送付を受けた日】平成29年1月12日
	以下余白

※　段落ちタイトル「訂正」の場合，基本タイトルと【従前の記録】との関係で，訂正の対象となった事項を特定することができるので，【訂正事項】の記録は不要となる。

訂正後の記録事項証明書

（2の1） 全部事項証明

本　籍	北海道室蘭市入江町一丁目1番地
氏　名	甲野　幸雄
戸籍事項 　　戸籍改製	【改製日】平成13年2月3日 【改製事由】平成6年法務省令第51号附則第2条第1項による改製
戸籍に記録されている者 除　籍	【名】義夫 【生年月日】昭和58年5月1日 【父】甲野幸雄 【母】甲野春子 【続柄】長男
身分事項 　　出　生	【出生日】昭和58年5月1日 【出生地】北海道室蘭市 【届出日】昭和58年5月10日 【届出人】父
婚　姻	【婚姻日】平成29年1月10日 【配偶者氏名】乙野梅子 【送付を受けた日】平成29年1月13日 【受理者】札幌市東区長 【新本籍】札幌市北区北八条西二丁目1番地1 【称する氏】夫の氏
	以下余白

※　市区町村長限りの職権訂正に関する事項（誤記，遺漏，文字関連訂正（更正）によるものに限る）は，全部事項証明書には出力されない。

24　第1　共通

〔共通9〕外国人との婚姻等で，外国人の生年月日を誤記した場合

決裁用帳票

（1の1）　決裁用帳票

本　　籍	北海道室蘭市栄町一丁目2番地
氏　　名	乙野　茂雄
戸籍事項 　戸籍編製	【編製日】平成29年1月10日
戸籍に記録されている者	【名】茂雄 【生年月日】昭和58年8月1日　　　【配偶者区分】夫 【父】乙野忠治 【母】乙野春子 【続柄】長男
身分事項 　出　　生	【出生日】昭和58年8月1日 【出生地】北海道登別市 【届出日】昭和58年8月10日 【届出人】父
婚　　姻	【婚姻日】平成29年1月10日 【配偶者氏名】ベルナール，マリア 【配偶者の国籍】アメリカ合衆国 【配偶者の生年月日】西暦1984年1月1日 【従前戸籍】札幌市北区北八条西二丁目1番地1　乙野忠治
訂　　正	【訂正日】平成30年1月10日 【訂正事由】誤記 【従前の記録】 　　【配偶者の生年月日】西暦1984年10月1日
	以下余白

※　段落ちタイトル「訂正」の場合，基本タイトルと【従前の記録】との関係で，訂正の対象となった事項を特定することができるので，【訂正事項】の記録は不要となる。

第1 共通　25

訂正後の記録事項証明書

（1の1）　全部事項証明

本　　籍	北海道室蘭市栄町一丁目2番地
氏　　名	乙野　茂雄
戸籍事項 　　戸籍編製	【編製日】平成29年1月10日
戸籍に記録されている者	【名】茂雄 【生年月日】昭和58年8月1日　　　　【配偶者区分】夫 【父】乙野忠治 【母】乙野春子 【続柄】長男
身分事項 　　出　　生	【出生日】昭和58年8月1日 【出生地】北海道登別市 【届出日】昭和58年8月10日 【届出人】父
婚　　姻	【婚姻日】平成29年1月10日 【配偶者氏名】ベルナール，マリア 【配偶者の国籍】アメリカ合衆国 【配偶者の生年月日】西暦1984年1月1日 【従前戸籍】札幌市北区北八条西二丁目1番地1　乙野忠治
	以下余白

※　市区町村長限りの職権訂正に関する事項（誤記，遺漏，文字関連訂正（更正）によるものに限る）は，全部事項証明書には出力されない。

〔共通10〕外国人との婚姻等で，外国人の国籍を誤記した場合

決裁用帳票

		（1の1） 決 裁 用 帳 票
本　　籍		北海道室蘭市栄町一丁目2番地
氏　　名		乙野　茂雄
戸籍事項 　　戸籍編製		【編製日】平成29年1月10日
戸籍に記録されている者		【名】茂雄
		【生年月日】昭和58年8月1日　　　　【配偶者区分】夫 【父】乙野忠治 【母】乙野春子 【続柄】長男
身分事項 　　出　　生		【出生日】昭和58年8月1日 【出生地】北海道登別市 【届出日】昭和58年8月10日 【届出人】父
婚　　姻		【婚姻】平成29年1月10日 【配偶者氏名】ベルナール，マリア 【配偶者の国籍】アメリカ合衆国 【配偶者の生年月日】西暦1984年1月1日 【従前戸籍】札幌市北区北八条西二丁目1番地1　乙野忠治
訂　　正		【訂正日】平成30年1月10日 【訂正事由】誤記 【従前の記録】 　　【配偶者の国籍】フランス共和国
		以下余白

※　段落ちタイトル「訂正」の場合，基本タイトルと【従前の記録】との関係で，訂正の対象となった事項を特定することができるので，【訂正事項】の記録は不要となる。

第1 共通　27

訂正後の記録事項証明書

(1の1)　全部事項証明

本　　　籍	北海道室蘭市栄町一丁目2番地
氏　　　名	乙野　茂雄
戸籍事項 　　戸籍編製	【編製日】平成29年1月10日
戸籍に記録されている者	【名】茂雄 【生年月日】昭和58年8月1日　　　【配偶者区分】夫 【父】乙野忠治 【母】乙野春子 【続柄】長男
身分事項 　　出　　生	【出生日】昭和58年8月1日 【出生地】北海道登別市 【届出日】昭和58年8月10日 【届出人】父
婚　　姻	【婚姻日】平成29年1月10日 【配偶者氏名】ベルナール，マリア 【配偶者の国籍】アメリカ合衆国 【配偶者の生年月日】西暦1984年1月1日 【従前戸籍】札幌市北区北八条西二丁目1番地1　乙野忠治
	以下余白

※1　市区町村長限りの職権訂正に関する事項（誤記，遺漏，文字関連訂正（更正）によるものに限る）は，全部事項証明書には出力されない。
　2　国名を記載する場合，正式名称のほか，一般名称（略称）で記載して差し支えない（昭和49・2・9民二988号回答。国名の表記については，戸籍実務六法等に収録されている外務省作成の「国名表」を参照。）。なお，紙戸籍において国名に続けて氏名を記載する際に，国名と氏名の区別が紛らわしい場合には「〇〇国」と記載する取扱いがされているが（戸籍572号60頁），電子情報処理による場合は，国名と氏名は個別に記載されることとなるので，単に「ドイツ」「イタリア」等の記載で差し支えない。
　　例　（紙戸籍）「ルーマニア国」，「アイルランド国」，「ドイツ国」
　　　　（電子情報処理）「ルーマニア」，「アイルランド」，「ドイツ」

〔共通11〕外国人との婚姻等で，外国人の氏名の順序を誤記した場合

		戸 籍 訂 正 書	受付	平成30年 1月10日	戸 籍
				第 42 号	調査
(1)	事件本人	本　籍	北海道室蘭市栄町1丁目2番地		記載
		筆頭者氏名	乙野茂雄		記載調査
(2)		住所及び世帯主氏名	室蘭市栄町1丁目2番地　乙野茂雄		送付通知
(3)	事件本人	氏　名	乙野茂雄		住民票
		生年月日	昭和58年8月1日		記載
(4)		訂正・記載の事由	事件本人の身分事項欄の婚姻事項中妻の氏名は，氏，名の順序で記載すべきを名，氏の順序で記載されていることを発見した。これは当職の過誤であるので，職権により戸籍の訂正をする。		通知
					附　票
(5)		訂正・記載の趣旨	事件本人の婚姻事項中妻の氏名「マリア，ベルナール」を「ベルナール，マリア」と訂正する。 （記載例） 　　婚　姻　　【婚姻日】平成29年1月10日 　　　　　　　【配偶者氏名】ベルナール，マリア 　　　　　　　【配偶者の国籍】アメリカ合衆国 　　　　　　　【配偶者の生年月日】西暦1984年1月1日 　　　　　　　【従前戸籍】札幌市北区北八条西二丁目1番地1　乙野忠治 　　　訂　正　　【訂正日】平成30年1月10日 　　　　　　　【訂正事由】誤記 　　　　　　　【従前の記録】 　　　　　　　　【配偶者氏名】マリア，ベルナール		記載
					通知
(6)		添付書類	婚姻届書謄本		

上記のとおり職権によって訂正する。

平成30年 1月10日

　　　　　北海道室蘭市長　○　○　○　○　職印

〔注〕事件本人が二人以上であるときは、必要に応じ該当欄を区切り記載する。

注　氏，名が判明する書類を添付する。

決裁用帳票

	(1の1)	決 裁 用 帳 票
本　　　籍	北海道室蘭市栄町一丁目2番地	
氏　　　名	乙野　茂雄	
戸籍事項 　　戸籍編製	【編製日】平成29年1月10日	
戸籍に記録されている者	【名】茂雄 【生年月日】昭和58年8月1日　　　　【配偶者区分】夫 【父】乙野忠治 【母】乙野春子 【続柄】長男	
身分事項 　　出　　生	【出生日】昭和58年8月1日 【出生地】北海道登別市 【届出日】昭和58年8月10日 【届出人】父	
婚　　姻	【婚姻日】平成29年1月10日 【配偶者氏名】ベルナール，マリア 【配偶者の国籍】アメリカ合衆国 【配偶者の生年月日】西暦1984年1月1日 【従前戸籍】札幌市北区北八条西二丁目1番地1　乙野忠治	
訂　　正	【訂正日】平成30年1月10日 【訂正事由】誤記 【従前の記録】 　　【配偶者氏名】マリア，ベルナール	
	以下余白	

※　段落ちタイトル「訂正」の場合，基本タイトルと【従前の記録】との関係で，訂正の対象となった事項を特定することができるので，【訂正事項】の記録は不要となる。

訂正後の記録事項証明書

(1の1) 全部事項証明

本　　　籍	北海道室蘭市栄町一丁目2番地
氏　　　名	乙野　茂雄
戸籍事項 　　戸籍編製	【編製日】平成29年1月10日
戸籍に記録されている者	【名】茂雄 【生年月日】昭和58年8月1日　　　【配偶者区分】夫 【父】乙野忠治 【母】乙野春子 【続柄】長男
身分事項 　　出　　生	【出生日】昭和58年8月1日 【出生地】北海道登別市 【届出日】昭和58年8月10日 【届出人】父
婚　　姻	【婚姻日】平成29年1月10日 【配偶者氏名】ベルナール，マリア 【配偶者の国籍】アメリカ合衆国 【配偶者の生年月日】西暦1966年1月1日 【従前戸籍】札幌市北区北八条西二丁目1番地1　乙野忠治
	以下余白

※1　市区町村長限りの職権訂正に関する事項（誤記，遺漏，文字関連訂正（更正）によるものに限る）は，全部事項証明書には出力されない。
　2　昭和60年1月1日から，外国人の氏名は氏，名の順序とし，氏と名の間に読点を付すこととされた。
　3　昭和59年12月31日以前の外国人の氏名の記載方法を更正する場合は〔共通12〕参照。

〔共通12〕外国人配偶者の氏名の順序を氏，名に更正する旨の申出があった場合（昭和59年12月31日以前の婚姻）

申　出　書

北海道室蘭 ㊞区町村 長　殿

平成 30 年 1 月 10 日申出

受付	平成 30 年 1 月 10 日	戸籍	
	第　43　号	調査	

㈠	事件本人	本　籍	北海道室蘭市栄町1丁目2番地	記載
		筆頭者氏名	乙　野　茂　雄	記載調査
㈡		住所及び世帯主氏名	室蘭市栄町1丁目2番地　乙野茂雄	送付
㈢		氏　名	乙　野　茂　雄	住民票
		生年月日	昭和 40 年 8 月 1 日	記載
㈣	申出の事由		婚姻事項中妻の氏名を氏，名の順序に更正したいため。	通知
				附票
				記載
				通知
㈤	申出する事項		妻の氏名「マリア・ベルナール」を「ベルナール，マリア」と更正する。	
㈥	添付書類		なし	
㈦	申出人	本　籍	北海道室蘭市栄町1丁目2番地	
		筆頭者氏名	乙　野　茂　雄	
		住　所	室蘭市栄町1丁目2番地	
		申出人の資格及び署名押印	乙　野　茂　雄　㊞	
		生年月日	昭和 40 年 8 月 1 日	

（注意）事件本人又は申出人が二人以上であるときは，必要に応じ該当欄を区切って記載すること。

注　妻の氏名を更正するが，事件本人・申出人は夫（戸籍に記載されている者）となる。

更正前の記録事項証明書

(1の1) | 全部事項証明

本　　　籍	北海道室蘭市栄町一丁目2番地
氏　　　名	乙野　茂雄
戸籍事項 　戸籍編製	【編製日】平成11年11月20日
戸籍に記録されている者	【名】茂雄 【生年月日】昭和40年8月1日　　【配偶者区分】夫 【父】乙野忠治 【母】乙野春子 【続柄】長男
身分事項 　出　　生	【出生日】昭和40年8月1日 【出生地】北海道登別市 【届出日】昭和40年8月10日 【届出人】父
婚　　姻	【婚姻日】昭和59年1月10日 【配偶者氏名】マリア・ベルナール 【配偶者の国籍】アメリカ合衆国 【配偶者の生年月日】西暦1966年1月1日
分　　籍	【分籍日】平成11年11月20日 【従前本籍】札幌市北区北八条西二丁目1番地1
	以下余白

更正後の記録事項証明書

(1の1) 全部事項証明

本　　　籍	北海道室蘭市栄町一丁目2番地
氏　　　名	乙野　茂雄
戸籍事項 　戸籍編製	【編製日】平成11年11月20日
戸籍に記録されている者	【名】茂雄 【生年月日】昭和40年8月1日　　　　【配偶者区分】夫 【父】乙野忠治 【母】乙野春子 【続柄】長男
身分事項 　出　　　生	【出生日】昭和40年8月1日 【出生地】北海道登別市 【届出日】昭和40年8月10日 【届出人】父
婚　　　姻	【婚姻日】昭和59年1月10日 【配偶者氏名】ベルナール，マリア 【配偶者の国籍】アメリカ合衆国 【配偶者の生年月日】西暦1966年1月1日
更　　　正	【更正日】平成30年1月10日 【更正事由】申出 【従前の記録】 　【配偶者氏名】マリア・ベルナール
分　　　籍	【分籍日】平成11年11月20日 【従前本籍】札幌市北区北八条西二丁目1番地1
	以下余白

※1　昭和60年1月1日から，外国人の氏名は氏，名の順序とし，氏と名の間に読点を付すこととされたが，それ以前に記載されたものは，申出によって氏名を更正することができる。
　2　同籍の子があり，子の母欄も更正する場合は，〔父母の訂正7〕参照。
　3　原則として同一戸籍内の名・氏の順で記載されている者全員からの申出による（15歳未満の場合は親権者等）。

〔共通13〕外国人と婚姻している日本人配偶者（戸籍の筆頭者で昭和59年12月31日以前に婚姻）から配偶者区分の記録方について申出があった場合

申　出　書

北海道室蘭　㊞区町村　長　殿

平成14年1月10日申出

受付　平成14年1月10日　第63号
戸籍調査

㈠	事件本人	本　籍	北海道室蘭市栄町1丁目2番地
		筆頭者氏名	乙　野　茂　雄
㈡		住所及び世帯主氏名	室蘭市入江町1丁目1番地　乙野茂雄
㈢	本人	氏　名	乙　野　茂　雄
		生年月日	昭和30年5月1日
㈣	申出の事由		外国人と婚姻しているが，配偶者区分が設けられていないため。
㈤	申出する事項		婚姻しているので配偶者区分を設ける。
㈥	添付書類		なし
㈦	申出人	本　籍	北海道室蘭市栄町1丁目2番地
		筆頭者氏名	乙　野　茂　雄
		住　所	室蘭市入江町1丁目1番地
		申出人の資格及び署名押印	乙　野　茂　雄　㊞
		生年月日	昭和30年5月1日

記載／記載調査／送付／住民票／記載／通知／附票／記載／通知

（注意）事件本人又は申出人が二人以上であるときは、必要に応じ該当欄を区切って記載すること。

注　昭和59・11・1民二5500号通達。

訂正前の記録事項証明書

(1の1) 　全部事項証明

本　　籍	北海道室蘭市栄町一丁目2番地
氏　　名	乙野　茂雄
戸籍事項 　　戸籍改製	【改製日】平成13年2月3日 【改製事由】平成6年法務省令第51号附則第2条第1項による改製
戸籍に記録されている者	【名】茂雄 【生年月日】昭和30年5月1日 【父】乙野忠治 【母】乙野春子 【続柄】長男
身分事項 　　出　　生	【出生日】昭和30年5月1日 【出生地】北海道登別市 【届出日】昭和30年5月10日 【届出人】父
婚　　姻	【婚姻日】昭和59年1月10日 【配偶者氏名】ベルナール，マリア 【配偶者の国籍】アメリカ合衆国 【配偶者の生年月日】西暦1966年1月1日
	以下余白

※　昭和59年12月31日以前に外国人との婚姻をしたため，配偶欄が設けられていない者につき，その者を筆頭者とする新戸籍を編製するときは，当該日本人配偶者につき配偶欄を設けることとされている（昭和59・11・1民二5500号通達第2の2(2)）。また，コンピュータ戸籍に改製する際にも，同様に配偶欄が設けられることとなる（渉外戸籍実務研究会『設題解説渉外戸籍実務の処理Ⅷ』282頁など）。そのため，コンピュータ戸籍においては，本例のような事案が生じることはないと考えられるが，参考として記載例を示すこととした。

36　第1 共通

訂正後の記録事項証明書

(1の1)　　全部事項証明

本　　籍	北海道室蘭市栄町一丁目2番地
氏　　名	乙野　茂雄
戸籍事項 　　戸籍改製	【改製日】平成13年2月3日 【改製事由】平成6年法務省令第51号附則第2条第1項による改製
戸籍に記録されている者	【名】茂雄 【生年月日】昭和30年5月1日　　【配偶者区分】夫 【父】乙野忠治 【母】乙野春子 【続柄】長男
身分事項 　　出　　生 　　婚　　姻 　　記　　録	【出生日】昭和30年5月1日 【出生地】北海道登別市 【届出日】昭和30年5月10日 【届出人】父 【婚姻日】昭和59年1月10日 【配偶者氏名】ベルナール，マリア 【配偶者の国籍】アメリカ合衆国 【配偶者の生年月日】西暦1966年1月1日 【記録日】平成14年1月10日 【記録事項】配偶者区分 【記録事由】申出 【記録の内容】 　　【配偶者区分】夫
	以下余白

※　従前の取扱い（昭和59年12月31日以前）により父母の戸籍に在籍している者については，そのまま改製新戸籍に移記され配偶者区分は設けられない。その者につき，配偶欄を設けるためには，分籍等をして本人が筆頭者になる必要があるが，分籍等による新戸籍の編製の際に，本人からの申出がなくとも，配偶者区分が記録されることとなる（昭和59・11・1民二5500号通達第2の2(2)）。

〔共通14〕国籍の表示「朝鮮」を「韓国」と訂正する申出があった場合

申　出　書

北海道室蘭㊞区町村長　殿

平成30年1月10日申出

受付	平成30年1月10日	戸籍	
	第　44　号	調査	

㈠	事件本人	本　籍	北海道室蘭市栄町1丁目2番地	記載
		筆頭者氏名	乙　野　茂　雄	記載調査
㈡		住所及び世帯主氏名	室蘭市栄町1丁目2番地　乙野茂雄	送付
㈢		氏　名	乙　野　茂　雄	住民票
		生年月日	昭和40年8月1日	記載
㈣	申出の事由		婚姻事項の妻の国籍を「韓国」としたい。	通知
				附票
				記載
				通知
㈤	申出する事項		婚姻事項中配偶者の国籍「朝鮮」を「韓国」と訂正する。	
㈥	添付書類		韓国官憲発給の旅券の写し又は国籍証明書	
㈦	申出人	本　籍	北海道室蘭市栄町1丁目2番地	
		筆頭者氏名	乙　野　茂　雄	
		住　所	室蘭市栄町1丁目2番地	
		申出人の資格及び署名押印	乙　野　茂　雄　㊞	
		生年月日	昭和40年8月1日	

（注意）事件本人又は申出人が二人以上であるときは、必要に応じ該当欄を区切って記載すること。

注　韓国官憲発給の証明書の添付を要する（昭和41・9・30民事甲2594号通達）。

第1　共通

訂正前の記録事項証明書

(1の1)　全部事項証明

本　　籍	北海道室蘭市栄町一丁目2番地
氏　　名	乙野　茂雄
戸籍事項 　　戸籍改製	【改製日】平成13年2月3日 【改製事由】平成6年法務省令第51号附則第2条第1項による改製
戸籍に記録されている者	【名】茂雄 【生年月日】昭和40年8月1日　　　　【配偶者区分】夫 【父】乙野忠治 【母】乙野春子 【続柄】長男
身分事項 　　出　　生 　　婚　　姻	【出生日】昭和40年8月1日 【出生地】北海道登別市 【届出日】昭和40年8月10日 【届出人】父 【婚姻日】平成2年1月10日 【配偶者氏名】金淑子 【配偶者の国籍】朝鮮 【配偶者の生年月日】西暦1965年1月1日 【従前戸籍】札幌市北区北八条西二丁目1番地1　乙野忠治
	以下余白

第1 共通　39

訂正後の記録事項証明書

（1の1）　　全部事項証明

本　　籍	北海道室蘭市栄町一丁目2番地
氏　　名	乙野　茂雄
戸籍事項 　戸籍改製	【改製日】平成13年2月3日 【改製事由】平成6年法務省令第51号附則第2条第1項による改製
戸籍に記録されている者	【名】茂雄 【生年月日】昭和40年8月1日　　　【配偶者区分】夫 【父】乙野忠治 【母】乙野春子 【続柄】長男
身分事項 　出　　生	【出生日】昭和40年8月1日 【出生地】北海道登別市 【届出日】昭和40年8月10日 【届出人】父
婚　　姻	【婚姻日】平成2年1月10日 【配偶者氏名】金淑子 【配偶者の国籍】韓国 【配偶者の生年月日】西暦1965年1月1日 【従前戸籍】札幌市北区北八条西二丁目1番地1　乙野忠治
訂　　正	【訂正日】平成30年1月10日 【訂正事由】申出 【従前の記録】 　【配偶者の国籍】朝鮮
	以下余白

※　韓国官憲発給の旅券の写し又は国籍証明書を添付の上，訂正申出をすることができる
　（昭和41・9・30民事甲2594号通達）。

第2　本籍欄及び筆頭者氏名欄の訂正

〔本籍欄及び筆頭者氏名欄1〕町名を誤記した場合

訂正前の記録事項証明書

（2の1）　全部事項証明

本　　籍	北海道室蘭市日の出町一丁目5番地
氏　　名	甲野　義夫
戸籍事項 　　戸籍編製	【編製日】平成29年1月10日
戸籍に記録されている者	【名】義夫 【生年月日】昭和58年5月1日　　　【配偶者区分】夫 【父】甲野幸雄 【母】甲野春子 【続柄】長男
身分事項 　　出　　生	【出生日】昭和58年5月1日 【出生地】北海道室蘭市 【届出日】昭和58年5月10日 【届出人】父
婚　　姻	【婚姻日】平成29年1月10日 【配偶者氏名】乙野梅子 【従前戸籍】札幌市北区北八条西二丁目1番地1　甲野幸雄

以下余白

第2　本籍欄及び筆頭者氏名欄の訂正　　41

決裁用帳票

(2の1)　決裁用帳票

本　　籍	北海道室蘭市入江町一丁目1番地
氏　　名	甲野　義夫
戸籍事項 　　戸籍編製 　　訂　　正	【編製日】平成29年1月10日 【訂正日】平成30年1月10日 【訂正事項】本籍 【訂正事由】誤記 【従前の記録】 　【本籍】北海道室蘭市日の出町一丁目5番地
戸籍に記録されている者	【名】義夫 【生年月日】昭和58年5月1日　　　【配偶者区分】夫 【父】早野幸雄 【母】甲野春子 【続柄】長男
身分事項 　　出　　生 　　婚　　姻	【出生日】昭和58年5月1日 【出生地】北海道室蘭市 【届出日】昭和58年5月10日 【届出人】父 【婚姻日】平成29年1月10日 【配偶者氏名】乙野梅子 【従前戸籍】札幌市北区北八条西二丁目1番地1　甲野幸雄

以下余白

※1　市区町村長限りの職権訂正に関する事項（誤記，遺漏，文字関連訂正（更正）によるものに限る）は，全部事項証明書には出力されない。
　2　本欄の訂正は戸籍事項欄に記録する。

〔本籍欄及び筆頭者氏名欄2〕地番号を誤記した場合

訂正前の記録事項証明書

(2の1) | 全部事項証明

本　　　籍	北海道室蘭市入江町一丁目6番地
氏　　　名	甲野　義夫
戸籍事項 　戸籍編製	【編製日】平成29年1月10日
戸籍に記録されている者	【名】義夫
	【生年月日】昭和58年5月1日　　　【配偶者区分】夫 【父】甲野幸雄 【母】甲野春子 【続柄】長男
身分事項 　出　　生	【出生日】昭和58年5月1日 【出生地】北海道室蘭市 【届出日】昭和58年5月10日 【届出人】父
婚　　姻	【婚姻日】平成29年1月10日 【配偶者氏名】乙野梅子 【従前戸籍】札幌市北区北八条西二丁目1番地1　甲野幸雄

以下余白

第2　本籍欄及び筆頭者氏名欄の訂正　43

　　　　　　　　　　決裁用帳票

		（2の1）	決 裁 用 帳 票
本　　　籍	北海道室蘭市入江町一丁目5番地		
氏　　　名	甲野　義夫		
戸籍事項 　　戸籍編製 　　訂　　正	【編製日】平成29年1月10日 【訂正日】平成30年1月10日 【訂正事項】本籍 【訂正事由】誤記 【従前の記録】 　　【本籍】北海道室蘭市入江町一丁目6番地		
戸籍に記録されている者	【名】義夫 【生年月日】昭和58年5月1日　　　【配偶者区分】夫 【父】甲野幸雄 【母】甲野春子 【続柄】長男		
身分事項 　　出　　生 　　婚　　姻	【出生日】昭和58年5月1日 【出生地】北海道室蘭市 【届出日】昭和58年5月10日 【届出人】父 【婚姻日】平成29年1月10日 【配偶者氏名】乙野梅子 【従前戸籍】札幌市北区北八条西二丁目1番地1　甲野幸雄		

　　　　　　　　　　　　　　　　　　　　　　　　　　　　　以下余白

※　市区町村長限りの職権訂正に関する事項（誤記，遺漏，文字関連訂正（更正）によるものに限る）は，全部事項証明書には出力されない。

第2　本籍欄及び筆頭者氏名欄の訂正

〔本籍欄及び筆頭者氏名欄3〕枝番の記載を遺漏した場合

訂正前の記録事項証明書

（2の1）　全部事項証明

本　　　籍	北海道室蘭市入江町一丁目6番地
氏　　　名	甲野　義夫
戸籍事項 　　戸籍編製	【編製日】平成29年1月10日
戸籍に記録されている者	【名】義夫
	【生年月日】昭和58年5月1日　　　　　【配偶者区分】夫 【父】甲野義太郎 【母】甲野梅子 【続柄】長男
身分事項 　　出　　生	【出生日】昭和58年5月1日 【出生地】北海道室蘭市 【届出日】昭和58年5月10日 【届出人】父
婚　　姻	【婚姻日】平成29年1月10日 【配偶者氏名】乙野花子 【従前戸籍】札幌市北区北八条西二丁目1番地1　甲野義太郎

以下余白

第2　本籍欄及び筆頭者氏名欄の訂正　　45

決裁用帳票

（2の1）　　決　裁　用　帳　票

本　　　籍	北海道室蘭市入江町一丁目6番地6
氏　　　名	甲野　義夫
戸籍事項 　　戸籍編製 　　訂　　正	【編製日】平成29年1月10日 【訂正日】平成30年1月10日 【訂正事項】本籍 【訂正事由】誤記 【従前の記録】 　　【本籍】北海道室蘭市入江町一丁目6番地
戸籍に記録されている者	【名】義夫 【生年月日】昭和58年5月1日　　【配偶者区分】夫 【父】甲野義太郎 【母】甲野梅子 【続柄】長男
身分事項 　　出　　生	【出生日】昭和58年5月1日 【出生地】北海道室蘭市 【届出日】昭和58年5月10日 【届出人】父
婚　　姻	【婚姻日】平成29年1月10日 【配偶者氏名】乙野花子 【従前戸籍】札幌市北区北八条西二丁目1番地1　甲野義太郎

以下余白

※　市区町村長限りの職権訂正に関する事項（誤記，遺漏，文字関連訂正（更正）によるものに限る）は，全部事項証明書には出力されない。

46　第2　本籍欄及び筆頭者氏名欄の訂正

〔本籍欄及び筆頭者氏名欄4〕氏を誤記した場合

戸　籍　訂　正　書			受付	平成30年1月10日	戸　籍	
				第　46　号	調査	
(1)	事件本人	本　籍	北海道室蘭市入江町1丁目1番地		記載	
		筆頭者氏名	乙野　義夫		記載調査	
(2)		住所及び世帯主氏名	室蘭市入江町1丁目1番地　甲野義夫		送付通知	
(3)		氏　名	甲野　義夫		住民票	
		生年月日	昭和58年5月1日		記載	
(4)	訂正・記載の事由		事件本人について、筆頭者の氏「乙野」は「甲野」の誤りであることを発見したが、これは当職の過誤であるので、職権により戸籍の訂正をする。		通知	
					附　票	
					記載	
(5)	訂正・記載の趣旨		筆頭者の氏「乙野」を「甲野」と訂正する。 (記載例) 訂　正　【訂正日】平成30年1月10日 　　　　【訂正事項】氏 　　　　【訂正事由】誤記 　　　　【従前の記録】 　　　　　　【氏名】乙野　義夫		通知	
(6)	添付書類		婚姻等の届書謄本（戸（除）籍謄本）			

(以下省略)

(注)　事件本人が二人以上であるときは、必要に応じ該当欄を区切り記載する。

注1　婚姻等によって編製された場合の誤記には、届書謄本の添付を要する。移記による誤記には、従前の戸（除）籍謄本の添付を要する。
　2　誤記された氏を永年使用している場合は、誤記前の氏に戻すには、氏変更の手続によるべきものとされている（昭和27・5・24民事甲751号回答ほか）。また、本人らが誤記を知らずに真の氏（誤記前の氏）を使用してきた場合でも、誤記前の氏に訂正するには、原則として氏変更の手続（又は戸籍法113条の戸籍訂正）によるべきとされるが（木村三男監修『改訂設題解説戸籍実務の処理』29頁）、本人及び関係人が真の氏を使用し、その氏が社会的に通用している場合は、同人らから訂正の申出を受けて、職権訂正（戸24条）をすることもできると考えられる（戸籍時報335号60頁）。

第2　本籍欄及び筆頭者氏名欄の訂正　　47

訂正前の記録事項証明書

(2の1)　全部事項証明

本　　籍	北海道室蘭市入江町一丁目5番地
氏　　名	乙野　義夫
戸籍事項 　戸籍編製	【編製日】平成29年11月15日
戸籍に記録されている者	【名】義夫 【生年月日】昭和58年5月1日　　　【配偶者区分】夫 【父】甲野幸雄 【母】甲野春子 【続柄】長男
身分事項 　出　　生	【出生日】昭和58年5月1日 【出生地】北海道室蘭市 【届出日】昭和58年5月10日 【届出人】父
婚　　姻	【婚姻日】平成29年11月15日 【配偶者氏名】乙野梅子 【従前戸籍】札幌市北区北八条西二丁目1番地1　甲野幸雄

以下余白

第2　本籍欄及び筆頭者氏名欄の訂正

決裁用帳票

（2の1）　　決 裁 用 帳 票

本　　　籍	北海道室蘭市入江町一丁目5番地
氏　　　名	甲野　義夫
戸籍事項 　　戸籍編製 　　訂　　正	【編製日】平成29年11月15日 【訂正日】平成30年1月10日 【訂正事項】氏 【訂正事由】誤記 【従前の記録】 　　【氏名】乙野義夫
戸籍に記録されている者	【名】義夫 【生年月日】昭和58年5月1日　　　【配偶者区分】夫 【父】甲野幸雄 【母】甲野春子 【続柄】長男
身分事項 　　出　　生 　　婚　　姻	【出生日】昭和58年5月1日 【出生地】北海道室蘭市 【届出日】昭和58年5月10日 【届出人】父 【婚姻日】平成29年11月15日 【配偶者氏名】乙野梅子 【従前戸籍】札幌市北区北八条西二丁目1番地1　甲野幸雄
	以下余白

※1　誤記訂正の場合，タイトル「訂正」を用いて訂正する。タイトル「文字訂正」は申出による文字の訂正のためのタイトルであり，【訂正事項】【訂正事由】という項目（インデックス）は用意されていない。
　2　市区町村長限りの職権訂正に関する事項（誤記，遺漏，文字関連訂正（更正）によるものに限る）は，全部事項証明には出力されない。
　3　誤記によって筆頭者氏名欄を訂正する場合は，氏又は名の一方を訂正する場合であっても，訂正事項中の【従前の記録】のインデックスは【氏名】として記録する。

〔本籍欄及び筆頭者氏名欄５〕氏の文字更正申出があった場合

申　出　書

北海道室蘭 (市)区 町村 長　殿

平成30年1月10日申出

受付	
	平成30年1月10日
	第　47　号

戸籍	
調査	
記載	
記載調査	
送付	
住民票	
記載	
通知	
附票	
記載	
通知	

(一)	事件本人	本籍	北海道室蘭市入江町２丁目２番地		
		筆頭者氏名	甲　澤　義　夫		
(二)		住所及び世帯主氏名	室蘭市入江町２丁目２番地　甲澤義夫		
(三)		氏名	甲　澤　義　夫	甲　澤　文　子	甲　澤　由　美
		生年月日	昭和58年6月1日	昭和60年5月1日	平成23年12月1日
(四)	申出の事由		氏の字体を常用漢字表に掲げる通用字体に改めたい。		
(五)	申出する事項		氏の記載「甲澤」とあるを「甲沢」と更正する。		
(六)	添付書類		なし		
(七)	申出人	本籍	北海道室蘭市入江町２丁目２番地		
		筆頭者氏名	甲　澤　義　夫		
		住所	室蘭市入江町２丁目２番地		
		申出人の資格及び署名押印	甲　澤　義　夫　㊞	甲　澤　文　子　㊞	
		生年月日	昭和 58 年 6 月 1 日	昭和 60 年 5 月 1 日	

（注意）事件本人又は申出人が二人以上であるときは、必要に応じ該当欄を区切って記載すること。

注１　事件本人は在籍者全員となるが，申出人は戸籍筆頭者と配偶者がなる。
　２　事件本人の氏は戸籍と同じく「甲澤」となるが，申出人の欄は「甲沢」と記載してあっても申出の意思が確認できるので差し支えない。

更正前の記録事項証明書

(2の1) 　全部事項証明

本　　籍	北海道室蘭市入江町二丁目2番地
氏　　名	甲澤　義夫
戸籍事項 　　戸籍編製	【編製日】平成23年1月10日
戸籍に記録されている者	【名】義夫 【生年月日】昭和58年6月1日　　　　【配偶者区分】夫 【父】甲澤一郎 【母】甲澤和子 【続柄】二男
身分事項 　　出　　生	【出生日】昭和58年6月1日 【出生地】北海道室蘭市 【届出日】昭和58年6月10日 【届出人】父
婚　　姻	【婚姻日】平成23年1月10日 【配偶者氏名】山本文子 【従前戸籍】札幌市北区北八条西二丁目1番地1　甲澤一郎
戸籍に記録されている者	【名】文子 【生年月日】昭和60年5月1日　　　　【配偶者区分】妻 【父】山本太郎 【母】山本好子 【続柄】長女
身分事項 　　出　　生	【出生日】昭和60年5月1日 【出生地】北海道室蘭市 【届出日】昭和60年5月10日 【届出人】父
婚　　姻	【婚姻日】平成23年1月10日 【配偶者氏名】甲澤義夫 【従前戸籍】北海道室蘭市入江町一丁目1番地　山本太郎
戸籍に記録されている者	【名】由美

		(2の2)	全部事項証明
	【生年月日】平成23年12月1日 【父】甲澤義夫 【母】甲澤文子 【続柄】長女		
身分事項 　　出　　生	【出生日】平成23年12月1日 【出生地】北海道室蘭市 【届出日】平成23年12月10日 【届出人】父		
			以下余白

52　第2　本籍欄及び筆頭者氏名欄の訂正

決裁用帳票

（2の1）｜決　裁　用　帳　票

本　　籍	北海道室蘭市入江町二丁目2番地
氏　　名	甲沢　義夫
戸籍事項 　戸籍編製 　**文字更正**	【編製日】平成23年1月10日 【更正日】平成30年1月10日 【従前の記録】 　【氏】甲澤
戸籍に記録されている者	【名】義夫 【生年月日】昭和58年6月1日　　　【配偶者区分】夫 【父】甲澤一郎 【母】甲澤和子 【続柄】二男
身分事項 　出　　生	【出生日】昭和58年6月1日 【出生地】北海道室蘭市 【届出日】昭和58年6月10日 【届出人】父
婚　　姻	【婚姻日】平成23年1月10日 【配偶者氏名】山本文子 【従前戸籍】札幌市北区北八条西二丁目1番地1　甲澤一郎
戸籍に記録されている者	【名】文子 【生年月日】昭和60年5月1日　　　【配偶者区分】妻 【父】山本太郎 【母】山本好子 【続柄】長女
身分事項 　出　　生	【出生日】昭和60年5月1日 【出生地】北海道室蘭市 【届出日】昭和60年5月10日 【届出人】父
婚　　姻	【婚姻日】平成23年1月10日 **【配偶者氏名】甲沢義夫** 【従前戸籍】北海道室蘭市入江町一丁目1番地　山本太郎
文字関連更正	【更正日】平成30年1月10日

第2　本籍欄及び筆頭者氏名欄の訂正　　53

| | | （2の2） | 決裁用帳票 |

	【従前の記録】 　　【配偶者氏名】甲澤義夫
戸籍に記録されている者	【名】由美 【生年月日】平成23年12月1日 【父】甲沢義夫 【母】甲沢文子 【続柄】長女
身分事項 　　出　　生	【出生日】平成23年12月1日 【出生地】北海道室蘭市 【届出日】平成23年12月10日 【届出人】父
文字関連更正	【更正日】平成30年1月10日 【従前の記録】 　　【父】甲澤義夫 　　【母】甲澤文子
	以下余白

※　筆頭者の氏の更正は，同一戸籍内に記載されている当該筆頭者の氏の文字の全てに及ぶものとされ，配偶者の婚姻事項，子の父母欄についても更正する。その場合筆頭者の氏の文字を更正したことの関連で更正されるものであることから，コンピュータ戸籍においては「文字関連更正」として処理される。

54　第2　本籍欄及び筆頭者氏名欄の訂正

更正後の記録事項証明書

（2の1）　全部事項証明

本　　籍	北海道室蘭市入江町二丁目2番地
氏　　名	甲沢　義夫
戸籍事項 　戸籍編製 　**文字更正**	【編製日】平成23年1月10日 【更正日】平成30年1月10日 【従前の記録】 　　【氏】甲澤
戸籍に記録されている者	【名】義夫 【生年月日】昭和58年6月1日　　　【配偶者区分】夫 【父】甲澤一郎 【母】甲澤和子 【続柄】二男
身分事項 　出　　生 　婚　　姻	【出生日】昭和58年6月1日 【出生地】北海道室蘭市 【届出日】昭和58年6月10日 【届出人】父 【婚姻日】平成23年1月10日 【配偶者氏名】山本文子 【従前戸籍】札幌市北区北八条西二丁目1番地1　甲澤一郎
戸籍に記録されている者	【名】文子 【生年月日】昭和42年5月1日　　　【配偶者区分】妻 【父】山本太郎 【母】山本好子 【続柄】長女
身分事項 　出　　生 　婚　　姻	【出生日】昭和60年5月1日 【出生地】北海道室蘭市 【届出日】昭和60年5月10日 【届出人】父 【婚姻日】平成23年1月10日 【配偶者氏名】甲沢義夫 【従前戸籍】北海道室蘭市入江町一丁目1番地　山本太郎
戸籍に記録されている者	

第2　本籍欄及び筆頭者氏名欄の訂正　　55

		（2の2）	全部事項証明
	【名】由美 【生年月日】平成23年12月1日 【父】甲沢義夫 【母】甲沢文子 【続柄】長女		
身分事項 　　出　　生	【出生日】平成23年12月1日 【出生地】北海道室蘭市 【届出日】平成23年12月10日 【届出人】父		
			以下余白

※1　配偶者の婚姻事項，子の父母欄についても更正するが，「文字関連更正」に関する事項は全部事項証明書には出力されない。
　2　本人の父母欄，及び従前の戸籍筆頭者の氏は著しい差異のない字体を除き更正することはできない。

第2 本籍欄及び筆頭者氏名欄の訂正

〔本籍欄及び筆頭者氏名欄6〕転籍届と同時に氏を通用字体へ更正する申出があった場合（従前地での処理）

決裁用帳票

除　　籍		（2の1）	決　裁　用　帳　票
本　　籍	北海道室蘭市入江町二丁目2番地		
氏　　名	甲沢　義夫		
戸籍事項 　戸籍編製 　**文字更正** 　転　　籍	【編製日】平成23年1月10日 【更正日】平成30年1月13日 【従前の記録】 　　【氏】甲澤 【転籍日】平成30年1月10日 【新本籍】札幌市北区北八条西二丁目1番地1 【送付を受けた日】平成30年1月13日 【受理者】札幌市北区長		
戸籍に記録されている者	【名】義夫 【生年月日】昭和58年6月1日　　　　【配偶者区分】夫 【父】甲澤一郎 【母】甲澤和子 【続柄】二男		
身分事項 　出　　生 　婚　　姻	【出生日】昭和58年6月1日 【出生地】北海道室蘭市 【届出日】昭和58年6月10日 【届出人】父 【婚姻日】平成23年1月10日 【配偶者氏名】山本文子 【従前戸籍】札幌市北区北八条西二丁目1番地1　甲澤一郎		
戸籍に記録されている者	【名】文子 【生年月日】昭和60年5月1日　　　　【配偶者区分】妻 【父】山本太郎 【母】山本好子 【続柄】長女		
身分事項 　出　　生	【出生日】昭和60年5月1日 【出生地】北海道室蘭市 【届出日】昭和60年5月10日 【届出人】父		

第2　本籍欄及び筆頭者氏名欄の訂正　57

(2の2)　｜決 裁 用 帳 票

婚　　姻	【婚姻日】平成23年1月10日 【配偶者氏名】甲沢義夫 【従前戸籍】北海道室蘭市入江町一丁目1番地　山本太郎
文字関連更正	【更正日】平成30年1月13日 【従前の記録】 　【配偶者氏名】甲澤義夫
戸籍に記録されている者	【名】由美 【生年月日】平成23年12月1日 【父】甲沢義夫 【母】甲沢文子 【続柄】長女
身分事項 　　出　　生	【出生日】平成23年12月1日 【出生地】北海道室蘭市 【届出日】平成23年12月10日 【届出人】父
文字関連更正	【更正日】平成30年1月13日 【従前の記録】 　【父】甲澤義夫 　【母】甲澤文子

以下余白

※　筆頭者の氏の更正は，同一戸籍内に記載されている当該筆頭者の氏の文字の全てに及ぶものとされ，配偶者の婚姻事項，子の父母欄についても更正する。その場合筆頭者の氏の文字を更正したことの関連で更正されるものであることから，コンピュータ戸籍においては「文字関連更正」として処理される。

更正後の記録事項証明書

除　　籍	（2の1）　全部事項証明	
本　　　籍	北海道室蘭市入江町二丁目2番地	
氏　　　名	甲沢　義夫	
戸籍事項 　戸籍編製 **文字更正** 　転　　籍	【編製日】平成23年1月10日 **【更正日】平成30年1月13日** 【従前の記録】 　　【氏】甲澤 【転籍日】平成30年1月10日 【新本籍】札幌市北区北八条西二丁目1番地1 【送付を受けた日】平成30年1月13日 【受理者】札幌市北区長	
戸籍に記録されている者	【名】義夫	
	【生年月日】昭和58年6月1日　　　【配偶者区分】夫 【父】甲澤一郎 【母】甲澤和子 【続柄】二男	
身分事項 　出　　生 　婚　　姻	【出生日】昭和58年6月1日 【出生地】北海道室蘭市 【届出日】昭和58年6月10日 【届出人】父 【婚姻日】平成23年1月10日 【配偶者氏名】山本文子 【従前戸籍】札幌市北区北八条西二丁目1番地1　甲澤一郎	
戸籍に記録されている者	【名】文子	
	【生年月日】昭和60年5月1日　　　【配偶者区分】妻 【父】山本太郎 【母】山本好子 【続柄】長女	
身分事項 　出　　生	【出生日】昭和60年5月1日 【出生地】北海道室蘭市 【届出日】昭和60年5月10日 【届出人】父	

第2　本籍欄及び筆頭者氏名欄の訂正　　59

(2の2)　全部事項証明

婚　　　姻	【婚姻日】平成23年1月10日 【配偶者氏名】甲沢義夫 【従前戸籍】北海道室蘭市入江町一丁目1番地　山本太郎
戸籍に記録されている者	【名】由美 【生年月日】平成23年12月1日 【父】甲沢義夫 【母】甲沢文子 【続柄】長女
身分事項 　出　　　生	【出生日】平成23年12月1日 【出生地】北海道室蘭市 【届出日】平成23年12月10日 【届出人】父
	以下余白

※1　転籍届と同時に届出された場合には，新本籍地では申出後の文字で新戸籍を編製する。
　2　配偶者の婚姻事項，子の父母欄についても更正するが，「文字関連更正」に関する事項は全部事項証明書には出力されない。
　3　本人の父母欄，及び従前の戸籍筆頭者の氏は著しい差異のない字体を除き更正することはできない。

第2　本籍欄及び筆頭者氏名欄の訂正

〔本籍欄及び筆頭者氏名欄7〕婚姻届と同時に氏を通用字体へ更正する申出があった場合（夫婦の新本籍地での処理）

決裁用帳票

(2の1)　決裁用帳票

本　　籍	北海道室蘭市入江町一丁目1番地
氏　　名	甲沢　義夫
戸籍事項 　戸籍編製 　**文字更正**	【編製日】平成30年1月10日 【更正日】平成30年1月10日 【従前の記録】 　【氏】甲澤
戸籍に記録されている者	【名】義夫 【生年月日】昭和58年6月1日　　【配偶者区分】夫 【父】甲澤一郎 【母】甲澤和子 【続柄】長男
身分事項 　出　　生 　婚　　姻	【出生日】昭和58年6月1日 【出生地】北海道札幌市 【届出日】昭和58年6月10日 【届出人】父 【婚姻日】平成30年1月5日 【配偶者氏名】山本文子 【送付を受けた日】平成30年1月10日 【受理者】札幌市北区長 【従前戸籍】札幌市北区北八条西二丁目1番地1　甲澤一郎
戸籍に記録されている者	【名】文子 【生年月日】昭和60年5月1日　　【配偶者区分】妻 【父】山本太郎 【母】山本好子 【続柄】長女
身分事項 　出　　生 　婚　　姻	【出生日】昭和60年5月1日 【出生地】北海道室蘭市 【届出日】昭和60年5月10日 【届出人】父 【婚姻日】平成30年1月5日 【配偶者氏名】甲沢義夫 【送付を受けた日】平成30年1月10日

第2　本籍欄及び筆頭者氏名欄の訂正　　61

	(2の2)	決裁用帳票
文字関連更正	【受理者】札幌市北区長 【従前戸籍】北海道室蘭市入江町一丁目1番地　山本太郎 【更正日】平成30年1月10日 【従前の記録】 　　【配偶者氏名】甲澤義夫	
		以下余白

※1　従前の戸籍の筆頭者及びその配偶者以外の者が，新戸籍を編製する事由となる届出と共にその氏の文字を更正する申出をした場合については，更正後の文字で新戸籍を編製し，その戸籍事項欄に更正事由を記録することになるが，コンピュータ戸籍に更正事由を記録するためには，システムにおいて更正の処理をする必要があるところ，戸籍記録について変更（更正），追加，削除した場合は，従前の記録をも保存する機能を有するものとされている。

　したがって，システムにおいて文字更正の処理をした場合には，必ず更正前の文字が従前の記録として保存され，更正前の文字を保有することなく更正事由を記録することはできないことになり，更正後の文字で新戸籍を編製するものとすれば更正事由を記録することができなくなる。

　そこで，戸籍の筆頭者及びその配偶者以外の者から，新戸籍を編製する事由となる届出と同時に氏の文字について更正の申出があった場合には，基本となる届出をした後に更正の申出について処理する。

　つまり，基本となる届出を届出前の文字によって処理した後，氏の文字について更正することになる。

2　この場合の更正は，同一戸籍内に記録されている当該筆頭者の氏の文字の全てに及ぶものとされ，また，それが著しい差異のない字体への更正である場合には，筆頭者と同一呼称の氏の文字についても更正することができるが（平成2・10・20民二5200号通達第3の3），その場合筆頭者の氏の文字を更正したことの関連で更正されるものであることから，コンピュータ戸籍においては「文字関連更正」として処理されるが，更正後の記録事項証明には表示されない。

第2 本籍欄及び筆頭者氏名欄の訂正

更正後の記録事項証明書

（2の1） 全部事項証明

本　　籍	北海道室蘭市入江町一丁目1番地
氏　　名	甲沢　義夫
戸籍事項 　　戸籍編製 　　**文字更正**	【編製日】平成30年1月10日 【更正日】平成30年1月10日 【従前の記録】 　　【氏】甲澤
戸籍に記録されている者	【名】義夫 【生年月日】昭和58年6月1日　　　　【配偶者区分】夫 【父】甲澤一郎 【母】甲澤和子 【続柄】長男
身分事項 　　出　　生 　　婚　　姻	【出生日】昭和58年6月1日 【出生地】北海道札幌市 【届出日】昭和58年6月10日 【届出人】父 【婚姻日】平成30年1月5日 【配偶者氏名】山本文子 【送付を受けた日】平成30年1月10日 【受理者】札幌市北区長 【従前戸籍】札幌市北区北八条西二丁目1番地1　甲澤一郎
戸籍に記録されている者	【名】文子 【生年月日】昭和60年5月1日　　　　【配偶者区分】妻 【父】山本太郎 【母】山本好子 【続柄】長女
身分事項 　　出　　生 　　婚　　姻	【出生日】昭和60年5月1日 【出生地】北海道室蘭市 【届出日】昭和60年5月10日 【届出人】父 【婚姻日】平成30年1月5日 【配偶者氏名】甲沢義夫 【送付を受けた日】平成30年1月10日

第2　本籍欄及び筆頭者氏名欄の訂正　　63

	（2の2）　全部事項証明
	【受理者】札幌市北区長 【従前戸籍】北海道室蘭市入江町一丁目1番地　山本太郎
	以下余白

※1　更正日は婚姻届出の日ではなく，戸籍記載の日（送付のあった日）となる。
　2　婚姻により除籍される戸籍には氏更正申出の事項は記録されない。

64　第2　本籍欄及び筆頭者氏名欄の訂正

〔本籍欄及び筆頭者氏名欄の訂正8〕筆頭者の氏の文字更正の記載をし、配偶者の婚姻事項欄及び子の父母欄の記載を「文字関連更正」とすべきを「文字更正」とした場合

訂正前の記録事項証明書

（2の1）　全部事項証明

本　　籍	北海道室蘭市入江町二丁目2番地
氏　　名	甲沢　義夫
戸籍事項 　戸籍編製 　文字更正	【編製日】平成20年1月10日 【更正日】平成30年1月10日 【従前の記録】 　　【氏】甲澤
戸籍に記録されている者	【名】義夫 【生年月日】昭和58年6月19日　　　【配偶者区分】夫 【父】甲澤一郎 【母】甲澤和子 【続柄】二男
身分事項 　出　　生 　婚　　姻	【出生日】昭和58年6月19日 【出生地】北海道室蘭市 【届出日】昭和58年6月20日 【届出人】父 【婚姻日】平成20年10月27日 【配偶者氏名】山本文子 【従前戸籍】札幌市北区北八条西二丁目1番地1　甲澤一郎
戸籍に記録されている者	【名】文子 【生年月日】昭和58年7月27日　　　【配偶者区分】妻 【父】山本太郎 【母】山本好子 【続柄】長女
身分事項 　出　　生 　婚　　姻	【出生日】昭和58年7月27日 【出生地】北海道室蘭市 【届出日】昭和58年7月30日 【届出人】父 【婚姻日】平成20年10月27日 【配偶者氏名】甲沢義夫 【従前戸籍】北海道室蘭市入江町一丁目1番地　山本太郎

第2　本籍欄及び筆頭者氏名欄の訂正

（2の2）　全部事項証明

文字関連更正	【更正日】平成30年1月10日 【従前の記録】 　　【配偶者氏名】甲澤義夫
戸籍に記録されている者	【名】由美 【生年月日】平成22年11月4日 【父】甲沢義夫 【母】甲沢文子 【続柄】長女
身分事項 　　出　　生	【出生日】平成22年11月4日 【出生地】北海道室蘭市 【届出日】平成22年11月10日 【届出人】父
文字更正	【更正日】平成30年1月10日 【従前の記録】 　　【父】甲澤義夫 　　【母】甲澤文子

以下余白

決裁用帳票

(2の1) 決 裁 用 帳 票

本　　　籍	北海道室蘭市入江町二丁目2番地
氏　　　名	甲沢　義夫
戸籍事項 　戸籍編製 　文字更正	【編製日】平成20年1月10日 【更正日】平成30年1月10日 【従前の記録】 　　【氏】甲澤
戸籍に記録されている者	【名】義夫 【生年月日】昭和58年6月19日　　　【配偶者区分】夫 【父】甲澤一郎 【母】甲澤和子 【続柄】二男
身分事項 　出　　生 　婚　　姻	【出生日】昭和58年6月19日 【出生地】北海道室蘭市 【届出日】昭和58年6月20日 【届出人】父 【婚姻日】平成20年10月27日 【配偶者氏名】山本文子 【従前戸籍】札幌市北区北八条西二丁目1番地1　甲澤一郎
戸籍に記録されている者	【名】文子 【生年月日】昭和58年7月27日　　　【配偶者区分】妻 【父】山本太郎 【母】山本好子 【続柄】長女
身分事項 　出　　生 　婚　　姻 　文字関連更正	【出生日】昭和58年7月27日 【出生地】北海道室蘭市 【届出日】昭和58年7月30日 【届出人】父 【婚姻日】平成20年10月27日 【配偶者氏名】甲沢義夫 【従前戸籍】北海道室蘭市入江町一丁目1番地　山本太郎 【更正日】平成30年1月10日

第2　本籍欄及び筆頭者氏名欄の訂正　　67

		(2の2)	決 裁 用 帳 票
戸籍に記録されている者	【従前の記録】 　【配偶者氏名】甲澤義夫 【名】由美 【生年月日】平成22年11月4日 【父】甲沢義夫 【母】甲沢文子 【続柄】長女		
身分事項 　　出　　生	【出生日】平成22年11月4日 【出生地】北海道室蘭市 【届出日】平成22年11月10日 【届出人】父		
消　　除	【消除日】平成31年4月20日 【消除事項】文字更正事項 【消除事由】誤記 【従前の記録】 　　【更正日】平成30年1月10日 　　【従前の記録】 　　　　【父】甲澤義夫 　　　　【母】甲澤文子		
文字関連更正	【更正日】平成31年4月20日 【従前の記録】 　　【父】甲澤義夫 　　【母】甲澤文子		
			以下余白

68　第2　本籍欄及び筆頭者氏名欄の訂正

〈文字訂正についての解説〉

(1) 文字訂正について

　氏又は名の記載が誤字又は俗字で記載されている者から正字への訂正申出があった場合の取扱いについては，平成2年10月20日民二第5200号通達及び平成16年9月27日民一第2665号通達によります。同通達中，第2では，「戸籍の氏又は名の文字が俗字等又は誤字で記載されている場合において，その文字をこれに対応する正字等に訂正する申出があったときは，市区町村長限りで訂正して差し支えない」ものとされています。

　戸籍がコンピュータ化される際には，誤字は解消されるので，電子情報処理組織をもって調製された後の文字訂正は，俗字から正字等への「文字訂正」のみとなります。

　① 申出による氏の文字訂正の処理

　筆頭者氏名欄の氏を訂正し，その事項を戸籍事項欄にタイトル「文字訂正」で記録します。

　訂正が及ぶ範囲は，「同一戸籍内のその筆頭者の氏の文字の記載すべて」です。なお，誤字から正字への文字訂正の場合は，筆頭者の氏のほか，筆頭者と「同一呼称の氏の文字（従前戸籍の表示，父母欄の表示等）」についても訂正することができるものとされています（前掲5200号通達第2の3）。しかし，俗字から正字への文字訂正の場合は，「訂正の範囲は，更正の申出があった場合に準じて取り扱うことになるので，従前戸籍の表示，父母欄の表示等には及ばないので留意する必要がある」とされています（戸籍628号124頁）。

　以上のことから，文字訂正・文字更正の及ぶ範囲をまとめると次の表のとおりです。

第2　本籍欄及び筆頭者氏名欄の訂正　69

筆頭者氏名欄の氏の文字の訂正・更正の及ぶ範囲

訂正・更正前の文字	訂正・更正後の文字	訂正・更正の別	訂正・更正の及ぶ範囲（文字関連訂正等）	
			同一戸籍内のその筆頭者の氏の文字	同一呼称の氏の文字
「誤字」 →	「正字」及び「正字等」	文字訂正	全て訂正する	訂正することができる
「俗字」 →	「正字」及び「正字等」	文字訂正	全て訂正する	訂正できない（※ただし，著しい差異のない字体への訂正はできる）
「正字」及び「正字等」 →	「正字」	文字更正	全て更正する	更正できない（※ただし，著しい差異のない字体への更正はできる）

※　文字更正の場合には，それが著しい差異のない字体への更正である場合に限り，「筆頭者と同一呼称の氏の文字」についても更正できることとされています（前掲5200号通達第3の3）。したがって，俗字から正字への文字訂正の場合は，それが著しい差異のない字体への訂正である場合に限り，「筆頭者と同一呼称の氏の文字」についても訂正できることとなります（戸籍704号54頁等参照）。
　なお，ここでいう「著しい差異のない字体」については，平成2年10月20日民二第5202号依命通知第3に例示とともに説明がされていますのでご参照ください。

②　申出による名の文字訂正の処理

　筆頭者の名の文字について訂正申出があった場合には，戸籍に記録されている者の欄の【名】を訂正し，身分事項欄にタイトル「文字訂正」を記録し，筆頭者氏名欄の【氏名】は「文字関連訂正」により記録します。

(2)　誤記訂正について

　誤記は「文字訂正」のように訂正範囲がなく，訂正した箇所を明らかにする必要があるので，誤記している個々の文字について個々の「訂正」の記録を必要とします。したがって「文字訂正」のように「文字訂正」と「文字関連訂正」のような主従関係はありません。

　つまり，誤記訂正の場合には，どの欄を誤記しているかにかかわらず，誤記している文字ごとにタイトル「訂正」を用いて訂正事項の記載をしますから，名の誤記をした者が戸籍の筆頭者であり，戸籍に記録されている者の欄の【名】と筆頭者氏名欄の【氏名】の両方を誤記しているときは，身分事項欄，戸籍事項欄のそれぞれに「訂正」の記録をします。

〔本籍欄及び筆頭者氏名欄9〕俗字について，氏の文字訂正申出があった場合

申 出 書

北海道室蘭 ㊞市区町村長 殿

平成30年 1月10日申出

受付 平成30年 1月10日 第 48 号

戸籍 調査 記載

(一)	事件本人	本　籍	北海道室蘭市入江町3丁目3番地			記載
		筆頭者氏名	彡沢 義夫			記載調査
(二)		住所及び世帯主氏名	室蘭市入江町3丁目3番地　彡沢義夫			送付
(三)		氏　名	彡沢 義夫	彡沢 洋子	彡沢 由美	住民票
		生年月日	昭和58年7月1日	昭和60年5月1日	平成28年10月1日	記載
(四)		申出の事由	戸籍の筆頭者氏名欄の氏が俗字で記載されているため。			通知
						附票 記載 通知
(五)		申出する事項	事件本人の氏「彡沢」を「多沢」と訂正する。			
(六)		添付書類	なし			
(七)	申出人	本　籍	北海道室蘭市入江町3丁目3番地			
		筆頭者氏名	多沢 義夫			
		住　所	室蘭市入江町3丁目3番地			
		申出人の資格及び署名押印	多沢 義夫　㊞	多沢 洋子　㊞		
		生年月日	昭和58年7月1日	昭和60年5月1日		

（注意）事件本人又は申出人が二人以上であるときは，必要に応じ該当欄を区切って記載すること。

注1　事件本人は在籍者全員となるが，申出人は戸籍筆頭者と配偶者がなる。
　2　事件本人の氏は戸籍と同じく「彡沢」となるが，申出人の欄は「多沢」と記載してあっても申出の意思が確認できるので差し支えない。

第2　本籍欄及び筆頭者氏名欄の訂正　71

訂正前の記録事項証明書

（2の1）　　全部事項証明

本　　　籍	北海道室蘭市入江町三丁目3番地
氏　　　名	夛沢　義夫
戸籍事項 　戸籍編製	【編製日】平成23年1月10日
戸籍に記録されている者	【名】義夫 【生年月日】昭和58年7月1日　　　【配偶者区分】夫 【父】夛沢二郎 【母】夛沢美子 【続柄】長男
身分事項 　出　　生 　婚　　姻	【出生日】昭和58年7月1日 【出生地】北海道室蘭市 【届出日】昭和58年7月10日 【届出人】父 【婚姻日】平成23年1月10日 【配偶者氏名】田中洋子 【従前戸籍】札幌市北区北八条西二丁目1番地1　夛沢二郎
戸籍に記録されている者	【名】洋子 【生年月日】昭和60年5月1日　　　【配偶者区分】妻 【父】田中太郎 【母】田中恵子 【続柄】長女
身分事項 　出　　生 　婚　　姻	【出生日】昭和60年5月1日 【出生地】北海道室蘭市 【届出日】昭和60年5月10日 【届出人】父 【婚姻日】平成23年1月10日 【配偶者氏名】夛沢義夫 【従前戸籍】北海道室蘭市入江町一丁目1番地　田中太郎
戸籍に記録されている者	【名】由美

第2　本籍欄及び筆頭者氏名欄の訂正

	（2の2）	全部事項証明
	【生年月日】平成28年10月1日 【父】夛沢義夫 【母】夛沢洋子 【続柄】長女	
身分事項 　　出　　生	【出生日】平成28年10月1日 【出生地】北海道室蘭市 【届出日】平成28年10月10日 【届出人】父	
		以下余白

第2　本籍欄及び筆頭者氏名欄の訂正　　73

決裁用帳票

(2の1)　　決　裁　用　帳　票

本　　　籍	北海道室蘭市入江町三丁目3番地
氏　　　名	多沢　義夫
戸籍事項 　戸籍編製 　文字訂正	【編製日】平成23年1月10日 【訂正日】平成30年1月10日 【従前の記録】 　　　　　【氏】夛沢
戸籍に記録されている者	【名】義夫 【生年月日】昭和58年7月1日　　　【配偶者区分】夫 【父】夛沢二郎 【母】夛沢美子 【続柄】長男
身分事項 　出　　　生 　婚　　　姻	【出生日】昭和58年7月1日 【出生地】北海道室蘭市 【届出日】昭和58年7月10日 【届出人】父 【婚姻日】平成23年1月10日 【配偶者氏名】田中洋子 【従前戸籍】札幌市北区北八条西二丁目1番地1　夛沢二郎
戸籍に記録されている者	【名】洋子 【生年月日】昭和60年5月1日　　　【配偶者区分】妻 【父】田中太郎 【母】田中恵子 【続柄】長女
身分事項 　出　　　生 　婚　　　姻 　　文字関連訂正	【出生日】昭和60年5月1日 【出生地】北海道室蘭市 【届出日】昭和60年5月10日 【届出人】父 【婚姻日】平成23年1月10日 【配偶者氏名】多沢義夫 【従前戸籍】北海道室蘭市入江町一丁目1番地　田中太郎 【訂正日】平成30年1月10日

第2　本籍欄及び筆頭者氏名欄の訂正

(2の2)　決裁用帳票

	【従前の記録】 　【配偶者氏名】夛沢義夫
戸籍に記録されている者	【名】由美 【生年月日】平成28年10月1日 【父】多沢義夫 【母】多沢洋子 【続柄】長女
身分事項 　　出　　生	【出生日】平成28年10月1日 【出生地】北海道室蘭市 【届出日】平成28年10月10日 【届出人】父
文字関連訂正	【訂正日】平成30年1月10日 【従前の記録】 　【父】夛沢義夫 　【母】夛沢洋子
	以下余白

※　筆頭者氏名欄の氏の文字訂正に関連して氏の文字を訂正したときは，磁気ディスク上にだけ，タイトル「文字関連訂正」として訂正事由が記録される。

第2　本籍欄及び筆頭者氏名欄の訂正　75

訂正後の記録事項証明書

（2の1）　全部事項証明

本　　　籍	北海道室蘭市入江町三丁目3番地
氏　　　名	多沢　義夫
戸籍事項 　戸籍編製 　**文字訂正**	【編製日】平成23年1月10日 【訂正日】平成30年1月10日 【従前の記録】 　　　【氏】夛沢
戸籍に記録されている者	【名】義夫 【生年月日】昭和58年7月1日　　　【配偶者区分】夫 【父】夛沢二郎 【母】夛沢美子 【続柄】長男
身分事項 　出　　生 　婚　　姻	【出生日】昭和58年7月1日 【出生地】北海道室蘭市 【届出日】昭和58年7月10日 【届出人】父 【婚姻日】平成23年1月10日 【配偶者氏名】田中洋子 【従前戸籍】札幌市北区北八条西二丁目1番地1　夛沢二郎
戸籍に記録されている者	【名】洋子 【生年月日】昭和60年5月1日　　　【配偶者区分】妻 【父】田中太郎 【母】田中恵子 【続柄】長女
身分事項 　出　　生 　婚　　姻	【出生日】昭和60年5月1日 【出生地】北海道室蘭市 【届出日】昭和60年5月10日 【届出人】父 【婚姻日】平成23年1月10日 【配偶者氏名】多沢義夫 【従前戸籍】北海道室蘭市入江町一丁目1番地　田中太郎
戸籍に記録されている者	

76　第2　本籍欄及び筆頭者氏名欄の訂正

(2の2)　全部事項証明

	【名】由美 【生年月日】平成28年10月1日 【父】多沢義夫 【母】多沢洋子 【続柄】長女
身分事項 　　出　　生	【出生日】平成28年10月1日 【出生地】北海道室蘭市 【届出日】平成28年10月10日 【届出人】父
	以下余白

※　配偶者の婚姻事項，子の父母欄についても訂正するが，「文字関連訂正」の事項は全部事項証明には出力されない。

第3　戸籍事項欄の訂正

〔戸籍事項欄1〕転籍事項の届出年月日を誤記した場合

決裁用帳票

	（1の1）	決 裁 用 帳 票
本　　　籍 氏　　　名	北海道室蘭市入江町一丁目1番地 甲野　義夫	
戸籍事項 　　転　　籍 　　訂　　正	【転籍日】平成30年1月10日 【従前本籍】札幌市北区北八条西二丁目1番地1 【訂正日】平成31年1月10日 【訂正事由】誤記 【従前の記録】 　【転籍日】平成30年1月11日	
戸籍に記録されている者	【名】義夫 【生年月日】昭和58年5月1日 【父】甲野幸雄 【母】甲野春子 【続柄】長男	
身分事項 　　出　　生	【出生日】昭和58年5月1日 【出生地】北海道室蘭市 【届出日】昭和58年5月10日 【届出人】父	
		以下余白

第3　戸籍事項欄の訂正

訂正後の記録事項証明書

(1の1)　全部事項証明

本　　　籍	北海道室蘭市入江町一丁目1番地
氏　　　名	甲野　義夫
戸籍事項 　転　　籍	【転籍日】平成30年1月10日 【従前本籍】札幌市北区北八条西二丁目1番地1
戸籍に記録されている者	【名】義夫 【生年月日】昭和58年5月1日 【父】甲野幸雄 【母】甲野春子 【続柄】長男
身分事項 　出　　生	【出生日】昭和58年5月1日 【出生地】北海道室蘭市 【届出日】昭和58年5月10日 【届出人】父
	以下余白

※　市区町村長限りの職権訂正に関する事項（誤記，遺漏，文字関連訂正（更正）によるものに限る）は，全部事項証明書には出力されない。

第3 戸籍事項欄の訂正　79

〔戸籍事項欄2〕転籍事項の従前戸籍の表示を誤記した場合

決裁用帳票

| | (1の1) | 決　裁　用　帳　票 |

本　　籍	北海道室蘭市入江町一丁目1番地
氏　　名	甲野　義夫
戸籍事項 　　転　　籍 　　訂　　正	【転籍日】平成30年1月10日 【従前本籍】札幌市北区北八条西二丁目1番地1 【訂正日】平成31年1月10日 【訂正事由】誤記 【従前の記録】 　【従前本籍】札幌市北区北八条二丁目2番地1
戸籍に記録されている者	【名】義夫 【生年月日】昭和58年5月1日 【父】甲野幸雄 【母】甲野春子 【続柄】長男
身分事項 　　出　　生	【出生日】昭和58年5月1日 【出生地】北海道室蘭市 【届出日】昭和58年5月10日 【届出人】父
	以下余白

第3　戸籍事項欄の訂正

訂正後の記録事項証明書

(1の1)　　全部事項証明

本　　籍	北海道室蘭市入江町一丁目1番地
氏　　名	甲野　義夫
戸籍事項 　　転　籍	【転籍日】平成30年1月10日 【従前本籍】札幌市北区北八条西二丁目1番地1
戸籍に記録されている者	【名】義夫 【生年月日】昭和58年5月1日 【父】甲野幸雄 【母】甲野春子 【続柄】長男
身分事項 　　出　　生	【出生日】昭和58年5月1日 【出生地】北海道室蘭市 【届出日】昭和58年5月10日 【届出人】父

以下余白

※　市区町村長限りの職権訂正に関する事項（誤記，遺漏，文字関連訂正（更正）によるものに限る）は，全部事項証明書には出力されない。

〔戸籍事項欄３〕転籍後の新本籍の表示を誤記した場合

決裁用帳票

除　　籍	（1の1）　決裁用帳票
本　　　籍	北海道室蘭市入江町一丁目１番地
氏　　　名	甲野　義夫
戸籍事項 　　転　　籍 　　転　　籍 　　訂　　正	【転籍日】平成２９年１月１０日 【従前本籍】札幌市北区北八条西二丁目１番地１ 【転籍日】平成３０年１月１０日 【新本籍】札幌市北区北八条西二丁目１番地１ 【送付を受けた日】平成３０年１月１３日 【受理者】札幌市北区長 【訂正日】平成３１年１月１０日 【訂正事由】誤記 【従前の記録】 　　【新本籍】札幌市北区北八条西二丁目２番地１
戸籍に記録されている者	【名】義夫 【生年月日】昭和５８年５月１日 【父】甲野幸雄 【母】甲野春子 【続柄】長男
身分事項 　　出　　生	【出生日】昭和５８年５月１日 【出生地】北海道室蘭市 【届出日】昭和５８年５月１０日 【届出人】父
	以下余白

訂正後の記録事項証明書

除　　籍	（1の1）	全部事項証明
本　　籍	北海道室蘭市入江町一丁目1番地	
氏　　名	甲野　義夫	
戸籍事項 　転　　籍 　転　　籍	【転籍日】平成29年1月10日 【従前本籍】札幌市北区北八条西二丁目1番地1 【転籍日】平成30年1月10日 【新本籍】札幌市北区北八条西二丁目1番地1 【送付を受けた日】平成30年1月13日 【受理者】札幌市北区長	
戸籍に記録されている者	【名】義夫 【生年月日】昭和58年5月1日 【父】甲野幸雄 【母】甲野春子 【続柄】長男	
身分事項 　出　　生	【出生日】昭和58年5月1日 【出生地】北海道室蘭市 【届出日】昭和58年5月10日 【届出人】父	
		以下余白

※　市区町村長限りの職権訂正に関する事項（誤記，遺漏，文字関連訂正（更正）によるものに限る）は，全部事項証明書には出力されない。

第3　戸籍事項欄の訂正　83

〔戸籍事項欄4〕氏変更事項の移記を遺漏した場合

戸　籍　訂　正　書

受付	平成31年1月10日
	第　50　号

			戸籍	
(1)	事件本人	本　　籍	北海道室蘭市入江町1丁目1番地	調査
				記載
		筆頭者氏名	甲　野　梅　子	記載調査
(2)		住所及び世帯主氏名	室蘭市入江町1丁目1番地　甲野梅子	送付通知
(3)		氏　　名	甲　野　梅　子	住民票
		生年月日	昭和58年8月1日	記載
(4)	訂正・記載の事由	事件本人について，氏変更事項の移記遺漏を発見したが，これは当職の過誤であるので，職権により戸籍の訂正をする。	通知
			附票
			記載
			通知
(5)	訂正・記載の趣旨	戸籍事項欄に戸籍法77条の2の届出による氏変更事項を記載する。	
(6)	添付書類	除籍謄本	

上記のとおり職権によって訂正する。
　　平成31年1月10日

　　　　　　　北海道室蘭市長　○　○　○　○　　職印

〔注〕　事件本人が二人以上であるときは，必要に応じ該当欄を区切り記載する。

注　除籍謄本等氏変更事項が分かる資料を添付する。

訂正前の記録事項証明書

(1の1) | 全部事項証明

本　　　籍	北海道室蘭市入江町一丁目1番地
氏　　　名	甲野　梅子
戸籍事項 　転　　籍	【転籍日】平成30年1月10日 【従前本籍】札幌市北区北八条西二丁目1番地1
戸籍に記録されている者	【名】梅子 【生年月日】昭和58年8月1日 【父】乙野茂雄 【母】乙野寿子 【続柄】二女
身分事項 　出　　生	【出生日】昭和58年8月1日 【出生地】北海道登別市 【届出日】昭和58年8月10日 【届出人】父
	以下余白

第3　戸籍事項欄の訂正　　85

決裁用帳票

		(1の1)	決 裁 用 帳 票
本　　　籍	北海道室蘭市入江町一丁目1番地		
氏　　　名	甲野　梅子		
戸籍事項 　　転　　籍 　　氏の変更 　　記　　録	【転籍日】平成30年1月10日 【従前本籍】札幌市北区北八条西二丁目1番地1 【氏変更日】平成29年1月10日 【氏変更の事由】戸籍法77条の2の届出 【記録日】平成31年1月10日 【記録事由】記録遺漏		
戸籍に記録されている者	【名】梅子 【生年月日】昭和58年8月1日 【父】乙野茂雄 【母】乙野寿子 【続柄】二女		
身分事項 　　出　　生	【出生日】昭和58年8月1日 【出生地】北海道登別市 【届出日】昭和58年8月10日 【届出人】父		
			以下余白

※　戸籍法77条の2の届出は，氏変更事項のため移記事項である（昭和51・5・31民二3233号通達）。

訂正後の記録事項証明書

(1の1) 全部事項証明

本　　籍	北海道室蘭市入江町一丁目1番地
氏　　名	甲野　梅子
戸籍事項 　転　　籍 　氏の変更	【転籍日】平成30年1月10日 【従前本籍】札幌市北区北八条西二丁目1番地1 【氏変更日】平成29年1月10日 【氏変更の事由】戸籍法77条の2の届出
戸籍に記録されている者	【名】梅子 【生年月日】昭和58年8月1日 【父】乙野茂雄 【母】乙野寿子 【続柄】二女
身分事項 　出　　生	【出生日】昭和58年8月1日 【出生地】北海道登別市 【届出日】昭和58年8月10日 【届出人】父
	以下余白

〔戸籍事項欄5〕記載不要な氏変更事項を誤って記載した場合

訂正前の記録事項証明書

(1の1)　全部事項証明

本　　　籍	北海道室蘭市入江町一丁目1番地
氏　　　名	甲野　梅子
戸籍事項 　氏の変更 　戸籍編製	【氏変更日】平成26年1月10日 【氏変更の事由】戸籍法77条の2の届出 【編製日】平成30年1月10日
戸籍に記録されている者	【名】梅子 【生年月日】昭和58年8月1日 【父】乙野茂雄 【母】乙野寿子 【続柄】長女
身分事項 　出　　　生 　離　　　婚	【出生日】昭和58年8月1日 【出生地】北海道室蘭市 【届出日】昭和58年8月10日 【届出人】父 【離婚日】平成30年1月10日 【配偶者氏名】甲野義夫 【従前戸籍】札幌市北区北八条西二丁目1番地1　甲野義夫
	以下余白

※1　戸籍法77条の2の届出をして離婚し，同一人と再婚して再度離婚した場合，再婚時の戸籍に氏の変更事項の記録はないから，本例のような移記誤りは通常生じないものと思われる。
　2　戸籍法77条の2の届出をして離婚し，同一人と再婚して再度離婚する場合，再婚前と氏の呼称が同一であるので，再度の戸籍法77条の2の届出は受理すべきではない。

第3　戸籍事項欄の訂正

訂正後の記録事項証明書

(1の1)　　全部事項証明

本　　　籍	北海道室蘭市入江町一丁目1番地
氏　　　名	甲野　梅子
戸籍事項 　戸籍編製 　消　　除	【編製日】平成30年1月10日 【消除日】平成31年1月10日 【消除事項】氏の変更事項 【消除事由】誤記 【従前の記録】 　　【氏変更日】平成26年1月10日 　　【氏変更の事由】戸籍法77条の2の届出
戸籍に記録されている者	【名】梅子 【生年月日】昭和58年8月1日 【父】乙野茂雄 【母】乙野寿子 【続柄】長女
身分事項 　出　　生 　離　　婚	【出生日】昭和58年8月1日 【出生地】北海道室蘭市 【届出日】昭和58年8月10日 【届出人】父 【離婚日】平成30年1月10日 【配偶者氏名】甲野義夫 【従前戸籍】札幌市北区北八条西二丁目1番地1　甲野義夫
	以下余白

〔戸籍事項欄6〕氏変更の事由「戸籍法73条の2」とすべきを誤って「戸籍法77条の2」と記録した場合

訂正前の記録事項証明書

(1の1) 　全部事項証明

本　　　籍	北海道室蘭市入江町一丁目1番地
氏　　　名	甲野　梅子
戸籍事項 　　氏の変更 　　転　　籍	【氏変更日】平成29年1月10日 【氏変更の事由】戸籍法77条の2の届出 【転籍日】平成30年1月10日 【従前本籍】札幌市北区北八条西二丁目1番地1
戸籍に記録されている者	【名】梅子 【生年月日】昭和58年8月1日 【父】乙野茂雄 【母】乙野寿子 【続柄】長女
身分事項 　　出　　生	【出生日】昭和58年8月1日 【出生地】北海道室蘭市 【届出日】昭和58年8月10日 【届出人】父
	以下余白

決裁用帳票

(1の1) 決裁用帳票

本　　籍	北海道室蘭市入江町一丁目1番地
氏　　名	甲野　梅子
戸籍事項 　　転　籍 　　消　除 　　氏の変更 　　記　録	【転籍日】平成30年1月10日 【従前本籍】札幌市北区北八条西二丁目1番地1 【消除日】平成31年1月10日 【消除事項】氏の変更事項 【消除事由】誤記 【従前の記録】 　【氏変更日】平成29年1月10日 　【氏変更の事由】戸籍法77条の2の届出 【氏変更日】平成29年1月10日 【氏変更の事由】戸籍法73条の2の届出 【記録日】平成31年1月10日 【記録事由】記録遺漏
戸籍に記録されている者	【名】梅子 【生年月日】昭和58年8月1日 【父】乙野茂雄 【母】乙野寿子 【続柄】長女
身分事項 　　出　生	【出生日】昭和58年8月1日 【出生地】北海道室蘭市 【届出日】昭和58年8月10日 【届出人】父
	以下余白

※　氏の変更事項については，戸籍法69条の2，73条の2，75条の2，77条の2，107条各項いずれも基本タイトルは「氏の変更」というタイトルで共通していながらも，氏の変更の事由ごとに戸籍事項欄のタイトルコードが異なっている。各々の氏の変更事項は，記録事項証明書を一見するとインデックス【氏変更の事由】の内容だけが違うように見えるが，システム上の記録としてはタイトルコードを異にし，区別して記録される。よって，本件のようにインデックス【氏変更の事由】を訂正する処理については，氏の変更事項のタイトルコード自体が誤っていることになるので，当該事項全てを消除し，正しいタイトルコードの戸籍事項を新たに記録することになる（戸籍687号54頁）。

第3　戸籍事項欄の訂正　91

訂正後の記録事項証明書

(1の1)　全部事項証明

本　　籍	北海道室蘭市入江町一丁目1番地
氏　　名	甲野　梅子
戸籍事項 　転　籍 　消　除 　氏の変更	【転籍日】平成30年1月10日 【従前本籍】札幌市北区北八条西二丁目1番地1 【消除日】平成13年1月10日 【消除事項】氏の変更事項 【消除事由】誤記 【従前の記録】 　　【氏変更日】平成11年1月10日 　　【氏変更の事由】戸籍法77条の2の届出 【氏変更日】平成29年1月10日 【氏変更の事由】戸籍法73条の2の届出
戸籍に記録されている者	【名】梅子 【生年月日】昭和58年8月1日 【父】乙野茂雄 【母】乙野寿子 【続柄】長女
身分事項 　出　生	【出生日】昭和58年8月1日 【出生地】北海道室蘭市 【届出日】昭和58年8月10日 【届出人】父
	以下余白

第4　戸籍に記録されている者の欄の訂正

1　名の訂正

〔名の訂正1〕名（筆頭者の名）を誤記した場合

		戸　籍　訂　正　書			受付	平成31年　1月10日	戸　籍	
						第　58　号	調査	
(1) 事件本人	本　籍	北海道室蘭市入江町1丁目1番地					記載	
	筆頭者氏名	甲　野　義　男					記載調査	
(2)	住所及び世帯主氏名	室蘭市入江町1丁目1番地　甲野義夫					送付通知	
(3)	氏　名	甲野義男	甲野花子	甲野由美			住民票	
	生年月日	昭和58年5月1日	昭和60年5月1日	平成30年10月1日			記載	
(4)	訂正・記載の事由	事件本人義男について，名欄及び筆頭者氏名欄の名，花子について夫の名，由美について父の名について「義男」は「義夫」の誤りであることを発見したが，これは当職の過誤であるので，職権により戸籍の訂正をする。					通知	
							附　票	
							記載	
							通知	
(5)	訂正・記載の趣旨	義男の名欄及び筆頭者氏名欄中名，花子の夫の名，由美の父の名「義男」を「義夫」と訂正する。						
(6)	添付書類	戸（除）籍謄本（届書謄本）（訂正申出書）						

上記のとおり職権によって訂正する。
平成31年　1月10日

北海道室蘭市長　〇　〇　〇　〇　[職印]

（注）　事件本人が二人以上であるときは，必要に応じ該当欄を区切り記載する。

注　移記の際に誤記した場合は，従前の戸（除）籍謄本の添付を要する。婚姻等によって編製された際に誤記した場合は，基本の届書謄本の添付を要する。永年経過の場合には，訂正申出書（次頁参照）の添付を要する。

申　出　書

北海道室蘭 ㊞区町村長 殿

平成31年1月10日申出

受付	平成　年　月　日	戸籍調査	
	第　　　　　号		

㈠	事件本人	本　籍	北海道室蘭市入江町1丁目1番地			記載
		筆頭者氏名	甲野義男			記載調査
㈡		住所及び世帯主氏名	室蘭市入江町1丁目1番地　甲野義夫			送付
㈢		氏　名	甲野義男	甲野花子	甲野由美	住民票
		生年月日	昭和58年5月1日	昭和60年5月1日	平成30年10月1日	記載
㈣	申出の事由		婚姻による新戸籍編製の際に名を「義男」と誤記されているため。婚姻後も「義夫」の名を使用している。			通知
						附票
㈤	申出する事項		名と筆頭者氏名欄，妻の婚姻事項，子の父の名を「義夫」と訂正願いたい。			記載
						通知
㈥	添付書類		（永年経過の際は，「義夫」の名を使用している資料）			
㈦	申出人	本　籍	北海道室蘭市入江町1丁目1番地			
		筆頭者氏名	甲野義夫			
		住　所	室蘭市入江町1丁目1番地			
		申出人の資格及び署名押印	甲野義夫　㊞			
		生年月日	昭和58年5月1日			

（注意）事件本人又は申出人が二人以上であるときは，必要に応じ該当欄を区切って記載すること。

注1　この申出書は戸籍記載後永年経過の場合に必要とする。
　2　申出人の名は，「義男」となるが，本人は「義夫」を使用していることから，「義夫」と記載してあっても差し支えない。
　3　この申出書を，戸籍訂正書の添付書類とするか，又は事務処理の便宜上，申出書を職権訂正書として扱い，これを受理して訂正することもできる。

94　第4　戸籍に記録されている者の欄の訂正

訂正前の記録事項証明書

(2の1)　　全部事項証明

本　　籍	北海道室蘭市入江町一丁目1番地
氏　　名	甲野　義男
戸籍事項 　　戸籍編製	【編製日】平成30年1月10日
戸籍に記録されている者	【名】義男 【生年月日】昭和58年5月1日　　　　【配偶者区分】夫 【父】甲野義太郎 【母】甲野梅子 【続柄】長男
身分事項 　　出　　生 　　婚　　姻	【出生日】昭和58年5月1日 【出生地】北海道室蘭市 【届出日】昭和58年5月10日 【届出人】父 【婚姻日】平成30年1月10日 【配偶者氏名】乙野花子 【従前戸籍】札幌市北区北八条西二丁目1番地1　甲野義太郎
戸籍に記録されている者	【名】花子 【生年月日】昭和60年5月1日　　　　【配偶者区分】妻 【父】乙野太郎 【母】乙野和子 【続柄】長女
身分事項 　　出　　生 　　婚　　姻	【出生日】昭和60年5月1日 【出生地】北海道室蘭市 【届出日】昭和60年5月10日 【届出人】父 【婚姻日】平成30年1月10日 【配偶者氏名】甲野義男 【従前戸籍】北海道室蘭市入江町一丁目1番地　乙野太郎
戸籍に記録されている者	【名】由美

		(2の2)	全部事項証明
	【生年月日】平成30年10月1日 【父】甲野義男 【母】甲野花子 【続柄】長女		
身分事項 　出　生	【出生日】平成30年10月1日 【出生地】北海道室蘭市 【届出日】平成30年10月10日 【届出人】父		
			以下余白

決裁用帳票

(2の1)　決裁用帳票

本　　籍	北海道室蘭市入江町一丁目1番地
氏　　名	甲野　義夫
戸籍事項 　戸籍編製 　訂　　正	【編製日】平成30年1月10日 【訂正日】平成31年1月10日 【訂正事項】名 【訂正事由】誤記 【従前の記録】 　【氏名】甲野義男
戸籍に記録されている者	【名】義夫 【生年月日】昭和58年5月1日　　　　【配偶者区分】夫 【父】甲野義太郎 【母】甲野梅子 【続柄】長男
身分事項 　出　　生 　婚　　姻 　訂　　正	【出生日】昭和58年5月1日 【出生地】北海道室蘭市 【届出日】昭和58年5月10日 【届出人】父 ――――――――――――――――――― 【婚姻日】平成30年1月10日 【配偶者氏名】乙野花子 【従前戸籍】札幌市北区北八条西二丁目1番地1　甲野義太郎 ――――――――――――――――――― 【訂正日】平成31年1月10日 【訂正事項】名 【訂正事由】誤記 【従前の記録】 　【名】義男
戸籍に記録されている者	【名】花子 【生年月日】昭和60年5月1日　　　　【配偶者区分】妻 【父】乙野太郎 【母】乙野和子 【続柄】長女

	（2の2）	決裁用帳票

身分事項 　　出　　生	【出生日】昭和６０年５月１日 【出生地】北海道室蘭市 【届出日】昭和６０年５月１０日 【届出人】父
婚　　姻	【婚姻日】平成３０年１月１０日 【配偶者氏名】甲野義夫 【従前戸籍】北海道室蘭市入江町一丁目１番地　乙野太郎
訂　　正	【訂正日】平成３１年１月１０日 【訂正事由】誤記 【従前の記録】 　　【配偶者氏名】甲野義男
戸籍に記録されている者	【名】由美 【生年月日】平成３０年１０月１日 【父】甲野義夫 【母】甲野花子 【続柄】長女
身分事項 　　出　　生	【出生日】平成３０年１０月１日 【出生地】北海道室蘭市 【届出日】平成３０年１０月１０日 【届出人】父
訂　　正	【訂正日】平成３１年１月１０日 【訂正事項】父の氏名 【訂正事由】誤記 【従前の記録】 　　【父】甲野義男
	以下余白

※１　筆頭者氏名欄と名欄双方を誤記したものであり，戸籍事項欄にも記録を要する（誤記訂正の場合には，誤記している文字ごとにタイトル「訂正」を用いて訂正事項の記載をする。）。
　２　誤記した後，永年経過している場合は申出書の添付を要する。
　３　市区町村長限りの職権訂正に関する事項（誤記，遺漏，文字関連訂正（更正）によるものに限る）は，全部事項証明書には出力されない。

98　第4　戸籍に記録されている者の欄の訂正

〔名の訂正2〕 名の俗字を正字に訂正する申出があった場合

申　出　書

北海道室蘭 ㊝区町村 長　殿

平成30年　1月10日申出

受付　平成30年　1月10日　第　59　号

戸籍調査／記載／記載調査／送付／住民票／記載／通知／附票／記載／通知

(一)	事件本人	本　籍	北海道室蘭市入江町1丁目1番地
		筆頭者氏名	甲野 㐂一
(二)		住所及び世帯主氏名	室蘭市入江町1丁目1番地　甲野 㐂一
(三)		氏　名	甲野 㐂一
		生年月日	昭和22年6月1日
(四)	申出の事由		戸籍に記載されている者の欄の名が俗字で記載されているため。
(五)	申出する事項		事件本人の名「㐂一」を「喜一」と訂正する。
(六)	添付書類		なし
(七)	申出人	本　籍	北海道室蘭市入江町1丁目1番地
		筆頭者氏名	甲野 㐂一
		住　所	室蘭市入江町1丁目1番地
		申出人の資格及び署名押印	甲野 㐂一　㊞
		生年月日	昭和22年6月1日

（注意）事件本人又は申出人が二人以上であるときは，必要に応じ該当欄を区切って記載すること。

注　事件本人の名は戸籍と同じく「㐂一」となるが，届出人の欄は「喜一」と記載してあっても申出の意思が確認できるので差し支えない。

1 名の訂正

訂正前の記録事項証明書

(2の1) 　全部事項証明

本　　　籍	北海道室蘭市入江町一丁目1番地
氏　　　名	甲野　㐂一
戸籍事項 　　戸籍改製	【改製日】平成13年2月3日 【改製事由】平成6年法務省令第51号附則第2条第1項による改製
戸籍に記録されている者	【名】㐂一
	【生年月日】昭和22年6月1日　　　【配偶者区分】夫 【父】甲野義太郎 【母】甲野梅子 【続柄】二男
身分事項 　　出　　生	【出生日】昭和22年6月1日 【出生地】北海道室蘭市 【届出日】昭和22年6月10日 【届出人】父
婚　　姻	【婚姻日】昭和48年1月10日 【配偶者氏名】山本和子 【従前戸籍】札幌市北区北八条西二丁目1番地1　甲野義太郎
戸籍に記録されている者	【名】和子
	【生年月日】昭和22年5月1日　　　【配偶者区分】妻 【父】山本太郎 【母】山本好子 【続柄】長女
身分事項 　　出　　生	【出生日】昭和22年5月1日 【出生地】北海道室蘭市 【届出日】昭和22年5月10日 【届出人】父
婚　　姻	【婚姻日】昭和48年1月10日 【配偶者氏名】甲野㐂一 【従前戸籍】北海道室蘭市入江町一丁目1番地1　山本太郎

100　第4　戸籍に記録されている者の欄の訂正

| | | (2の2) | 全部事項証明 |

戸籍に記録されている者	【名】由美 【生年月日】昭和56年10月1日 【父】甲野喬一 【母】甲野和子 【続柄】長女
身分事項 　　出　　生	【出生日】昭和56年10月1日 【出生地】北海道室蘭市 【届出日】昭和56年10月10日 【届出人】父

以下余白

決裁用帳票

（2の1）　決裁用帳票

本　　籍	北海道室蘭市入江町一丁目1番地
氏　　名	甲野　喜一
戸籍事項 　戸籍改製 　文字関連訂正	【改製日】平成13年2月3日 【改製事由】平成6年法務省令第51号附則第2条第1項による改製 【訂正日】平成30年1月10日 【従前の記録】 　　【名】㐂一
戸籍に記録されている者	【名】喜一 【生年月日】昭和22年6月1日　　　【配偶者区分】夫 【父】甲野義太郎 【母】甲野梅子 【続柄】二男
身分事項 　出　　生 　婚　　姻 　文字訂正	【出生日】昭和22年6月1日 【出生地】北海道室蘭市 【届出日】昭和22年6月10日 【届出人】父 【婚姻日】昭和48年1月10日 【配偶者氏名】山本和子 【従前戸籍】札幌市北区北八条西二丁目1番地1　甲野義太郎 【訂正日】平成30年1月10日 【従前の記録】 　　【名】㐂一
戸籍に記録されている者	【名】和子 【生年月日】昭和22年5月1日　　　【配偶者区分】妻 【父】山本太郎 【母】山本好子 【続柄】長女
身分事項 　出　　生	【出生日】昭和22年5月1日 【出生地】北海道室蘭市

102　第4　戸籍に記録されている者の欄の訂正

	（2の2）　決裁用帳票
婚　姻	【届出日】昭和22年5月10日 【届出人】父
	【婚姻日】昭和48年1月10日 【配偶者氏名】甲野喜一 【従前戸籍】北海道室蘭市入江町一丁目1番地　山本太郎
文字関連訂正	【訂正日】平成30年1月10日 【従前の記録】 　　【配偶者氏名】甲野㐂一
戸籍に記録されている者	【名】由美
	【生年月日】昭和56年10月1日 【父】甲野喜一 【母】甲野和子 【続柄】長女
身分事項 　　出　生	【出生日】昭和56年10月1日 【出生地】北海道室蘭市 【届出日】昭和56年10月10日 【届出人】父
文字関連訂正	【訂正日】平成30年1月10日 【従前の記録】 　　【父】甲野㐂一
	以下余白

※1　名の俗字を訂正する場合で筆頭者の場合は，筆頭者氏名欄の記載も訂正するが，「文字関連訂正」で記録する。なお，「文字関連訂正」に関する事項は全部事項証明には出力されない。
　2　配偶者の婚姻事項，子の父母欄についても訂正するが，「文字関連訂正」に関する事項は全部事項証明には出力されない。

1 名の訂正　103

訂正後の記録事項証明書

(2の1)　全部事項証明

本　籍	北海道室蘭市入江町一丁目1番地
氏　名	甲野　喜一
戸籍事項 　戸籍改製	【改製日】平成13年2月3日 【改製事由】平成6年法務省令第51号附則第2条第1項による改製
戸籍に記録されている者	【名】喜一 【生年月日】昭和22年6月1日　　【配偶者区分】夫 【父】甲野義太郎 【母】甲野梅子 【続柄】二男
身分事項 　出　生	【出生日】昭和22年6月1日 【出生地】北海道室蘭市 【届出日】昭和22年6月10日 【届出人】父
婚　姻	【婚姻日】昭和48年1月10日 【配偶者氏名】山本和子 【従前戸籍】札幌市北区北八条西二丁目1番地1　甲野義太郎
文字訂正	【訂正日】平成30年1月10日 【従前の記録】 　　【名】㐂一
戸籍に記録されている者	【名】和子 【生年月日】昭和22年5月1日　　【配偶者区分】妻 【父】山本太郎 【母】山本好子 【続柄】長女
身分事項 　出　生	【出生日】昭和22年5月1日 【出生地】北海道室蘭市 【届出日】昭和22年5月10日 【届出人】父
婚　姻	【婚姻日】昭和48年1月10日

第4 戸籍に記録されている者の欄の訂正

(2の2)　全部事項証明

	【配偶者氏名】甲野喜一 【従前戸籍】北海道室蘭市入江町一丁目1番地　山本太郎
戸籍に記録されている者	【名】由美 【生年月日】昭和56年10月1日 【父】甲野喜一 【母】甲野和子 【続柄】長女
身分事項 　出　生	【出生日】昭和56年10月1日 【出生地】北海道室蘭市 【届出日】昭和56年10月10日 【届出人】父
	以下余白

〔名の訂正3〕名を通用字体へ更正する申出があった場合

申　出　書

北海道室蘭 ⓂⓇ区町村長 殿

平成30年1月10日申出

受付　平成30年1月10日　第60号

戸籍調査

(一)	事件本人	本　籍	北海道室蘭市入江町1丁目1番地	記載
		筆頭者氏名	甲野　將	記載調査
(二)		住所及び世帯主氏名	室蘭市入江町1丁目1番地　甲野將	送付
(三)		氏　名	甲野　將	住民票
		生年月日	昭和62年7月1日	記載
(四)	申出の事由		名の字体を常用漢字表に掲げる通用字体に改めたい。	通知／附票／記載／通知
(五)	申出する事項		名の記載「將」を「将」と更正する。	
(六)	添付書類		なし	
(七)	申出人	本　籍	北海道室蘭市入江町1丁目1番地	
		筆頭者氏名	甲野　將	
		住　所	室蘭市入江町1丁目1番地	
		申出人の資格及び署名押印	甲野　將　㊞	
		生年月日	昭和62年7月1日	

(注意) 事件本人又は申出人が二人以上であるときは、必要に応じ該当欄を区切って記載すること。

注　事件本人の名は戸籍と同じく「將」となるが，届出人の欄は「将」と記載しても申出の意思が確認できるので差し支えない。

106　第4　戸籍に記録されている者の欄の訂正

更正前の記録事項証明書

(2の1)　全部事項証明

本　　籍	北海道室蘭市入江町一丁目1番地
氏　　名	甲野　將
戸籍事項 　戸籍編製	【編製日】平成23年1月10日
戸籍に記録されている者	【名】將 【生年月日】昭和62年7月1日　　　【配偶者区分】夫 【父】甲野義太郎 【母】甲野梅子 【続柄】三男
身分事項 　出　　生	【出生日】昭和62年7月1日 【出生地】北海道室蘭市 【届出日】昭和62年7月10日 【届出人】父
婚　　姻	【婚姻日】平成23年1月10日 【配偶者氏名】田中美子 【従前戸籍】札幌市北区北八条西二丁目1番地1　甲野義太郎
戸籍に記録されている者	【名】美子 【生年月日】昭和62年5月1日　　　【配偶者区分】妻 【父】田中太郎 【母】田中恵子 【続柄】長女
身分事項 　出　　生	【出生日】昭和62年5月1日 【出生地】北海道室蘭市 【届出日】昭和62年5月10日 【届出人】父
婚　　姻	【婚姻日】平成23年1月10日 【配偶者氏名】甲野將 【従前戸籍】北海道室蘭市入江町一丁目1番地　田中太郎
戸籍に記録されている者	

	(2の2)	全部事項証明
	【名】由美 【生年月日】平成23年12月1日 【父】甲野將 【母】甲野美子 【続柄】長女	
身分事項 　　出　　生	【出生日】平成23年12月1日 【出生地】北海道室蘭市 【届出日】平成23年12月10日 【届出人】父	
		以下余白

第4　戸籍に記録されている者の欄の訂正

決裁用帳票

(2の1)　決裁用帳票

本　　　籍	北海道室蘭市入江町一丁目1番地
氏　　　名	甲野　将
戸籍事項 　　戸籍編製 　**文字関連更正**	【編製日】平成23年1月10日 【更正日】平成30年1月10日 【従前の記録】 　　【名】將
戸籍に記録されている者	【名】将 【生年月日】昭和62年7月1日　　【配偶者区分】夫 【父】甲野義太郎 【母】甲野梅子 【続柄】三男
身分事項 　　出　　生	【出生日】昭和62年7月1日 【出生地】北海道室蘭市 【届出日】昭和62年7月10日 【届出人】父
婚　　姻	【婚姻日】平成23年1月10日 【配偶者氏名】田中美子 【従前戸籍】札幌市北区北八条西二丁目1番地1　甲野義太郎
文字更正	【更正日】平成30年1月10日 【従前の記録】 　　【名】將
戸籍に記録されている者	【名】美子 【生年月日】昭和62年5月1日　　【配偶者区分】妻 【父】田中太郎 【母】田中恵子 【続柄】長女
身分事項 　　出　　生	【出生日】昭和62年5月1日 【出生地】北海道室蘭市 【届出日】昭和62年5月10日 【届出人】父

婚　　姻	【婚姻日】平成２３年１月１０日 【配偶者氏名】甲野将 【従前戸籍】北海道室蘭市入江町一丁目１番地　田中太郎
文字関連更正	【更正日】平成３０年１月１０日 【従前の記録】 　【配偶者氏名】甲野將
戸籍に記録されている者	【名】由美 【生年月日】平成２３年１２月１日 【父】甲野将 【母】甲野美子 【続柄】長女
身分事項 　　出　　生	【出生日】平成２３年１２月１日 【出生地】北海道室蘭市 【届出日】平成２３年１２月１０日 【届出人】父
文字関連更正	【更正日】平成３０年１月１０日 【従前の記録】 　【父】甲野將

以下余白

※１　名を通用字体に更正する場合で筆頭者の場合は，筆頭者氏名欄の記載も更正するが，「文字関連更正」で記録する。なお，「文字関連更正」に関する事項は全部事項証明には出力されない。
　２　配偶者の婚姻事項，子の父母欄についても更正するが，「文字関連更正」に関する事項は全部事項証明には出力されない。

更生後の記録事項証明書

（2の1）　全部事項証明

本　　籍	北海道室蘭市入江町一丁目1番地
氏　　名	甲野　将
戸籍事項 　　戸籍編製	【編製日】平成23年1月10日
戸籍に記録されている者	【名】将 【生年月日】昭和62年7月1日　　　【配偶者区分】夫 【父】甲野義太郎 【母】甲野梅子 【続柄】三男
身分事項 　　出　　生	【出生日】昭和62年7月1日 【出生地】北海道室蘭市 【届出日】昭和62年7月10日 【届出人】父
婚　　姻	【婚姻日】平成23年1月10日 【配偶者氏名】田中美子 【従前戸籍】札幌市北区北八条西二丁目1番地1　甲野義太郎
文字更正	【更正日】平成30年1月10日 【従前の記録】 　　【名】將
戸籍に記録されている者	【名】美子 【生年月日】昭和62年5月1日　　　【配偶者区分】妻 【父】田中太郎 【母】田中恵子 【続柄】長女
身分事項 　　出　　生	【出生日】昭和62年5月1日 【出生地】北海道室蘭市 【届出日】昭和62年5月10日 【届出人】父
婚　　姻	【婚姻日】平成23年1月10日 【配偶者氏名】甲野将

(2の2) 全部事項証明

	【従前戸籍】北海道室蘭市入江町一丁目1番地　田中太郎
戸籍に記録されている者	【名】由美 【生年月日】平成23年12月1日 【父】甲野将 【母】甲野美子 【続柄】長女
身分事項 　　出　生	【出生日】平成23年12月1日 【出生地】北海道室蘭市 【届出日】平成23年12月10日 【届出人】父

以下余白

〔名の訂正4〕転籍届と同時に名を通用字体へ更正する申出があった場合

決裁用帳票

除　　籍	（2の1）　決　裁　用　帳　票
本　　籍	北海道室蘭市入江町一丁目1番地
氏　　名	甲野　国夫
戸籍事項 　戸籍編製 文字関連更正 　転　　籍	【編製日】平成23年1月10日 【更正日】平成30年1月13日 【従前の記録】 　　【名】國夫 【転籍日】平成30年1月10日 【新本籍】札幌市北区北八条西二丁目1番地1 【送付を受けた日】平成30年1月13日 【受理者】札幌市北区長
戸籍に記録されている者	【名】国夫 【生年月日】昭和58年5月1日　　　【配偶者区分】夫 【父】甲野義太郎 【母】甲野梅子 【続柄】長男
身分事項 　出　　生 　婚　　姻 　文字更正	【出生日】昭和58年5月1日 【出生地】北海道室蘭市 【届出日】昭和58年5月10日 【届出人】父 【婚姻日】平成23年1月10日 【配偶者氏名】乙野花子 【従前戸籍】札幌市北区北八条西二丁目1番地1　甲野義太郎 【更正日】平成30年1月13日 【従前の記録】 　　【名】國夫
戸籍に記録されている者	【名】花子 【生年月日】昭和60年5月1日　　　【配偶者区分】妻 【父】乙野太郎 【母】乙野和子 【続柄】長女
身分事項 　出　　生	【出生日】昭和60年5月1日

	（2の2）　決裁用帳票
婚　　姻	【出生地】北海道室蘭市 【届出日】昭和６０年５月１０日 【届出人】父
	【婚姻日】平成２３年１月１０日 【配偶者氏名】甲野国夫 【従前戸籍】北海道室蘭市入江町一丁目１番地　乙野太郎
文字関連更正	【更正日】平成３０年１月１３日 【従前の記録】 　　【配偶者氏名】甲野國夫
戸籍に記録されている者	【名】由美 【生年月日】平成２３年１２月１日 【父】甲野国夫 【母】甲野美子 【続柄】長女
身分事項 　　出　　生	【出生日】平成２３年１２月１日 【出生地】北海道室蘭市 【届出日】平成２３年１２月１０日 【届出人】父
文字関連更正	【更正日】平成３０年１月１３日 【従前の記録】 　　【父】甲野國夫
	以下余白

※１　名を通用字体に更正する場合で筆頭者の場合は，筆頭者氏名欄の記載も更正するが，「文字関連更正」で記録する。なお，「文字関連更正」に関する事項は全部事項証明には出力されない。
　２　配偶者の婚姻事項，子の父母欄についても更正するが，「文字関連更正」に関する事項は全部事項証明には出力されない。

114　第4　戸籍に記録されている者の欄の訂正

更正後の記録事項証明書

除　　籍	（2の1）　　全部事項証明
本　　　籍	北海道室蘭市入江町一丁目1番地
氏　　　名	甲野　国夫
戸籍事項 　戸籍編製 　転　　籍	【編製日】平成23年1月10日 【転籍日】平成30年1月10日 【新本籍】札幌市北区北八条西二丁目1番地1 【送付を受けた日】平成30年1月13日 【受理者】札幌市北区長
戸籍に記録されている者	【名】国夫 【生年月日】昭和58年5月1日　　　【配偶者区分】夫 【父】甲野義太郎 【母】甲野梅子 【続柄】長男
身分事項 　出　　生 　婚　　姻 　文字更正	【出生日】昭和58年5月1日 【出生地】北海道室蘭市 【届出日】昭和58年5月10日 【届出人】父 【婚姻日】平成23年1月10日 【配偶者氏名】乙野花子 【従前戸籍】札幌市北区北八条西二丁目1番地1　甲野義太郎 【更正日】平成30年1月13日 【従前の記録】 　　【名】國夫
戸籍に記録されている者	【名】花子 【生年月日】昭和60年5月1日　　　【配偶者区分】妻 【父】乙野太郎 【母】乙野和子 【続柄】長女
身分事項 　出　　生	【出生日】昭和60年5月1日 【出生地】北海道室蘭市 【届出日】昭和60年5月10日 【届出人】父

1 名の訂正 115

(2の2) | 決済用帳票

婚　　姻	【婚姻日】平成23年1月10日 【配偶者氏名】甲野国夫 【従前戸籍】北海道室蘭市入江町一丁目1番地　乙野太郎
戸籍に記録されている者	【名】由美 【生年月日】平成23年12月1日 【父】甲野国夫 【母】甲野美子 【続柄】長女
身分事項 　　出　　生	【出生日】平成23年12月1日 【出生地】北海道室蘭市 【届出日】平成23年12月10日 【届出人】父

以下余白

※1　転籍届と同時に申出された場合は新本籍地（他市町村）では更正後の文字で新戸籍を編製する。
　2　従前地では届書の送付を受けた日付で，身分事項欄に文字更正の記載をする。

〔名の訂正5〕婚姻届と同時に名を通用字体へ更正する申出があった場合

婚姻前(申出前)の記録事項証明書

(1の1)　全部事項証明

本　　籍	札幌市北区北八条西一丁目1番地1
氏　　名	甲澤　一郎
戸籍事項 　　戸籍改製	【改製日】平成13年2月3日 【改製事由】平成6年法務省令第51号附則第2条第1項による改製
戸籍に記録されている者	【名】廣二 【生年月日】昭和60年6月1日 【父】甲澤一郎 【母】甲澤和子 【続柄】二男
身分事項 　　出　　生	【出生日】昭和60年6月1日 【出生地】札幌市北区 【届出日】昭和60年6月10日 【届出人】父
	以下余白

更正後の記録事項証明書

(1の1)　全部事項証明

本　　籍	札幌市北区北八条西一丁目1番地1
氏　　名	甲澤　一郎
戸籍事項 　戸籍改製	【改製日】平成13年2月3日 【改製事由】平成6年法務省令第51号附則第2条第1項による改製

～～～～～～～～～～～～～～～～～～～～～～～～～～～～～

戸籍に記録されている者 除　　籍	【名】広二 【生年月日】昭和60年6月1日 【父】甲澤一郎 【母】甲澤和子 【続柄】二男
身分事項 　出　　生	【出生日】昭和60年6月1日 【出生地】札幌市北区 【届出日】昭和60年6月10日 【届出人】父
文字更正	【更正日】平成30年1月15日 【従前の記録】 　【名】廣二
婚　　姻	【婚姻日】平成30年1月10日 【配偶者氏名】田中裕子 【送付を受けた日】平成30年1月15日 【受理者】北海道室蘭市長 【新本籍】北海道室蘭市入江町一丁目1番地 【称する氏】夫の氏
	以下余白

※1　婚姻前の戸籍で名の更正をし，新戸籍は申出後の名で編製する。
　2　妻の婚姻事項は除籍事項・入籍事項ともに申出後の名で記載する。
　3　文字更正の日付は婚姻届の送付のあった日となる。

2　生年月日の訂正

生年月日の訂正については，「出生事項の訂正」を参照してください。

3　父母の訂正

〔父母の訂正1〕父母の氏を誤記した場合

決裁用帳票

（2の1）　　決　裁　用　帳　票

本　　籍	北海道室蘭市入江町一丁目1番地
氏　　名	甲野　義夫
戸籍事項 　戸籍編製	【編製日】平成23年1月10日
戸籍に記録されている者	【名】義夫 【生年月日】昭和58年5月1日　　　　【配偶者区分】夫 【父】甲野義太郎 【母】甲野梅子 【続柄】長男
身分事項 　出　　生	【出生日】昭和58年5月1日 【出生地】北海道室蘭市 【届出日】昭和58年5月10日 【届出人】父
婚　　姻	【婚姻日】平成23年1月10日 【配偶者氏名】乙野花子 【従前戸籍】札幌市北区北八条西二丁目1番地1　甲野義太郎
訂　　正	【訂正日】平成30年1月10日 【訂正事項】父母の氏名 【訂正事由】誤記 【従前の記録】 　　【父】乙野義太郎 　　【母】乙野梅子
	以下余白

※　父（母）のみの氏を誤記した場合は，
　「【訂正事項】父（母）の氏名」となり
　【従前の記録】は父（母）のみの記録となる。
※　戸籍に記録されている者の欄にある事項を訂正するので，段落ちタイトルとはならない。

3 父母の訂正　119

訂正後の記録事項証明書

（2の1）　全部事項証明

本　　　籍	北海道室蘭市入江町一丁目1番地
氏　　　名	甲野　義夫
戸籍事項 　戸籍編製	【編製日】平成23年1月10日
戸籍に記録されている者	【名】義夫 【生年月日】昭和58年5月1日　　　【配偶者区分】夫 【父】甲野義太郎 【母】甲野梅子 【続柄】長男
身分事項 　出　　生	【出生日】昭和58年5月1日 【出生地】北海道室蘭市 【届出日】昭和58年5月10日 【届出人】父
婚　　姻	【婚姻日】平成23年1月10日 【配偶者氏名】乙野花子 【従前戸籍】札幌市北区北八条西二丁目1番地1　甲野義太郎

以下余白

※　市区町村長限りの職権訂正に関する事項（誤記，遺漏，文字関連訂正（更正）によるものに限る）は，全部事項証明書には出力されない。

120　第4　戸籍に記録されている者の欄の訂正

〔父母の訂正2〕父の名を誤記した場合

		戸　籍　訂　正　書	受付	平成30年1月10日	戸　籍調査	
				第　52　号		
(1)	事件	本　籍　北海道室蘭市入江町1丁目1番地			記載	
		筆頭者氏名　甲　野　義　夫			記載調査	
(2)	本人	住所及び世帯主氏名　室蘭市入江町1丁目1番地　甲野義夫			送付通知	
(3)		氏　名　甲　野　義　夫			住民票	
		生年月日　昭和58年5月1日			記載	
(4)	訂正・記載の事由	事件本人について，戸籍に記録されている者の欄中，父の名「良太郎」は「義太郎」の誤りであることを発見したが，これは当職の過誤であるので，職権により戸籍の訂正をする。			通知	
					附　票	
					記載	
					通知	
(5)	訂正・記載の趣旨	戸籍に記載されている者の欄中，父の名「良太郎」を「義太郎」と訂正する。				
(6)	添付書類	戸（除）籍謄本（出生の届書謄本）				

　　上記のとおり職権によって訂正する。
　　　平成30年1月10日

　　　　　　　　北海道室蘭市長　○　○　○　○　[職印]

（注）事件本人が二人以上であるときは、必要に応じ該当欄を区切り記載する。

注　移記の誤りの場合は，戸（除）籍謄本の添付を要する。出生届の際の記載誤りの場合は，出生の届書謄本の添付を要する。

3 父母の訂正

決裁用帳票

		(2の1)	決 裁 用 帳 票
本　　籍	北海道室蘭市入江町一丁目1番地		
氏　　名	甲野　義夫		
戸籍事項 　　戸籍編製	【編製日】平成23年1月10日		
戸籍に記録されている者	【名】義夫 【生年月日】昭和58年5月1日　　　　【配偶者区分】夫 【父】甲野義太郎 【母】甲野梅子 【続柄】長男		
身分事項 　　出　　生	【出生日】昭和58年5月1日 【出生地】北海道室蘭市 【届出日】昭和58年5月10日 【届出人】父		
婚　　姻	【婚姻日】平成23年1月10日 【配偶者氏名】乙野花子 【従前戸籍】札幌市北区北八条西二丁目1番地1　甲野義太郎		
訂　　正	【訂正日】平成30年1月10日 【訂正事項】父の氏名 【訂正事由】誤記 【従前の記録】 　　【父】甲野良太郎		
	以下余白		

※　戸籍に記録されている者の欄にある事項を訂正するので，段落ちタイトルとはならない。

訂正後の記録事項証明書

(2の1) 　全部事項証明

本　　籍	北海道室蘭市入江町一丁目1番地
氏　　名	甲野　義夫

戸籍事項 　戸籍編製	【編製日】平成23年1月10日

戸籍に記録されている者	【名】義夫 　 【生年月日】昭和58年5月1日　　　【配偶者区分】夫 【父】甲野義太郎 【母】甲野梅子 【続柄】長男

身分事項 　出　　生 　 　婚　　姻	【出生日】昭和58年5月1日 【出生地】北海道室蘭市 【届出日】昭和58年5月10日 【届出人】父 　 【婚姻日】平成23年1月10日 【配偶者氏名】乙野花子 【従前戸籍】札幌市北区北八条西二丁目1番地1　甲野義太郎

以下余白

※　市区町村長限りの職権訂正に関する事項（誤記，遺漏，文字関連訂正（更正）によるものに限る）は，全部事項証明書には出力されない。

〔父母の訂正3〕認知事項を記載したが，父の記載を遺漏した場合

訂正前の記録事項証明書

(1の1) 　全部事項証明

本　　　籍	北海道室蘭市入江町一丁目1番地
氏　　　名	乙野　梅子
戸籍事項 　　戸籍編製	【編製日】平成20年2月10日
戸籍に記録されている者	【名】広造 【生年月日】平成20年2月1日 【父】 【母】乙野梅子 【続柄】長男
身分事項 　　出　　生	【出生日】平成20年2月1日 【出生地】札幌市中央区 【届出日】平成20年2月10日 【届出人】母
認　　知	【認知日】平成23年1月10日 【認知者氏名】甲野義太郎 【認知者の戸籍】札幌市北区北八条西二丁目1番地1　甲野幸雄
	以下余白

124　第4　戸籍に記録されている者の欄の訂正

決裁用帳票

	（2の1）　決　裁　用　帳　票
本　　　籍	北海道室蘭市入江町一丁目1番地
氏　　　名	乙野　梅子
戸籍事項 　戸籍編製	【編製日】平成20年2月10日
戸籍に記録されている者	【名】広造 【生年月日】平成20年2月1日 【父】甲野義太郎 【母】乙野梅子 【続柄】長男
身分事項 　出　　生	【出生日】平成20年2月1日 【出生地】札幌市中央区 【届出日】平成20年2月10日 【届出人】母
認　　知	【認知日】平成23年1月10日 【認知者氏名】甲野義太郎 【認知者の戸籍】札幌市北区北八条西二丁目1番地1　甲野幸雄
記　　録	【記録日】平成30年1月10日 【記録事項】父の氏名 【記録事由】認知による父の氏名の記録遺漏 【記録の内容】 　　【父】甲野義太郎
	以下余白

※1　電子情報処理システムでは，認知者氏名が入力されると父の氏名が自動的に記録されるが，エラーの出現に気付かず入力遺漏があった場合の記載例である。
　2　市区町村長限りの職権訂正に関する事項（誤記，遺漏，文字関連訂正（更正）によるものに限る）は，全部事項証明書には出力されない。

〔父母の訂正4〕 父の移記を遺漏した場合

		戸 籍 訂 正 書	受付	平成31年 1月10日	戸 籍
				第 53 号	調査
(1)	事件本人	本　籍	北海道室蘭市入江町1丁目1番地		記載
		筆頭者氏名	甲　野　義　夫		記載調査
(2)		住所及び世帯主氏名	室蘭市入江町1丁目1番地　甲野義夫		送付通知
(3)		氏　名	甲　野　義　夫		住民票
		生年月日	昭和58年5月1日		記載
(4)		訂正・記載の事由	事件本人について，転籍の際に父の記載を遺漏していることを発見したが，これは当職の過誤であるので，職権により戸籍の記載をする。		通知
					附　票
					記載
					通知
(5)		訂正・記載の趣旨	事件本人について，父「甲野義太郎」と記載する。		
(6)		添付書類	除籍謄本		

　　上記のとおり職権によって訂正する。
　　平成31年 1月10日

　　　　　　　　　北海道室蘭市長　○　○　○　○　[職印]

〔注〕 事件本人が二人以上であるときは，必要に応じ該当欄を区切り記載する。

注　転籍届書の謄本を添付するか，転籍前の除籍謄本を添付する。

改正前の記録事項証明書

(1の1) 全部事項証明

本　　籍	北海道室蘭市入江町一丁目1番地
氏　　名	甲野　義夫
戸籍事項 　　転　籍	【転籍日】平成30年1月10日 【従前本籍】札幌市北区北八条西二丁目1番地1
戸籍に記録されている者	【名】義夫 【生年月日】昭和58年5月1日 【父】 【母】甲野梅子 【続柄】長男
身分事項 　　出　　生	【出生日】昭和58年5月1日 【出生地】北海道室蘭市 【届出日】昭和58年5月10日 【届出人】父
	以下余白

決裁用帳票

	(1の1)	決 裁 用 帳 票

本　　　籍	北海道室蘭市入江町一丁目1番地
氏　　　名	甲野　義夫
戸籍事項 　　転　　籍	【転籍日】平成30年1月10日 【従前本籍】札幌市北区北八条西二丁目1番地1
戸籍に記録されている者	【名】義夫 【生年月日】昭和58年5月1日 【父】甲野義太郎 【母】甲野梅子 【続柄】長男
身分事項 　　出　　生	【出生日】昭和58年5月1日 【出生地】北海道室蘭市 【届出日】昭和58年5月10日 【届出人】父
記　　録	【記録日】平成31年1月10日 【記録事項】父の氏名 【記録事由】記録遺漏 【記録の内容】 　　【父】甲野義太郎
	以下余白

※　市区町村長限りの職権訂正に関する事項（誤記，遺漏，文字関連訂正（更正）によるものに限る）は，全部事項証明書には出力されない。

〔父母の訂正5〕父母離婚したため，母の氏の更正申出があった場合

申　出　書

北海道室蘭 ㊞区町村長 殿

平成31年1月10日申出

受付　平成31年1月10日　第54号

戸籍調査／記載／記載調査／送付／住民票記載／通知／附票／記載／通知

(一)	事件本人	本　籍	北海道室蘭市入江町1丁目1番地
		筆頭者氏名	甲野義夫
(二)		住所及び世帯主氏名	室蘭市入江町1丁目1番地　甲野義夫
(三)		氏　名	甲野義夫
		生年月日	昭和58年5月1日
(四)	申出の事由		父母が離婚して母の氏が変更したため。
(五)	申出する事項		母の氏を「丙野」と更正する。
(六)	添付書類		戸籍謄本
(七)	申出人	本　籍	北海道室蘭市入江町1丁目1番地
		筆頭者氏名	甲野義夫
		住　所	室蘭市入江町1丁目1番地
		申出人の資格及び署名押印	甲野義夫　㊞
		生年月日	昭和58年5月1日

（注意）事件本人又は申出人が二人以上であるときは，必要に応じ該当欄を区切って記載すること。

注　母の氏が変更したことがわかる資料（戸籍謄本等）を添付する（昭和26・12・20民事甲2416号回答）。

更正前の記録事項証明書

(2の1) | 全部事項証明

本　　　籍	北海道室蘭市入江町一丁目1番地
氏　　　名	甲野　義夫
戸籍事項 　戸籍編製	【編製日】平成30年1月10日
戸籍に記録されている者	【名】義夫 【生年月日】昭和58年5月1日　　【配偶者区分】夫 【父】甲野義太郎 【母】甲野梅子 【続柄】長男
身分事項 　出　　生	【出生日】昭和58年5月1日 【出生地】北海道室蘭市 【届出日】昭和58年5月10日 【届出人】父
婚　　姻	【婚姻日】平成30年1月10日 【配偶者氏名】乙野花子 【従前戸籍】札幌市北区北八条西二丁目1番地1　甲野義太郎

以下余白

130　第4　戸籍に記録されている者の欄の訂正

更正後の記録事項証明書

（2の1）　全部事項証明

本　　籍	北海道室蘭市入江町一丁目1番地
氏　　名	甲野　義夫
戸籍事項 　　戸籍編製	【編製日】平成30年1月10日
戸籍に記録されている者	【名】義夫 【生年月日】昭和58年5月1日　　　【配偶者区分】夫 【父】甲野義太郎 【母】丙野梅子 【続柄】長男
身分事項 　　出　　生	【出生日】昭和58年5月1日 【出生地】北海道室蘭市 【届出日】昭和58年5月10日 【届出人】父
婚　　姻	【婚姻日】平成30年1月10日 【配偶者氏名】乙野花子 【従前戸籍】札幌市北区北八条西二丁目1番地1　甲野義太郎
更　　正	【更正日】平成31年1月10日 【更正事項】母の氏名 【更正事由】母離婚 【従前の記録】 　　【母】甲野梅子

以下余白

※1　父母が離婚し，母の氏が変更したとしても戸籍に変動等がなければ，氏変更は記録しないが，申出があった場合には更正する。
　2　母の婚姻により，母の氏を更正する場合は【更正事由】母婚姻とする。
　3　戸籍に記録されている者の欄の訂正なので，左端タイトルとなる。

3 父母の訂正　131

〔父母の訂正６〕外国人母の氏を父の氏に変更（漢字表記）したい旨の申出があった場合

申　出　書

北海道室蘭 ㊞区町村長 殿

受付　平成31年1月10日　第 55 号

平成31年1月10日申出

戸籍調査

(一)	事件本人	本　籍	北海道室蘭市入江町１丁目１番地	記載
		筆頭者氏名	甲　野　義　夫	記載調査
(二)		住所及び世帯主氏名	室蘭市入江町１丁目１番地　甲野義夫	送付
(三)		氏　名	甲　野　義　夫	住民票
		生年月日	昭和58年5月1日	記載
(四)	申出の事由		母の氏名は本国法上婚姻の効果として事件本人の父の氏に変更されているので、父の氏（漢字）を用いて変更後の氏で表記してほしい。	通知 附票 記載 通知
(五)	申出する事項		母の氏名「ベルナール，スミス」を「甲野，スミス」と更正する。	
(六)	添付書類		本国官憲の作成した証明書	
(七)	申出人	本　籍	北海道室蘭市入江町１丁目１番地	
		筆頭者氏名	甲　野　義　夫	
		住　所	室蘭市入江町１丁目１番地	
		申出人の資格及び署名押印	甲　野　義　夫　㊞	
		生年月日	昭和58年5月1日	

（注意）事件本人又は申出人が二人以上であるときは，必要に応じ該当欄を区切って記載すること。

注　日本人たる配偶者の氏をその姓として称していることを認めるに足りる権限ある本国官憲の作成した証明書の添付を要する（昭和55・8・27民二5218号通達）。

更正前の記録事項証明書

（2の1）　全部事項証明

本　籍	北海道室蘭市入江町一丁目1番地
氏　名	甲野　義夫
戸籍事項 　　戸籍編製	【編製日】平成30年1月10日
戸籍に記録されている者	【名】義夫 【生年月日】昭和58年5月1日　　　　【配偶者区分】夫 【父】甲野義太郎 【母】ベルナール，スミス 【続柄】長男
身分事項 　　出　生	【出生日】昭和58年5月1日 【出生地】北海道室蘭市 【届出日】昭和58年5月10日 【届出人】父
婚　姻	【婚姻日】平成30年1月10日 【配偶者氏名】乙野花子 【従前戸籍】札幌市北区北八条西二丁目1番地1　甲野義太郎

以下余白

更正後の記録事項証明書

（2の1）　全部事項証明

本　　　籍	北海道室蘭市入江町一丁目1番地
氏　　　名	甲野　義夫
戸籍事項 　　戸籍編製	【編製日】平成30年1月10日
戸籍に記録されている者	【名】義夫 【生年月日】昭和58年5月1日　　　【配偶者区分】夫 【父】甲野義太郎 【母】甲野，スミス 【続柄】長男
身分事項 　　出　　生	【出生日】昭和58年5月1日 【出生地】北海道室蘭市 【届出日】昭和58年5月10日 【届出人】父
婚　　姻	【婚姻日】平成30年1月10日 【配偶者氏名】乙野花子 【従前戸籍】札幌市北区北八条西二丁目1番地1　甲野義太郎
更　　正	【更正日】平成31年1月10日 【更正事項】母の氏名 【更正事由】母氏名変更 【従前の記録】 　　【母】ベルナール，スミス

以下余白

※1　外国人が父の氏を称することとなったときは，本国官憲発給の証明書等を添付の上，申出によって更正できる（昭和55・8・27民二5218号通達）。
　2　父の婚姻事項の母の氏名の更正は〔婚姻事項の訂正6〕参照。
　3　戸籍に記録されている者の欄の訂正なので，左端タイトルとなる。

〔父母の訂正7〕外国人父母の子の父母の名・氏の順序を更正する申出があった場合（昭和59年12月31日以前の記載）

申 出 書

北海道室蘭市区町村長 殿

平成12年1月10日申出

受付 平成12年1月10日 第56号

戸籍調査

(一)	事件本人	本　籍	北海道室蘭市入江町1丁目1番地
		筆頭者氏名	甲　野　義太郎
(二)		住所及び世帯主氏名	室蘭市入江町1丁目1番地　甲野義太郎
(三)		氏　名	甲　野　義　夫
		生年月日	昭和59年1月10日
(四)	申出の事由		母の氏名を氏，名の順序に更正したいため。
(五)	申出する事項		母の氏名「スミス・ベルナール」を「ベルナール，スミス」と更正する。
(六)	添付書類		なし
(七)	申出人	本　籍	北海道室蘭市入江町1丁目1番地
		筆頭者氏名	甲　野　義太郎
		住　所	室蘭市入江町1丁目1番地
		申出人の資格及び署名押印	甲　野　義　夫　㊞
		生年月日	昭和59年1月10日

右欄：記載／記載調査／送付／住民票／記載／通知／附票／記載／通知

（注意）事件本人又は申出人が二人以上であるときは、必要に応じ該当欄を区切って記載すること。

更正前の記録事項証明書

(2の1) 全部事項証明

本　　籍	北海道室蘭市入江町一丁目1番地
氏　　名	甲野　義太郎
戸籍事項 　戸籍改製	【改製日】平成13年2月3日 【改製事由】平成6年法務省令第51号附則第2条第1項による改製
戸籍に記録されている者	【名】義夫 【生年月日】昭和59年1月10日 【父】甲野義太郎 【母】スミス・ベルナール 【続柄】長男
身分事項 　出　　生	【出生日】昭和59年1月10日 【出生地】北海道室蘭市 【届出日】昭和59年1月12日 【届出人】父

以下余白

136　第4　戸籍に記録されている者の欄の訂正

更正後の記録事項証明書

		（2の1）	全部事項証明

本　　　籍	北海道室蘭市入江町一丁目1番地
氏　　　名	甲野　義太郎
戸籍事項 　　戸籍改製	【改製日】平成13年2月3日 【改製事由】平成6年法務省令第51号附則第2条第1項による改製
戸籍に記録されている者	【名】義夫 【生年月日】昭和59年1月10日 【父】甲野義太郎 【母】ベルナール，スミス 【続柄】長男
身分事項 　　出　　生	【出生日】昭和59年1月10日 【出生地】北海道室蘭市 【届出日】昭和59年1月12日 【届出人】父
更　　正	【更正日】平成12年1月10日 【更正事項】母の氏名 【更正事由】申出 【従前の記録】 　　【母】スミス・ベルナール
	以下余白

※1　昭和60年1月1日から外国人の氏名は氏・名の順序とし，氏と名の間に読点を付すこととされたが，それより前の記載されたものは申出によって氏名を更正できる。
　2　父の身分事項欄の母の氏の更正申出については〔共通12〕参照。
　3　戸籍に記録されている者の欄の訂正なので，左端タイトルとなる。

3 父母の訂正

〔父母の訂正8〕 父母の氏の俗字を正字への訂正申出があった場合

申 出 書

北海道室蘭 ㊂区町村 長 殿

受付 平成31年1月10日 第84号

戸籍調査

平成31年1月10日申出

㈠	事件本人	本　籍	北海道室蘭市入江町1丁目1番地
		筆頭者氏名	田 中 義 夫
㈡		住所及び世帯主氏名	室蘭市入江町1丁目1番地　田中義夫
㈢		氏　名	田 中 恵 子
		生年月日	昭和63年9月1日
㈣	申出の事由		父母の氏が俗字で記載されているため。
㈤	申し出る事項		父母の氏「今田」を「今田」と訂正する。 身分事項欄の婚姻事項中従前戸籍の筆頭者の氏，父母欄の氏を訂正する。
㈥	添付書類		なし
㈦	申出人	本　籍	北海道室蘭市入江町1丁目1番地
		筆頭者氏名	田 中 義 夫
		住　所	室蘭市入江町1丁目1番地
		申出人の資格及び署名押印	田 中 恵 子　㊞
		生年月日	昭和63年9月1日

調査記載／記載調査／送付／住民票／記載／通知／附票／記載／通知

（注意）事件本人又は申出人が二人以上であるときは，必要に応じ該当欄を区切って記載すること。

注　妻の身分事項に記載ある文字を訂正するため妻の申出による。

第4　戸籍に記録されている者の欄の訂正

訂正前の記録事項証明書

(2の1)　　全部事項証明

本　　籍	北海道室蘭市入江町一丁目1番地
氏　　名	田中　義夫
戸籍事項 　戸籍編製	【編製日】平成30年1月10日
戸籍に記録されている者	【名】恵子 【生年月日】昭和63年9月1日　　　　　【配偶者区分】妻 【父】今田一郎 【母】今田孝子 【続柄】長女
身分事項 　出　　生	【出生日】昭和63年9月1日 【出生地】北海道室蘭市 【届出日】昭和63年9月10日 【届出人】父
婚　　姻	【婚姻日】平成30年1月10日 【配偶者氏名】田中義夫 【従前戸籍】札幌市北区北八条西二丁目1番地1　今田一郎

以下余白

3 父母の訂正

決裁用帳票

（2の1） 決 裁 用 帳 票

本　　　　籍	北海道室蘭市入江町一丁目1番地
氏　　　　名	田中　義夫
戸籍事項 　　戸籍編製	【編製日】平成30年1月10日
戸籍に記録されている者	【名】恵子 【生年月日】昭和63年9月1日　　　【配偶者区分】妻 【父】今田一郎 【母】今田孝子 【続柄】長女
身分事項 　　出　　生	【出生日】昭和63年9月1日 【出生地】北海道室蘭市 【届出日】昭和63年9月10日 【届出人】父
婚　　姻	【婚姻日】平成30年1月10日 【配偶者氏名】田中義夫 【従前戸籍】札幌市北区北八条西二丁目1番地1　今田一郎
文字関連訂正	【訂正日】平成31年1月10日 【従前の記録】 　　【従前戸籍】札幌市北区北八条西二丁目1番地1　今田一郎
文字訂正	【訂正日】平成31年1月10日 【従前の記録】 　　【父】今田一郎 　　【母】今田孝子

以下余白

140　第4　戸籍に記録されている者の欄の訂正

〔父母の訂正9〕筆頭者の氏の文字更正の際に，子の父母欄の更正を遺漏した場合

決裁用帳票

		（2の1）	決 裁 用 帳 票
本　　　籍	北海道室蘭市入江町二丁目2番地		
氏　　　名	甲沢　義夫		
戸籍事項 　戸籍改製 　文字更正	【改製日】平成13年2月3日 【改製事由】平成6年法務省令第51号附則第2条第1項による改製 【更正日】平成30年1月13日 【従前の記録】 　　【氏】甲澤		
戸籍に記録されている者	【名】義夫 【生年月日】昭和40年6月1日　　　　【配偶者区分】夫 【父】甲澤一郎 【母】甲澤和子 【続柄】二男		
身分事項 　出　　生 　婚　　姻	【出生日】昭和40年6月1日 【出生地】北海道室蘭市 【届出日】昭和40年6月10日 【届出人】父 【婚姻日】平成5年1月10日 【配偶者氏名】山本文子 【従前戸籍】札幌市北区北八条西二丁目1番地1　甲澤一郎		
戸籍に記録されている者	【名】文子 【生年月日】昭和42年5月1日　　　　【配偶者区分】妻 【父】山本太郎 【母】山本好子 【続柄】長女		
身分事項 　出　　生 　婚　　姻	【出生日】昭和42年5月1日 【出生地】北海道室蘭市 【届出日】昭和42年5月10日 【届出人】父 【婚姻日】平成5年1月10日 【配偶者氏名】甲沢義夫 【従前戸籍】北海道室蘭市入江町一丁目1番地　山本太郎		

		(2の2)	決 裁 用 帳 票
文字関連更正	【更正日】平成30年1月13日 【従前の記録】 　【配偶者氏名】甲澤義夫		
戸籍に記録されている者	【名】由美 【生年月日】平成5年10月1日 【父】甲沢義夫 【母】甲沢文子 【続柄】長女		
身分事項 　　出　　生	【出生日】平成5年10月1日 【出生地】北海道室蘭市 【届出日】平成5年10月10日 【届出人】父		
文字関連更正	【更正日】平成30年2月10日 【従前の記録】 　　【父】甲澤義夫 　　【母】甲澤文子		
			以下余白

4　続柄の訂正

〔続柄の訂正1〕続柄を誤記した場合

訂正前の記録事項証明書

(2の1)　全部事項証明

本　　籍	北海道室蘭市入江町一丁目1番地
氏　　名	甲野　義夫
戸籍事項 　戸籍編製	【編製日】平成30年1月10日
戸籍に記録されている者	【名】義夫 【生年月日】昭和58年5月1日　　　【配偶者区分】夫 【父】甲野義太郎 【母】甲野梅子 【続柄】長女
身分事項 　出　　生	【出生日】昭和58年5月1日 【出生地】北海道室蘭市 【届出日】昭和58年5月10日 【届出人】父
婚　　姻	【婚姻日】平成30年1月10日 【配偶者氏名】乙野花子 【従前戸籍】札幌市北区北八条西二丁目1番地1　甲野義太郎

以下余白

4 続柄の訂正

決裁用帳票

(2の1) | 決裁用帳票

本　　　籍	北海道室蘭市入江町一丁目1番地
氏　　　名	甲野　義夫
戸籍事項 　　戸籍編製	【編製日】平成30年1月10日
戸籍に記録されている者	【名】義夫 【生年月日】昭和58年5月1日　　　【配偶者区分】夫 【父】甲野義太郎 【母】甲野梅子 【続柄】長男
身分事項 　　出　　生	【出生日】昭和58年5月1日 【出生地】北海道室蘭市 【届出日】昭和58年5月10日 【届出人】父
婚　　姻	【婚姻日】平成30年1月10日 【配偶者氏名】乙野花子 【従前戸籍】札幌市北区北八条西二丁目1番地1　甲野義太郎
訂　　正	【訂正日】平成31年1月10日 【訂正事項】父母との続柄 【訂正事由】誤記 【従前の記録】 　　【父母との続柄】長女

以下余白

※1　市区町村長限りの職権訂正に関する事項（誤記，遺漏，文字関連訂正（更正）によるものに限る）は，全部事項証明には出力されない。
　2　戸籍に記録されている者の欄の訂正は，左端タイトルとなる。

144　第4　戸籍に記録されている者の欄の訂正

〔続柄の訂正2〕年長者の出生届によって弟妹の続柄を訂正する場合

訂正前の記録事項証明書

| | （2の1） | 全部事項証明 |

本　　　籍 氏　　　名	北海道室蘭市入江町一丁目1番地 甲野　義夫
戸籍事項 　　戸籍編製	【編製日】平成30年1月10日
戸籍に記録されている者	【名】義夫 【生年月日】昭和58年5月1日　　　　　【配偶者区分】夫 【父】甲野義太郎 【母】甲野梅子 【続柄】長男
身分事項 　　出　　　生	【出生日】昭和58年5月1日 【出生地】北海道室蘭市 【届出日】昭和58年5月10日 【届出人】父
婚　　　姻	【婚姻日】平成30年1月10日 【配偶者氏名】乙野花子 【従前戸籍】札幌市北区北八条西二丁目1番地1　甲野義太郎
	以下余白

訂正後の記録事項証明書

(2の1)　全部事項証明

本　　　籍	北海道室蘭市入江町一丁目1番地
氏　　　名	甲野　義夫
戸籍事項 　　戸籍編製	【編製日】平成30年1月10日
戸籍に記録されている者	【名】義夫 【生年月日】昭和58年5月1日　　　　　【配偶者区分】夫 【父】甲野義太郎 【母】甲野梅子 【続柄】二男
身分事項 　　出　　生	【出生日】昭和58年5月1日 【出生地】北海道室蘭市 【届出日】昭和58年5月10日 【届出人】父
婚　　姻	【婚姻日】平成30年1月10日 【配偶者氏名】乙野花子 【従前戸籍】札幌市北区北八条西二丁目1番地1　甲野義太郎
訂　　正	【訂正日】平成31年1月10日 【訂正事項】父母との続柄 【訂正事由】兄の出生届出 【従前の記録】 　　【父母との続柄】長男

以下余白

※1　戸籍に記録されている者の欄の訂正は，左端タイトルとなる。
　2　本事例は，兄姉の出生届書の「その他」欄に，他の市区町村の戸籍に在籍する弟妹の続柄を訂正する旨の記載がされている場合である。なお，「その他」欄の記載がなくとも，届書及び戸籍の記載から当該弟妹の続柄が認定できるときは，市区町村長限りの職権で訂正して差し支えないであろう（大正4・7・1民691号回答参照）。
　3　当該届書の送付を受けた市区町村長（弟妹の本籍地）は，その届書を，職権発動を促す資料として，弟妹の父母との続柄を市区町村長限りの職権で訂正することとなるため，件名は「訂正（市区町村長職権）」とし，受理分として処理するのが相当と考える（そのため，送付事項の記載を要しない。）。
　4　弟妹が兄姉と同籍する場合の記載例も，本事例と同様である。

146　第4　戸籍に記録されている者の欄の訂正

〔続柄の訂正3〕続柄の記載を遺漏した場合

訂正前の記録事項証明書

(2の1)　全部事項証明

本　　籍	北海道室蘭市入江町一丁目1番地
氏　　名	甲野　義夫
戸籍事項 　　戸籍編製	【編製日】平成30年1月10日
戸籍に記録されている者	【名】義夫 【生年月日】昭和58年5月1日　　　　【配偶者区分】夫 【父】甲野義太郎 【母】甲野梅子 【続柄】
身分事項 　　出　　生	【出生日】昭和58年5月1日 【出生地】北海道室蘭市 【届出日】昭和58年5月10日 【届出人】父
婚　　姻	【婚姻日】平成30年1月10日 【配偶者氏名】乙野花子 【従前戸籍】札幌市北区北八条西二丁目1番地1　甲野義太郎

以下余白

4 続柄の訂正　　147

決裁用帳票

（2の1）　決 裁 用 帳 票

本　　　籍	北海道室蘭市入江町一丁目1番地
氏　　　名	甲野　義夫
戸籍事項 　　戸籍編製	【編製日】平成30年1月10日
戸籍に記録されている者	【名】義夫 【生年月日】昭和58年5月1日　　　【配偶者区分】夫 【父】甲野義太郎 【母】甲野梅子 【続柄】長男
身分事項 　　出　　生	【出生日】昭和58年5月1日 【出生地】北海道室蘭市 【届出日】昭和58年5月10日 【届出人】父
婚　　姻	【婚姻日】平成30年1月10日 【配偶者氏名】乙野花子 【従前戸籍】札幌市北区北八条西二丁目1番地1　甲野義太郎
記　　録	【記録日】平成31年1月10日 【記録事項】父母との続柄 【記録事由】記録遺漏 【記録の内容】 　　【父母との続柄】長男

以下余白

※1　市区町村長限りの職権訂正に関する事項（誤記，遺漏，文字関連訂正（更正）によるものに限る）は，全部事項証明には出力されない。
　2　戸籍に記録されている者の欄の訂正は，左端タイトルとなる。

〔続柄の訂正4〕婚姻準正子について，続柄の訂正を遺漏した場合

訂正前の記録事項証明書

(2の1)　全部事項証明

本　　籍	北海道室蘭市入江町一丁目2番地
氏　　名	乙野　梅子
戸籍事項 　戸籍編製	【編製日】平成30年2月10日
戸籍に記録されている者	【名】美香 【生年月日】平成30年2月1日 【父】甲野義太郎 【母】乙野梅子 【続柄】長女
身分事項 　出　　生	【出生日】平成30年2月1日 【出生地】札幌市中央区 【届出日】平成30年2月10日 【届出人】母
認　　知	【認知日】平成30年6月10日 【認知者氏名】甲野義太郎 【認知者の戸籍】札幌市北区北八条西二丁目1番地1　甲野幸雄 【送付を受けた日】平成30年6月20日 【受理者】札幌市北区長

以下余白

4 続柄の訂正　149

訂正後の記録事項証明書

（2の1）　全部事項証明

本　　籍	北海道室蘭市入江町一丁目2番地
氏　　名	乙野　梅子
戸籍事項 　　戸籍編製	【編製日】平成30年2月10日
戸籍に記録されている者	【名】美香 【生年月日】平成30年2月1日 【父】甲野義太郎 【母】乙野梅子 【続柄】長女
身分事項 　　出　　生	【出生日】平成30年2月1日 【出生地】札幌市中央区 【届出日】平成30年2月10日 【届出人】母
認　　知	【認知日】平成30年6月10日 【認知者氏名】甲野義太郎 【認知者の戸籍】札幌市北区北八条西二丁目1番地1　甲野幸雄 【送付を受けた日】平成30年6月20日 【受理者】札幌市北区長
訂　　正	【訂正日】平成31年1月10日 【訂正事項】父母との続柄 【訂正事由】平成30年10月10日父母婚姻届出 【従前の記録】 　　【父母との続柄】長女

以下余白

※1　平成16年11月1日以降に出生届出をした嫡出でない子の続柄については，嫡出子と同様に「長男（長女）」と記録されているが，父母の婚姻により準正嫡出子の身分を取得した場合，改めて「長男（長女）」として続柄訂正の記録が必要である。
　2　婚姻届に嫡出子の身分を取得する子の表示と父母との続柄を訂正する旨の記載がありながら，訂正を遺漏した場合である。
　3　システム処理では，父母の氏名について，その氏を省略しないこととしている。婚姻した母の氏を更正するのは〔父母の訂正5〕参照。
　4　戸籍に記録されている者の欄の訂正なので，左端タイトルとなる。

150　第4　戸籍に記録されている者の欄の訂正

〔続柄の訂正5〕認知準正子について，父母との続柄を【関連訂正事項】により訂正すべきところ，その記録を遺漏した場合

訂正前の記録事項証明書

(2の1)　　全部事項証明

本　　　籍	北海道室蘭市入江町二丁目2番地
氏　　　名	乙野　絹枝
戸籍事項 　戸籍改製	【改製日】平成13年2月3日 【改製事由】平成6年法務省令第51号附則第2条第1項による改製
戸籍に記録されている者	【名】絹枝 【生年月日】昭和48年7月27日　　　【配偶者区分】妻 【父】乙野康夫 【母】乙野恵子 【続柄】二女
身分事項 　出　　生 　婚　　姻	【出生日】昭和48年7月27日 【出生地】北海道室蘭市 【届出日】昭和48年7月30日 【届出人】父 【婚姻日】平成27年12月25日 【配偶者氏名】山田太郎
戸籍に記録されている者	【名】夕璃 【生年月日】平成4年11月4日 【父】乙野太郎 【母】乙野絹枝 【続柄】女
身分事項 　出　　生 　認　　知	【出生日】平成4年11月4日 【出生地】北海道室蘭市 【届出日】平成4年11月12日 【届出人】母 【認知日】平成28年2月6日 【認知者氏名】乙野太郎 【認知者の戸籍】北海道室蘭市入江町二丁目2番地　乙野絹枝

(2の2) | 全部事項証明

戸籍に記録されている者	【名】太郎
	【生年月日】昭和48年6月19日　　　　【配偶者区分】夫
	【父】山田敏夫
	【母】山田花子
	【続柄】長男
身分事項	
出　　生	【出生日】昭和48年6月19日
	【出生地】北海道室蘭市
	【届出日】昭和48年6月26日
	【届出人】父
婚　　姻	【婚姻日】平成27年12月25日
	【配偶者氏名】乙野絹枝
	【従前戸籍】北海道室蘭市入江町一丁目1番地　山田太郎
認　　知	【認知日】平成28年2月6日
	【認知した子の氏名】乙野夕璃
	【認知した子の戸籍】北海道室蘭市入江町二丁目2番地　乙野絹枝
	以下余白

決裁用帳票

(2の1) | 決 裁 用 帳 票

本　　籍	北海道室蘭市入江町二丁目2番地
氏　　名	乙野　絹枝
戸籍事項 　戸籍改製	【改製日】平成13年2月3日 【改製事由】平成6年法務省令第51号附則第2条第1項による改製
戸籍に記録されている者	【名】夕璃 【生年月日】平成4年11月4日 【父】乙野太郎 【母】乙野絹枝 【続柄】長女
身分事項 　出　　生	【出生日】平成4年11月4日 【出生地】北海道室蘭市 【届出日】平成4年11月12日 【届出人】母
認　　知	【認知日】平成28年2月6日 【認知者氏名】乙野太郎 【認知者の戸籍】北海道室蘭市入江町二丁目2番地　乙野絹枝
訂　　正	【訂正日】平成28年2月8日 【訂正事項】父母との続柄 【訂正事由】平成28年2月6日父認知届出 【従前の記録】 　　【父母との続柄】女
戸籍に記録されている者	【名】太郎 【生年月日】昭和48年6月19日　　【配偶者区分】夫 【父】山田敏夫 【母】山田花子 【続柄】長男
身分事項 　出　　生	【出生日】昭和48年6月19日 【出生地】北海道室蘭市

		(2の2)	決裁用帳票
		【届出日】昭和48年6月26日 【届出人】父	
婚　　姻		【婚姻日】平成27年12月25日 【配偶者氏名】乙野絹枝 【従前戸籍】北海道室蘭市入江町一丁目1番地　山田太郎	
認　　知		【認知日】平成28年2月6日 【認知した子の氏名】乙野夕璃 【認知した子の戸籍】北海道室蘭市入江町二丁目2番地　乙野絹枝	
		以下余白	

※1　父母との続柄を【関連訂正事項】として記録することを遺漏したものであるが，認知したこと自体に誤りはないことから，改めて父母との続柄を訂正する記載をすることでよいものと考える。
　2　平成16年11月1日以降に出生届出をした嫡出でない子の続柄については，嫡出子と同様に「長男（長女）」と記録されているが，その場合も同様に記録する。

154　第4　戸籍に記録されている者の欄の訂正

訂正後の全部事項証明書

（2の1）　　全部事項証明

本　　籍	北海道室蘭市入江町二丁目2番地
氏　　名	乙野　絹枝
戸籍事項 　戸籍改製	【改製日】平成13年2月3日 【改製事由】平成6年法務省令第51号附則第2条第1項による改製

〜〜〜〜〜〜〜〜〜〜〜〜〜〜〜〜〜〜〜〜〜〜〜〜〜〜〜〜〜〜

戸籍に記録されている者	【名】夕璃 【生年月日】平成4年11月4日 【父】乙野太郎 【母】乙野絹枝 【続柄】長女
身分事項 　出　　生	【出生日】平成4年11月4日 【出生地】北海道室蘭市 【届出日】平成4年11月12日 【届出人】母
認　　知	【認知日】平成28年2月6日 【認知者氏名】乙野太郎 【認知者の戸籍】北海道室蘭市入江町二丁目2番地　乙野絹枝
訂　　正	【訂正日】平成28年2月8日 【訂正事項】父母との続柄 【訂正事由】平成28年2月6日父認知届出 【従前の記録】 　　【父母との続柄】女
戸籍に記録されている者	【名】太郎 【生年月日】昭和48年6月19日　　　【配偶者区分】夫 【父】山田敏夫 【母】山田花子 【続柄】長男
身分事項 　出　　生	【出生日】昭和48年6月19日

	(2の2) 　全部事項証明
	【出生地】北海道室蘭市 【届出日】昭和48年6月26日 【届出人】父
婚　　姻	【婚姻日】平成27年12月25日 【配偶者氏名】乙野絹枝 【従前戸籍】北海道室蘭市入江町一丁目1番地　山田太郎
認　　知	【認知日】平成28年2月6日 【認知した子の氏名】乙野夕璃 【認知した子の戸籍】北海道室蘭市入江町二丁目2番地　乙野絹枝
	以下余白

156　第4　戸籍に記録されている者の欄の訂正

〔続柄の訂正6〕父母が外国の方式で婚姻したことにより嫡出子の身分を取得した婚姻準正子について，父母との続柄の訂正を遺漏した場合

訂正後の記録事項証明書

(2の1)　　全部事項証明

本　　籍	札幌市北区北八条西二丁目1番地1
氏　　名	乙野　絹枝
戸籍事項 　戸籍編製	【編製日】平成22年3月1日
戸籍に記録されている者	【名】絹枝 【生年月日】昭和48年7月27日　　【配偶者区分】妻 【父】乙野康夫 【母】乙野恵子 【続柄】二女
身分事項 　出　　生	【出生日】昭和48年7月27日 【出生地】札幌市北区 【届出日】昭和48年7月30日 【届出人】父
子の出生	【入籍日】平成22年3月1日 【入籍事由】子の出生届出 【従前戸籍】札幌市北区北八条西二丁目1番地1　乙野康夫
婚　　姻	【婚姻日】平成22年8月13日 【配偶者氏名】ファンデンボッシュ，ウェイン 【配偶者の国籍】アメリカ合衆国 【配偶者の生年月日】西暦1976年4月14日 【婚姻の方式】アメリカ合衆国ニューヨーク州の方式 【証書提出日】平成22年11月23日
戸籍に記録されている者	【名】夕璃 【生年月日】平成21年11月4日 【父】ファンデンボッシュ，ウェイン 【母】乙野絹枝 【続柄】長女
身分事項 　出　　生	【出生日】平成21年11月4日 【出生地】アメリカ合衆国ワシントン市 【届出日】平成22年1月27日 【届出人】母 【国籍留保の届出日】平成22年1月27日

	（2の2）　全部事項証明
認　　知	【送付を受けた日】平成２２年３月１日 【受理者】在ニューヨーク総領事 ─────────────────── 【胎児認知日】平成２１年１０月２０日 【認知者氏名】ファンデンボッシュ，ウェイン 【認知者の国籍】アメリカ合衆国 【認知者の生年月日】西暦１９７６年４月１４日
訂　　正	【訂正日】平成３０年１月１０日 【訂正事項】父母との続柄 【訂正事由】平成２２年８月１３日父母婚姻 【従前の記録】 　　【父母との続柄】長女
	以下余白

※１　平成16年11月１日以降に出生届出をした嫡出でない子の続柄については，嫡出子と同様に「長男（長女）」と記録されているが，父母の婚姻により準正嫡出子の身分を取得した場合，改めて「長男（長女）」として続柄訂正の記録が必要である。
　２　外国人男に認知された日本人女の嫡出でない子について，父母が外国の方式で婚姻し，婚姻届書が送付されたことにより嫡出子の身分を取得する場合の続柄訂正の記載も同様である。
　３　続柄の訂正事由について，一般的に，父母の創設的婚姻届出による場合は，「【訂正事由】平成年月日父母婚姻届出」の振合いとなるが，本例のように，外国の方式で婚姻が成立して報告的婚姻届出がされた場合は，父母の婚姻の成立日をもって「【訂正事由】平成年月日父母婚姻」と記載することとなる（戸籍893号63頁）。

〔続柄の訂正７〕長女（長男）として子が在籍する戸籍に，その者の姉（年長者）の国籍取得届がされた場合（国籍取得届のその他欄に続柄について訂正の申出がある。）

訂正後の記録事項証明書

（2の1） 全部事項証明

本　　　籍	札幌市北区北八条西二丁目1番地1
氏　　　名	乙野　絹枝
戸籍事項 　戸籍編製	【編製日】平成２２年８月１３日
戸籍に記録されている者	【名】夕璃 【生年月日】平成２４年１１月４日 【父】ファンデンボッシュ，ウェイン 【母】乙野絹枝 【続柄】二女
身分事項 　出　　生	【出生日】平成２４年１１月４日 【出生地】アメリカ合衆国ワシントン市 【届出日】平成２５年１月２７日 【届出人】母 【国籍留保の届出】平成２５年１月２７日 【送付を受けた日】平成２５年３月１日 【受理者】在ニューヨーク総領事
訂　　正	【訂正日】平成３０年２月１０日 【訂正事項】父母との続柄 【訂正事由】姉乙野里梨花の国籍取得届出 【従前の記録】 　　【父母との続柄】長女
戸籍に記録されている者	【名】里梨花 【生年月日】平成２３年８月３０日 【父】ファンデンボッシュ，ウェイン 【母】乙野絹枝 【続柄】長女
身分事項 　出　　生	【出生日】平成２３年８月３０日 【出生地】アメリカ合衆国ワシントン市

(2の2) | 全部事項証明

国籍取得	【国籍取得日】平成30年1月10日 【届出日】平成30年2月10日 【届出人】親権者父母 【取得の際の国籍】アメリカ合衆国 【従前の氏名】オツノ，リリカ
	以下余白

※　父母との続柄については，日本国籍を有しない者も含めてその出生の順序により定めることとされている（昭和27・8・29-30福岡戸協決ほか）。したがって，本事例で先に「長女」として届出がされた出生届に基づく戸籍記載は錯誤であり，原則として戸籍法113条の訂正手続によるべきものと考えられるが，この場合につき，出生届未済の年長者がいた場合の弟・妹の続柄訂正の取扱い（大正4・7・1民691号回答）に準じて，市区町村長限りの職権により訂正して差し支えないとされている（戸籍625号31頁）。

5 配偶者区分の訂正

〔配偶者区分の訂正1〕配偶者区分の記載「夫」を「妻」と誤記した場合

決裁用帳票

		(2の1)	決 裁 用 帳 票
本　　　籍	北海道室蘭市入江町一丁目1番地		
氏　　　名	甲野　義夫		
戸籍事項 　　戸籍編製	【編製日】平成23年1月10日		
戸籍に記録されている者	【名】義夫 【生年月日】昭和58年5月1日　　　　　【配偶者区分】夫 【父】甲野幸雄 【母】甲野春子 【続柄】長男		
身分事項 　　出　　生	【出生日】昭和58年5月1日 【出生地】北海道室蘭市 【届出日】昭和58年5月10日 【届出人】父		
婚　　姻	【婚姻日】平成23年1月10日 【配偶者氏名】乙野梅子 【従前戸籍】札幌市北区北八条西二丁目1番地1　甲野幸雄		
訂　　正	【訂正日】平成30年1月10日 【訂正事項】配偶者区分 【訂正事由】誤記 【従前の記録】 　　【配偶者区分】妻		

以下余白

※　戸籍に記録されている者の欄の訂正なので，左端タイトルとなる。

5　配偶者区分の訂正　　161

訂正後の記録事項証明書

(2の1)　　全部事項証明

本　　籍	北海道室蘭市入江町一丁目1番地
氏　　名	甲野　義夫
戸籍事項 　　戸籍編製	【編製日】平成23年1月10日
戸籍に記録されている者	【名】義夫 【生年月日】昭和58年5月1日　　　【配偶者区分】夫 【父】甲野幸雄 【母】甲野春子 【続柄】長男
身分事項 　　出　　生	【出生日】昭和58年5月1日 【出生地】北海道室蘭市 【届出日】昭和58年5月10日 【届出人】父
婚　　姻	【婚姻日】平成23年1月10日 【配偶者氏名】乙野梅子 【従前戸籍】札幌市北区北八条西二丁目1番地1　甲野幸雄

以下余白

※　市区町村長限りの職権訂正に関する事項（誤記，遺漏，文字関連訂正（更正）によるものに限る）は，全部事項証明には出力されない。

162 第4 戸籍に記録されている者の欄の訂正

〔配偶者区分の訂正2〕離婚届の際，配偶者区分の記載の消除を遺漏した場合

訂正後の記録事項証明書

(2の1)　全部事項証明

本　　籍	北海道室蘭市入江町一丁目1番地
氏　　名	甲野　義夫
戸籍事項 　戸籍編製	【編製日】平成30年1月10日
戸籍に記録されている者	【名】義夫 【生年月日】昭和58年5月1日 【父】甲野幸雄 【母】甲野春子 【続柄】長男
身分事項 　出　　生	【出生日】昭和58年5月1日 【出生地】北海道室蘭市 【届出日】昭和58年5月10日 【届出人】父
婚　　姻	【婚姻日】平成30年1月10日 【配偶者氏名】乙野梅子 【従前戸籍】札幌市北区北八条西二丁目1番地1　甲野幸雄
離　　婚	【離婚日】平成31年1月10日 【配偶者氏名】甲野梅子
消　　除	【消除日】平成31年2月10日 【消除事項】配偶者区分 【消除事由】消除遺漏 【従前の記録】 　　【配偶者区分】夫
戸籍に記録されている者 除　籍	【名】梅子 【生年月日】昭和58年8月1日 【父】乙野茂雄 【母】乙野寿子 【続柄】二女
身分事項 　出　　生	【出生日】昭和58年8月1日 【出生地】北海道登別市

（2の2） 全部事項証明

		【届出日】昭和58年8月10日 【届出人】父
婚　　姻		【婚姻日】平成30年1月10日 【配偶者氏名】甲野義夫 【従前戸籍】北海道室蘭市入江町一丁目1番地　乙野茂雄
離　　婚		【離婚日】平成31年1月10日 【配偶者氏名】甲野義夫 【入籍戸籍】北海道室蘭市入江町一丁目1番地　乙野茂雄
		以下余白

6　養父母の訂正

〔養父母の訂正〕養父の名を誤記した場合

決裁用帳票

（2の1）　　決 裁 用 帳 票

本　　　籍	北海道室蘭市入江町一丁目1番地
氏　　　名	甲野　義夫
戸籍事項 　戸籍編製	【編製日】平成23年1月10日
戸籍に記録されている者	【名】義夫 【生年月日】昭和58年5月1日　　　【配偶者区分】夫 【父】甲野幸雄 【母】甲野春子 【続柄】長男 【養父】**甲野良太郎** 【養母】甲野花子 【続柄】養子
身分事項 　出　　生	【出生日】昭和58年5月1日 【出生地】北海道室蘭市 【届出日】昭和58年5月10日 【届出人】父
養子縁組	【縁組日】平成3年5月1日 【養父氏名】甲野良太郎 【養母氏名】甲野花子 【代諾者】親権者父母 【従前戸籍】札幌市北区北八条西二丁目1番地1　甲野幸雄
婚　　姻	【婚姻日】平成23年1月10日 【配偶者氏名】乙野梅子 【従前戸籍】札幌市北区北八条西二丁目1番地1　甲野良太郎
訂　　正	【訂正日】平成30年1月10日 【訂正事項】養父氏名 【訂正事由】誤記 【従前の記録】 　　【養父】甲野義太郎
	以下余白

※1　戸籍に記録されている者の欄の訂正なので，左端タイトルとなる。
　2　養欄のみ誤記した場合である。身分事項欄の養父氏名も誤記した場合は〔養子縁組事項の訂正5〕参照。

訂正後の記録事項証明書

	（2の1）	全部事項証明
本　　　籍	北海道室蘭市入江町一丁目1番地	
氏　　　名	甲野　義夫	
戸籍事項 　　戸籍編製	【編製日】平成23年1月10日	
戸籍に記録されている者	【名】義夫 【生年月日】昭和58年5月1日　　　　　　【配偶者区分】夫 【父】甲野幸雄 【母】甲野春子 【続柄】長男 【養父】甲野良太郎 【養母】甲野花子 【続柄】養子	
身分事項 　　出　　生	【出生日】昭和58年5月1日 【出生地】北海道室蘭市 【届出日】昭和58年5月10日 【届出人】父	
養子縁組	【縁組日】平成3年5月1日 【養父氏名】甲野良太郎 【養母氏名】甲野花子 【代諾者】親権者父母 【従前戸籍】札幌市北区北八条西二丁目1番地1　甲野幸雄	
婚　　姻	【婚姻日】平成23年1月10日 【配偶者氏名】乙野梅子 【従前戸籍】札幌市北区北八条西二丁目1番地1　甲野良太 　　　　　　郎	
	以下余白	

※　市区町村長限りの職権訂正に関する事項（誤記，遺漏，文字関連訂正（更正）による
　ものに限る）は，全部事項証明には出力されない。

166　第4　戸籍に記録されている者の欄の訂正

7　養父母との続柄の訂正
〔養父母との続柄の訂正〕養父母との続柄を誤記した場合

決裁用帳票

(2の1)　　決 裁 用 帳 票

本　　　籍	北海道室蘭市入江町一丁目1番地
氏　　　名	甲野　義夫
戸籍事項 　　戸籍編製	【編製日】平成23年1月10日
戸籍に記録されている者	【名】義夫 【生年月日】昭和58年5月1日　　　　【配偶者区分】夫 【父】甲野幸雄 【母】甲野春子 【続柄】長男 【養父】甲野良太郎 【養母】甲野花子 【続柄】養子
身分事項 　　出　　生	【出生日】昭和58年5月1日 【出生地】北海道室蘭市 【届出日】昭和58年5月10日 【届出人】父
養子縁組	【縁組日】平成3年5月1日 【養父氏名】甲野良太郎 【養母氏名】甲野花子 【代諾者】親権者父母 【従前戸籍】札幌市北区北八条西二丁目1番地1　甲野幸雄
婚　　姻	【婚姻日】平成23年1月10日 【配偶者氏名】乙野梅子 【従前戸籍】札幌市北区北八条西二丁目1番地1　甲野良太郎
訂　　正	【訂正日】平成30年1月10日 【訂正事項】養父母との続柄 【訂正事由】誤記 【従前の記録】 　　【養父母との続柄】養女
	以下余白

※　戸籍に記録されている者の欄の訂正なので，左端タイトルとなる。

訂正後の記録事項証明書

(2の1)　全部事項証明

本　　籍	北海道室蘭市入江町一丁目1番地
氏　　名	甲野　義夫
戸籍事項 　　戸籍編製	【編製日】平成23年1月10日
戸籍に記録されている者	【名】義夫 【生年月日】昭和58年5月1日　　　【配偶者区分】夫 【父】甲野幸雄 【母】甲野春子 【続柄】長男 【養父】甲野良太郎 【養母】甲野花子 【続柄】養子
身分事項 　　出　　生	【出生日】昭和58年5月1日 【出生地】北海道室蘭市 【届出日】昭和58年5月10日 【届出人】父
養子縁組	【縁組日】平成3年5月1日 【養父氏名】甲野良太郎 【養母氏名】甲野花子 【代諾者】親権者父母 【従前戸籍】札幌市北区北八条西二丁目1番地1　甲野幸雄
婚　　姻	【婚姻日】平成23年1月10日 【配偶者氏名】乙野梅子 【従前戸籍】札幌市北区北八条西二丁目1番地1　甲野良太郎
	以下余白

※　市区町村長限りの職権訂正に関する事項（誤記，遺漏，文字関連訂正（更正）によるものに限る）は，全部事項証明には出力されない。

第5　身分事項欄の訂正

1　出生事項の訂正

〔出生事項の訂正1〕生年月日と出生日の双方を誤記した場合

戸　籍　訂　正　書

受付	平成31年1月10日 第　　65　　号	戸　籍 調　査	
(1)	事件本人	本　籍	北海道室蘭市入江町1丁目1番地	記載
		筆頭者氏名	乙　野　太　郎	記載 調査
(2)		住所及び世帯主氏名	室蘭市入江町1丁目1番地　乙野太郎	送付通知
(3)	事件本人	氏　名	乙　野　太　郎	住民票
		生年月日	昭和58年6月10日	記載
(4)	訂正・記載の事由		事件本人の身分事項欄の出生事項及び戸籍に記録されている者の欄の出生年月日「昭和58年6月11日」は「昭和58年6月10日」の誤りであることを発見したが、これは当職の過誤であるので、職権により戸籍の訂正をする。	通知 附　票 記載 通知
(5)	訂正・記載の趣旨		生年月日，出生日を「昭和58年6月10日」と訂正する。 （記載例） 　　訂　　正 　　【訂正日】平成31年1月10日 　　【訂正事項】生年月日 　　【訂正事由】誤記 　　【従前の記録】 　　　【生年月日】昭和58年6月11日 　　　【出生日】昭和58年6月11日	
(6)	添付書類		戸（除）籍謄本（出生の届書謄本）	

上記のとおり職権によって訂正する。

平成31年1月10日

北海道室蘭市長　○　○　○　○　[職印]

（注）　事件本人が二人以上であるときは，必要に応じ該当欄を区切り記載する。

注　移記の際に誤記した場合は，従前の戸（除）籍謄本の添付を要する。
　　出生届の際に誤記した場合は，出生の届書謄本の添付を要する。

決裁用帳票

	(1の1)	決 裁 用 帳 票

本　　　籍	北海道室蘭市入江町一丁目1番地
氏　　　名	乙野　太郎
戸籍事項 　　転　　籍	【転籍日】平成30年1月10日 【従前本籍】札幌市北区北八条西二丁目1番地1
戸籍に記録されている者	【名】太郎 【生年月日】昭和58年6月10日 【父】乙野茂雄 【母】乙野寿子 【続柄】長男
身分事項 　　出　　生 　　訂　　正	【出生日】昭和58年6月10日 【出生地】札幌市北区 【届出日】昭和58年6月15日 【届出人】父 【訂正日】平成31年1月10日 【訂正事項】生年月日 【訂正事由】誤記 【従前の記録】 　　【生年月日】昭和58年6月11日 　　【出生日】昭和58年6月11日
	以下余白

170　第5　身分事項欄の訂正

訂正後の記録事項証明書

(1の1)　全部事項証明

本　　籍	北海道室蘭市入江町一丁目1番地
氏　　名	乙野　太郎
戸籍事項 　　転　　籍	【転籍日】平成30年1月10日 【従前本籍】札幌市北区北八条西二丁目1番地1
戸籍に記録されている者	【名】太郎 【生年月日】昭和58年6月10日 【父】乙野茂雄 【母】乙野寿子 【続柄】長男
身分事項 　　出　　生	【出生日】昭和58年6月10日 【出生地】札幌市北区 【届出日】昭和58年6月15日 【届出人】父
	以下余白

※　市区町村長限りの職権訂正に関する事項（誤記，遺漏，文字関連訂正（更正）によるものに限る）は，全部事項証明書には出力されない。

〔出生事項の訂正2〕出生届出年月日を誤記した場合

決裁用帳票

（1の1） 決 裁 用 帳 票

本　　　籍	北海道室蘭市入江町一丁目1番地
氏　　　名	乙野　太郎
戸籍事項 　　戸籍転籍	【転籍日】平成30年1月10日 【従前本籍】札幌市北区北八条西二丁目1番地1
戸籍に記録されている者	【名】太郎 【生年月日】昭和58年6月10日 【父】乙野茂雄 【母】乙野寿子 【続柄】長男
身分事項 　　出　　生	【出生日】昭和58年6月10日 【出生地】札幌市北区 【届出日】昭和58年6月15日 【届出人】父
訂　　正	【訂正日】平成31年1月10日 【訂正事由】誤記 【従前の記録】 　　【届出日】昭和58年6月14日
	以下余白

※　段落ちタイトル「訂正」の場合，基本タイトルと【従前の記録】との関係で，訂正の対象となった事項を特定することができるので，【訂正事項】の記録は不要となる。

第5　身分事項欄の訂正

訂正後の記録事項証明書

(1の1)　　全部事項証明

本　　籍	北海道室蘭市入江町一丁目1番地
氏　　名	乙野　太郎
戸籍事項 　戸籍転籍	【転籍日】平成30年1月10日 【従前本籍】札幌市北区北八条西二丁目1番地1
戸籍に記録されている者	【名】太郎 【生年月日】昭和58年6月10日 【父】乙野茂雄 【母】乙野寿子 【続柄】長男
身分事項 　出　　生	【出生日】昭和58年6月10日 【出生地】札幌市北区 【届出日】昭和58年6月15日 【届出人】父
	以下余白

※　市区町村長限りの職権訂正に関する事項（誤記，遺漏，文字関連訂正（更正）によるものに限る）は，全部事項証明書には出力されない。

1　出生事項の訂正　　173

〔出生事項の訂正３〕出生地を誤記した場合

決裁用帳票

（1の1）　決 裁 用 帳 票

本　　籍	北海道室蘭市入江町一丁目１番地
氏　　名	乙野　太郎
戸籍事項 　　転　　籍	【転籍日】平成３０年１月１０日 【従前本籍】札幌市北区北八条西二丁目１番地１
戸籍に記録されている者	【名】太郎 【生年月日】昭和５８年６月１０日 【父】乙野茂雄 【母】乙野寿子 【続柄】長男
身分事項 　　出　　生	【出生日】昭和５８年６月１０日 【出生地】札幌市北区 【届出日】昭和５８年６月１５日 【届出人】父
訂　　正	【訂正日】平成３１年１月１０日 【訂正事由】誤記 【従前の記録】 　　【出生地】北海道室蘭市

以下余白

※　段落ちタイトル「訂正」の場合，基本タイトルと【従前の記録】との関係で，訂正の対象となった事項を特定することができるので，【訂正事項】の記録は不要となる。

訂正後の記録事項証明書

(1の1) | 全部事項証明

本　　　籍	北海道室蘭市入江町一丁目1番地
氏　　　名	乙野　太郎
戸籍事項 　　転　　籍	【転籍日】平成30年1月10日 【従前本籍】札幌市北区北八条西二丁目1番地1
戸籍に記録されている者	【名】太郎 【生年月日】昭和58年6月10日 【父】乙野茂雄 【母】乙野寿子 【続柄】長男
身分事項 　　出　　生	【出生日】昭和58年6月10日 【出生地】札幌市北区 【届出日】昭和58年6月15日 【届出人】父
	以下余白

※　市区町村長限りの職権訂正に関する事項（誤記，遺漏，文字関連訂正（更正）によるものに限る）は，全部事項証明書には出力されない。

1　出生事項の訂正　　175

〔出生事項の訂正４〕外国で出生した子について，市区町村名の記載を遺漏した場合

決裁用帳票

（2の1）　　決 裁 用 帳 票

本　　　籍	北海道室蘭市入江町一丁目１番地
氏　　　名	甲野　義夫
戸籍事項 　戸籍編製	【編製日】平成２３年１月１０日
戸籍に記録されている者	【名】義夫 【生年月日】昭和５８年８月１日　　　　【配偶者区分】夫 【父】甲野義太郎 【母】甲野梅子 【続柄】長男
身分事項 　出　　生	【出生日】昭和５８年８月１日 【出生地】ブラジル国サンパウロ州サンパウロ市 【届出日】昭和５８年９月１日 【届出人】父 【国籍留保の届出日】昭和５８年９月１日 【送付を受けた日】昭和５８年９月２０日 【受理者】在サンパウロ総領事
訂　　正	【訂正日】平成３０年１月１０日 【訂正事由】誤記 【従前の記録】 　　【出生地】ブラジル国サンパウロ州
婚　　姻	【婚姻日】平成２３年１月１０日 【配偶者氏名】乙野花子 【従前戸籍】札幌市北区北八条西二丁目１番地１　甲野義太郎

以下余白

176　第5　身分事項欄の訂正

訂正後の記録事項証明書

(2の1)　全部事項証明

本　　籍	北海道室蘭市入江町一丁目1番地
氏　　名	甲野　義夫
戸籍事項 　　戸籍編製	【編製日】平成23年1月10日
戸籍に記録されている者	【名】義夫 【生年月日】昭和58年8月1日　　　【配偶者区分】夫 【父】甲野義太郎 【母】甲野梅子 【続柄】長男
身分事項 　　出　　生	【出生日】昭和58年8月1日 【出生地】ブラジル国サンパウロ州サンパウロ市 【届出日】昭和58年9月1日 【届出人】父 【国籍留保の届出日】昭和58年9月1日 【送付を受けた日】昭和58年9月20日 【受理者】在サンパウロ総領事
婚　　姻	【婚姻日】平成23年1月10日 【配偶者氏名】乙野花子 【従前戸籍】札幌市北区北八条西二丁目1番地1　甲野義太郎

以下余白

※1　市区町村長限りの職権訂正に関する事項（誤記，遺漏，文字関連訂正（更正）によるものに限る）は，全部事項証明には出力されない。
　2　出生地については最小行政区画まで記録することとされており，これは日本以外の出生地についても同様である。

〔出生事項の訂正5〕 出生届出人の資格を誤記した場合

決裁用帳票

(1の1) 　決 裁 用 帳 票

本　　　　籍	北海道室蘭市入江町一丁目1番地
氏　　　　名	乙野　太郎
戸籍事項 　　転　　籍	【転籍日】平成30年1月10日 【従前本籍】札幌市北区北八条西二丁目1番地1
戸籍に記録されている者	【名】太郎 【生年月日】昭和58年6月10日 【父】乙野茂雄 【母】乙野寿子 【続柄】長男
身分事項 　　出　　生	【出生日】昭和58年6月10日 【出生地】北海道札幌市 【届出日】昭和58年6月15日 【届出人】父
訂　　正	【訂正日】平成31年1月10日 【訂正事由】誤記 【従前の記録】 　　【届出人】母
	以下余白

※　段落ちタイトル「訂正」の場合，基本タイトルと【従前の記録】との関係で，訂正の対象となった事項を特定することができるので，【訂正事項】の記録は不要となる。

178　第5　身分事項欄の訂正

【訂正後の記録事項証明書】

	(1の1)　全部事項証明
本　　籍	北海道室蘭市入江町一丁目1番地
氏　　名	乙野　太郎
戸籍事項 　　転　籍	【転籍日】平成30年1月10日 【従前本籍】札幌市北区北八条西二丁目1番地1
戸籍に記録されている者	【名】太郎 【生年月日】昭和58年6月10日 【父】乙野茂雄 【母】乙野寿子 【続柄】長男
身分事項 　　出　生	【出生日】昭和58年6月10日 【出生地】北海道札幌市 【届出日】昭和58年6月15日 【届出人】父
	以下余白

※　市区町村長限りの職権訂正に関する事項（誤記，遺漏，文字関連訂正（更正）によるものに限る）は，全部事項証明書には出力されない。

〔出生事項の訂正６〕届出人の氏名の記載を誤記した場合

決裁用帳票

（2の1） 決 裁 用 帳 票

本　　　籍	北海道室蘭市栄町一丁目２番地
氏　　　名	田中　梅子
戸籍事項 　　戸籍編製	【編製日】平成３０年１月１０日
戸籍に記録されている者	【名】茂雄 【生年月日】平成３０年８月１日 【父】 【母】田中梅子 【続柄】長男
身分事項 　　出　　生	【出生日】平成３０年８月１日 【出生地】北海道登別市 【届出日】平成３０年８月１０日 【届出人】同居者　乙野忠治
訂　　正	【訂正日】平成３１年１月１０日 【訂正事由】誤記 【従前の記録】 　　【届出人】同居者　乙野忠二

以下余白

※　段落ちタイトル「訂正」の場合，基本タイトルと【従前の記録】との関係で，訂正の対象となった事項を特定することができるので，【訂正事項】の記録は不要となる。

訂正後の記録事項証明書

(2の1)　全部事項証明

本　　籍	北海道室蘭市栄町一丁目2番地
氏　　名	田中　梅子
戸籍事項 　　戸籍編製	【編製日】平成30年1月10日

〜〜〜〜〜〜〜〜〜〜〜〜〜〜〜〜〜〜〜〜〜〜〜〜〜〜〜

戸籍に記録されている者	【名】茂雄 【生年月日】平成30年8月1日 【父】 【母】田中梅子 【続柄】長男
身分事項 　　出　　生	【出生日】平成30年8月1日 【出生地】北海道登別市 【届出日】平成30年8月10日 【届出人】同居者　乙野忠治

〜〜〜〜〜〜〜〜〜〜〜〜〜〜〜〜〜〜〜〜〜〜〜〜〜〜〜

以下余白

※　市区町村長限りの職権訂正に関する事項（誤記，遺漏，文字関連訂正（更正）によるものに限る）は，全部事項証明書には出力されない。

1 出生事項の訂正

〔出生事項の訂正7〕 出生事項を遺漏した場合

訂正前の記録事項証明書

（2の1） 全部事項証明

本　　籍	北海道室蘭市入江町一丁目1番地
氏　　名	甲野　義夫
戸籍事項 　戸籍編製	【編製日】平成28年10月27日
戸籍に記録されている者	【名】義夫 【生年月日】昭和58年6月10日　　【配偶者区分】夫 【父】甲野幸雄 【母】甲野春子 【続柄】長男
身分事項 　婚　　姻	【婚姻日】平成28年10月27日 【配偶者氏名】乙野梅子 【従前戸籍】札幌市北区北八条西二丁目1番地1　甲野幸雄

以下余白

※　電子情報処理システムでは、原則として出生事項が記録されるため、本例のような誤りはほぼ生じない。なお、出生事項中【出生日】以外の記録を遺漏した場合の記載例は183頁参照。

決裁用帳票

(2の1) 決裁用帳票

本　　籍	北海道室蘭市入江町一丁目1番地
氏　　名	甲野　義夫
戸籍事項 　　戸籍編製	【編製日】平成28年10月27日
戸籍に記録されている者	【名】義夫
	【生年月日】昭和58年6月10日　　　【配偶者区分】夫 【父】甲野幸雄 【母】甲野春子 【続柄】長男
身分事項 　　婚　　姻	【婚姻日】平成28年10月27日 【配偶者氏名】乙野梅子 【従前戸籍】札幌市北区北八条西二丁目1番地1　甲野幸雄
出　　生	【出生日】昭和58年6月10日 【出生地】北海道室蘭市 【届出日】昭和58年6月15日 【届出人】父
記　　録	【記録日】平成30年7月27日 【記録事由】記録遺漏

以下余白

※　一身分事項（又は一戸籍事項）の全てが記録漏れとなっている場合の訂正処理は，遺漏していた事項（本例では出生事項）を記載した上，その直下に，段落ちタイトル「記録」により記録日及び記録事由を記載する。この場合は，追加した項目を【記録の内容】として重ねて記載する必要はない。

1 出生事項の訂正　　183

参考：出生事項の記録を遺漏したため出生事項中に出生日のみ記録されている場合

決裁用帳票

（2の1）　｜決 裁 用 帳 票

本　　　籍	北海道室蘭市入江町一丁目1番地
氏　　　名	甲野　義夫
戸籍事項 　　戸籍編製	【編製日】平成28年10月27日
戸籍に記録されている者	【名】義夫 【生年月日】昭和58年6月10日　　　【配偶者区分】夫 【父】甲野幸雄 【母】甲野春子 【続柄】長男
身分事項 　　出　　生	【出生日】昭和58年6月10日 【出生地】北海道室蘭市 【届出日】昭和58年6月15日 【届出人】父
訂　　正	【訂正日】平成30年7月27日 【訂正事由】記録遺漏 【記録の内容】 　　【出生地】北海道室蘭市 　　【届出日】昭和58年6月15日 　　【届出人】父
婚　　姻	【婚姻日】平成28年10月27日 【配偶者氏名】乙野梅子 【従前戸籍】札幌市北区北八条西二丁目1番地1　甲野幸雄

以下余白

※1　電子情報処理システムの場合，出生事項がない場合であっても，原則として，【出生日】のインデックスは記録される仕様となっている。本例は，そのような記載となっている場合の訂正例を示した。
　2　既に記録されている身分事項に，一部追加記録をする場合は，段落ちタイトル「記録」ではなく，段落ちタイトル「訂正」により処理する。この場合，追加した項目は【記録の内容】として表示する。

2 認知事項の訂正

〔認知事項の訂正1〕父母婚姻中に父が認知し，届出人の資格「同居者」とあるのを「父」と更正する旨の申出があった場合

認知前の記録事項証明書

(1の1) 全部事項証明

本　　籍	北海道室蘭市入江町一丁目2番地
氏　　名	乙野　梅子
戸籍事項 　戸籍編製	【編製日】平成30年2月10日
戸籍に記録されている者 除　籍	【名】梅子 【生年月日】昭和58年8月1日 【父】乙野茂雄 【母】乙野寿子 【続柄】長女
身分事項 　出　　生 　子の出生 　婚　　姻	【出生日】昭和58年8月1日 【出生地】北海道室蘭市 【届出日】昭和58年8月10日 【届出人】父 【入籍日】平成30年2月10日 【入籍事由】子の出生届出 【従前戸籍】北海道室蘭市入江町一丁目2番地　乙野茂雄 【婚姻日】平成31年1月10日 【配偶者氏名】甲野義太郎 【新本籍】札幌市北区北八条西二丁目1番地1 【称する氏】夫の氏
戸籍に記録されている者	【名】美香 【生年月日】平成30年2月1日 【父】 【母】乙野梅子 【続柄】長女
身分事項 　出　　生	【出生日】平成30年2月1日 【出生地】札幌市中央区 【届出日】平成30年2月10日 【届出人】同居者　甲野義太郎
	以下余白

更正後の記録事項証明書

(2の1) 　全部事項証明

本　　　籍	北海道室蘭市入江町一丁目2番地
氏　　　名	乙野　梅子

戸籍事項　戸籍編製	【編製日】平成30年2月10日

戸籍に記録されている者 除　籍	【名】梅子 【生年月日】昭和58年8月1日 【父】乙野茂雄 【母】乙野寿子 【続柄】長女
身分事項 　出　生	【出生日】昭和58年8月1日 【出生地】北海道室蘭市 【届出日】昭和58年8月10日 【届出人】父
子の出生	【入籍日】平成30年2月10日 【入籍事由】子の出生届出 【従前戸籍】北海道室蘭市入江町一丁目2番地　乙野茂雄
婚　姻	【婚姻日】平成31年1月10日 【配偶者氏名】甲野義太郎 【新本籍】札幌市北区北八条西二丁目1番地1 【称する氏】夫の氏

戸籍に記録されている者	【名】美香 【生年月日】平成30年2月1日 【父】甲野義太郎 【母】乙野梅子 【続柄】長女
身分事項 　出　生	【出生日】平成30年2月1日 【出生地】札幌市中央区 【届出日】平成30年2月10日 【届出人】父
更　正	【更正日】平成31年3月20日 【更正事由】申出

	（2の2） 全部事項証明

| 認　　知 | 【従前の記録】
　　【届出人】同居者　甲野義太郎
【認知日】平成31年3月10日
【認知者氏名】甲野義太郎
【認知者の戸籍】札幌市北区北八条西二丁目1番地1　甲野義太郎
【送付を受けた日】平成31年3月20日
【受理者】札幌市北区長
【関連訂正事項】父母との続柄
【従前の記録】
　　【父母との続柄】長女 |
| | 以下余白 |

※1　婚姻した母の氏も更正する場合は〔父母の訂正5〕参照。
　2　更正事項中の【更正事由】は，申出人の資格に応じて次の振合いで記載する（『全訂戸籍訂正・追完の手引き』76頁参照）。
　　①　子からの申出の場合【更正事由】申出
　　②　子からの申出の場合【更正事由】申出（又は「父の申出」）
　　③　子からの申出の場合【更正事由】親権者母の申出

〔認知事項の訂正２〕認知者の氏名を誤記した場合

訂正前の記録事項証明書

（２の１） 　全部事項証明

本　　　籍	北海道室蘭市入江町一丁目２番地
氏　　　名	乙野　梅子
戸籍事項 　　戸籍編製	【編製日】平成３０年２月１０日
戸籍に記録されている者 除　　籍	【名】梅子 【生年月日】昭和５８年８月１日 【父】乙野茂雄 【母】乙野寿子 【続柄】長女
身分事項 　　出　　生	【出生】昭和５８年８月１日 【出生地】北海道室蘭市 【届出日】昭和５８年８月１０日 【届出人】父
子の出生	【入籍日】平成３０年２月１０日 【入籍事由】子の出生届出 【従前戸籍】北海道室蘭市入江町一丁目２番地　乙野茂雄
婚　　姻	【婚姻日】平成３１年１月１０日 【配偶者氏名】甲野義太郎 【新本籍】札幌市北区北八条西二丁目１番地１ 【称する氏】夫の氏
戸籍に記録されている者	【名】美香 【生年月日】平成３０年２月１日 【父】甲野良太郎 【母】乙野梅子 【続柄】長女
身分事項 　　出　　生	【出生日】平成３０年２月１日 【出生地】札幌市中央区 【届出日】平成３０年２月１０日 【届出人】母
認　　知	【認知日】平成３１年３月１０日 【認知者氏名】甲野良太郎

	(2の2)	全部事項証明
	【認知者の戸籍】札幌市北区北八条西二丁目1番地1　甲野良太郎 【送付を受けた日】平成31年3月20日 【受理者】札幌市北区長 【関連訂正事項】父母との続柄 【従前の記録】 　　【父母との続柄】長女	
		以下余白

2 認知事項の訂正

決裁用帳票

(2の1) 決 裁 用 帳 票

本　　籍	北海道室蘭市入江町一丁目2番地
氏　　名	乙野　梅子

戸籍事項	
戸籍編製	【編製日】平成30年2月10日

戸籍に記録されている者	【名】梅子
除　籍	【生年月日】昭和58年8月1日 【父】乙野茂雄 【母】乙野寿子 【続柄】長女

身分事項	
出　　生	【出生日】昭和58年8月1日 【出生地】北海道室蘭市 【届出日】昭和58年8月10日 【届出人】父
子の出生	【入籍日】平成30年2月10日 【入籍事由】子の出生届 【従前戸籍】北海道室蘭市入江町一丁目2番地　乙野茂雄
婚　　姻	【婚姻日】平成31年1月10日 【配偶者氏名】甲野義太郎 【新本籍】札幌市北区北八条西二丁目1番地1 【称する氏】夫の氏

戸籍に記録されている者	【名】美香
	【生年月日】平成30年2月1日 【父】甲野義太郎 【母】乙野梅子 【続柄】長女

身分事項	
出　　生	【出生日】平成30年2月1日 【出生地】札幌市中央区 【届出日】平成30年2月10日 【届出人】母
認　　知	【認知日】平成31年3月10日 【認知者氏名】甲野義太郎

	(2の2)	決裁用帳票
	【認知者の戸籍】札幌市北区北八条西二丁目1番地1　甲野義太郎 【送付を受けた日】平成31年3月20日 【受理者】札幌市北区長 【関連訂正事項】父母との続柄 【従前の記録】 　　【父母との続柄】長女	
訂　　正	【訂正日】平成31年4月10日 【訂正事由】誤記 【従前の記録】 　　【認知者氏名】甲野良太郎 　　【認知者の戸籍】札幌市北区北八条西二丁目1番地1 　　甲野良太郎	
訂　　正	【訂正日】平成31年4月10日 【訂正事項】父の氏名 【訂正事由】誤記 【従前の記録】 　　【父】甲野良太郎	
		以下余白

2 認知事項の訂正

> 訂正後の記録事項証明書

（2の1） 全部事項証明

本　　　籍	北海道室蘭市入江町一丁目2番地
氏　　　名	乙野　梅子

戸籍事項 戸籍編製	【編製日】平成30年2月10日

戸籍に記録されている者 除　籍	【名】梅子 【生年月日】昭和58年8月1日 【父】乙野茂雄 【母】乙野寿子 【続柄】長女
身分事項 　出　　生	【出生日】昭和58年8月1日 【出生地】北海道室蘭市 【届出日】昭和58年8月10日 【届出人】父
子の出生	【入籍日】平成30年2月10日 【入籍事由】子の出生届出 【従前戸籍】北海道室蘭市入江町一丁目2番地　乙野茂雄
婚　　姻	【婚姻日】平成31年1月10日 【配偶者氏名】甲野義太郎 【新本籍】札幌市北区北八条西二丁目1番地1 【称する氏】夫の氏

戸籍に記録されている者	【名】美香 【生年月日】平成30年2月1日 【父】甲野義太郎 【母】乙野梅子 【続柄】長女
身分事項 　出　　生	【出生日】平成30年2月1日 【出生地】札幌市中央区 【届出日】平成30年2月10日 【届出人】母
認　　知	【認知日】平成31年3月10日 【認知者氏名】甲野義太郎

	(2の2) 全部事項証明
	【認知者の戸籍】札幌市北区北八条西二丁目1番地1　甲野義太郎 【送付を受けた日】平成31年3月20日 【受理者】札幌市北区長 【関連訂正事項】父母との続柄 【従前の記録】 　　【父母との続柄】長女
	以下余白

〔認知事項の訂正3〕父の戸籍に認知に関する記載を遺漏した場合

訂正前の記録事項証明書

(2の1) 全部事項証明

本　　籍	北海道室蘭市入江町一丁目1番地
氏　　名	甲野　幸雄
戸籍事項 　　戸籍改製	【改製日】平成13年2月3日 【改製事由】平成6年法務省令第51号附則第2条第1項による改製
戸籍に記録されている者	【名】義太郎 【生年月日】昭和58年10月1日 【父】甲野幸雄 【母】甲野広子 【続柄】長男
身分事項 　　出　　生	【出生日】昭和58年10月1日 【出生地】北海道室蘭市 【届出日】昭和58年10月10日 【届出人】父

以下余白

194　第5　身分事項欄の訂正

決裁用帳票

（2の1）　決 裁 用 帳 票

本　　　籍	北海道室蘭市入江町一丁目1番地
氏　　　名	甲野　幸雄
戸籍事項 　　戸籍改製	【改製日】平成13年2月3日 【改製事由】平成6年法務省令第51号附則第2条第1項による改製

〜〜〜〜〜〜〜〜〜〜〜〜〜〜〜〜〜〜〜〜〜〜〜〜

戸籍に記録されている者	【名】義太郎 【生年月日】昭和58年10月1日 【父】甲野幸雄 【母】甲野広子 【続柄】長男
身分事項 　　出　　生	【出生日】昭和58年10月1日 【出生地】北海道室蘭市 【届出日】昭和58年10月10日 【届出人】父
認　　知	【認知日】平成31年1月10日 【認知した子の氏名】乙野広造 【認知した子の戸籍】札幌市北区北八条西二丁目1番地1 　乙野梅子
記　　録	【記録日】平成31年4月1日 【記録事由】記録遺漏

〜〜〜〜〜〜〜〜〜〜〜〜〜〜〜〜〜〜〜〜〜〜〜〜

　　　　　　　　　　　　　　　　　　　　　　　　　　　以下余白

参考　昭和33・8・19民事甲1686号回答
※　一身分事項（又は一戸籍事項）の全てが記録漏れとなっている場合の訂正処理は，遺漏していた事項（本例では認知事項）を記載した上，その直下に，段落ちタイトル「記録」により記録日及び記録事由を記載する。この場合は，追加した項目を【記録の内容】として重ねて記載する必要はない。

訂正後の記録事項証明書

(2の1)　全部事項証明

本　　籍	北海道室蘭市入江町一丁目1番地
氏　　名	甲野　幸雄
戸籍事項 　　戸籍改製	【改製日】平成13年2月3日 【改製事由】平成6年法務省令第51号附則第2条第1項による改製
戸籍に記録されている者	【名】義太郎 【生年月日】昭和58年10月1日 【父】甲野幸雄 【母】甲野広子 【続柄】長男
身分事項 　　出　　生	【出生日】昭和58年10月1日 【出生地】北海道室蘭市 【届出日】昭和58年10月10日 【届出人】父
認　　知	【認知日】平成31年1月10日 【認知した子の氏名】乙野広造 【認知した子の戸籍】札幌市北区北八条西二丁目1番地1　乙野梅子
	以下余白

〔認知事項の訂正4〕胎児認知について，一般の認知と同様の記載をした場合（子について）

訂正前の記録事項証明書

（2の1）　全部事項証明

本　　籍	北海道室蘭市入江町二丁目2番地
氏　　名	乙野　梅子
戸籍事項 　戸籍編製	【編製日】平成29年6月10日

戸籍に記録されている者	【名】義夫 【生年月日】平成29年6月1日 【父】甲野一郎 【母】乙野梅子 【続柄】長男
身分事項 　出　　生	【出生日】平成29年6月1日 【出生地】北海道室蘭市 【届出日】平成29年6月10日 【届出人】母
認　　知	【認知日】平成29年5月10日 【認知者氏名】甲野一郎 【認知者の戸籍】札幌市北区北九条西二丁目1番地1　甲野幸雄

以下余白

2 認知事項の訂正

決裁用帳票

(2の1) | 決 裁 用 帳 票

本　　　籍	北海道室蘭市入江町二丁目2番地
氏　　　名	乙野　梅子
戸籍事項 　　戸籍編製	【編製日】平成29年6月10日
戸籍に記録されている者	【名】義夫 【生年月日】平成29年6月1日 【父】甲野一郎 【母】乙野梅子 【続柄】長男
身分事項 　　出　　生	【出生日】平成29年6月1日 【出生地】北海道室蘭市 【届出日】平成29年6月10日 【届出人】母
認　　知	【胎児認知日】平成29年5月10日 【認知者氏名】甲野一郎 【認知者の戸籍】札幌市北区北九条西二丁目1番地1　甲野幸雄
訂　　正	【訂正日】平成30年1月10日 【訂正事由】誤記 【従前の記録】 　　【認知日】平成29年5月10日 【記録の内容】 　　【胎児認知日】平成29年5月10日

以下余白

訂正後の記録事項証明書

(2の1) | 全部事項証明

本　　　籍	北海道室蘭市入江町二丁目2番地
氏　　　名	乙野　梅子
戸籍事項 　　戸籍編製	【編製日】平成29年6月10日

戸籍に記録されている者	【名】義夫 【生年月日】平成29年6月1日 【父】甲野一郎 【母】乙野梅子 【続柄】長男
身分事項 　　出　　生	【出生日】平成29年6月1日 【出生地】北海道室蘭市 【届出日】平成29年6月10日 【届出人】母
認　　知	【胎児認知日】平成29年5月10日 【認知者氏名】甲野一郎 【認知者の戸籍】札幌市北区北九条西二丁目1番地1　甲野幸雄

以下余白

〔認知事項の訂正5〕胎児認知された子の出生に基づき，子の戸籍に記載すべき胎児認知事項のインデックスを誤った場合

訂正前の記録事項証明書

（2の1） 全部事項証明

本　　籍	北海道室蘭市入江町二丁目2番地
氏　　名	乙野　梅子
戸籍事項 　　戸籍編製	【編製日】平成29年6月10日

〰〰〰〰〰〰〰〰〰〰〰〰〰〰〰〰〰〰〰

戸籍に記録されている者	【名】義夫 【生年月日】平成29年6月1日 【父】甲野一郎 【母】乙野梅子 【続柄】長男
身分事項 　　出　　生	【出生日】平成29年6月1日 【出生地】北海道室蘭市 【届出日】平成29年6月10日 【届出人】母
認　　知	【胎児認知日】平成29年5月10日 【認知した子の氏名】甲野一郎 【認知した子の戸籍】札幌市北区北九条西二丁目1番地1　甲野義太郎

〰〰〰〰〰〰〰〰〰〰〰〰〰〰〰〰〰〰〰

以下余白

第5　身分事項欄の訂正

決裁用帳票

(2の1)　決裁用帳票

本　　籍	北海道室蘭市入江町二丁目2番地
氏　　名	乙野　梅子

戸籍事項 　戸籍編製	【編製日】平成29年6月10日

戸籍に記録されている者	【名】義夫 【生年月日】平成29年6月1日 【父】甲野一郎 【母】乙野梅子 【続柄】長男
身分事項 　出　　生	【出生日】平成29年6月1日 【出生地】北海道室蘭市 【届出日】平成29年6月10日 【届出人】母
消　　除	【消除日】平成29年11月4日 【消除事項】胎児認知事項 【消除事由】誤記 【従前の記録】 　　【胎児認知日】平成29年5月10日 　　【認知した子の氏名】甲野一郎 　　【認知した子の戸籍】札幌市北区北九条西二丁目1番地1　甲野義太郎
認　　知	【胎児認知日】平成29年5月10日 【認知者氏名】甲野一郎 【認知者の戸籍】札幌市北区北九条西二丁目1番地1　甲野義太郎
記　　録	【記録日】平成29年11月4日 【記録事由】記録遺漏

以下余白

2 認知事項の訂正

〔認知事項の訂正6〕日本人が外国人の子の認知を，外国人の本国法の方式により成立させた旨の証書を提出し報告的認知届をしたが，創設的認知の記載をした場合

訂正前の記録事項証明書

（2の1）　全部事項証明

本　　籍	札幌市北区北九条西二丁目2番地
氏　　名	甲野　義夫
戸籍事項 　戸籍編製	【編製日】平成23年11月28日
戸籍に記録されている者	【名】義夫 【生年月日】平成3年11月6日 【父】甲野幸雄 【母】甲野春子 【続柄】長男
身分事項 　出　　生	【出生日】平成3年11月6日 【出生地】札幌市北区 【届出日】平成3年11月19日 【届出人】父
婚　　姻	【婚姻日】平成23年11月28日 【配偶者氏名】乙野梅子 【従前戸籍】札幌市北区北九条西二丁目2番地　甲野幸雄
離　　婚	【離婚日】平成28年5月23日 【配偶者氏名】甲野梅子
認　　知	【認知日】平成29年6月24日 【認知した子の氏名】朴東征 【認知した子の国籍】韓国 【認知した子の生年月日】西暦2014年12月25日 【認知した子の母の氏名】朴春姫
戸籍に記録されている者 除　籍	【名】梅子 【生年月日】平成4年1月17日 【父】乙野忠治 【母】乙野春枝 【続柄】長女
身分事項 　出　　生	【出生日】平成4年1月17日

	【出生地】札幌市北区 【届出日】平成4年1月20日 【届出人】父
婚　　姻	【婚姻日】平成23年11月28日 【配偶者氏名】甲野義夫 【従前戸籍】札幌市北区北八条西二丁目1番地1　乙野忠治
離　　婚	【離婚日】平成28年5月23日 【配偶者氏名】甲野義夫 【入籍戸籍】札幌市北区北八条西二丁目1番地1　乙野忠治
	以下余白

(2の2)　全部事項証明

2 認知事項の訂正

決裁用帳票

（2の1） 決 裁 用 帳 票

本　　　籍	札幌市北区北九条西二丁目2番地
氏　　　名	甲野　義夫

戸籍事項 戸籍編製	【編製日】平成23年11月28日
戸籍に記録されている者	【名】義夫 【生年月日】平成3年11月6日 【父】甲野幸雄 【母】甲野春子 【続柄】長男
身分事項 　　出　　生	【出生日】平成3年11月6日 【出生地】札幌市北区 【届出日】平成3年11月19日 【届出人】父
婚　　姻	【婚姻日】平成23年11月28日 【配偶者氏名】乙野梅子 【従前戸籍】札幌市北区北九条西二丁目2番地　甲野幸雄
離　　婚	【離婚日】平成28年5月23日 【配偶者氏名】甲野梅子
認　　知	【認知日】平成29年5月20日 【認知した子の氏名】朴東征 【認知した子の国籍】韓国 【認知した子の生年月日】西暦2014年12月25日 【認知した子の母の氏名】朴春姫 【認知の方式】韓国の方式 【証書提出日】平成29年6月24日
訂　　正	【訂正日】平成30年1月10日 【訂正事由】誤記 【従前の記録】 　　【認知日】平成29年6月24日 【記録の内容】 　　【認知の方式】韓国の方式 　　【証書提出日】平成29年6月24日
戸籍に記録されている者	【名】梅子

| | | （2の2） | 決 裁 用 帳 票 |

除　　籍	【生年月日】平成4年1月17日 【父】乙野忠治 【母】乙野春枝 【続柄】長女

以下余白

3 養子縁組事項の訂正

〔養子縁組事項の訂正1〕代諾者の氏名を誤記した場合

決裁用帳票

(2の1) | 決 裁 用 帳 票

本　　　籍	北海道室蘭市入江町一丁目1番地
氏　　　名	甲野　良太
戸籍事項 　戸籍編製	【編製日】平成30年1月10日
戸籍に記録されている者	【名】太郎 【生年月日】平成28年2月1日 【父】乙野忠治 【母】乙野梅子 【続柄】長男 【養父】甲野良太 【続柄】養子
身分事項 　出　　　生	【出生日】平成28年2月1日 【出生地】北海道室蘭市 【届出日】平成28年2月10日 【届出人】父
養子縁組	【縁組日】平成30年1月10日 【養父氏名】甲野良太 【代諾者】未成年後見人　乙野茂男 【従前戸籍】札幌市北区北八条西二丁目1番地1　乙野忠治
訂　　　正	【訂正日】平成31年1月10日 【訂正事由】誤記 【従前の記録】 　　【代諾者】未成年後見人　乙野茂雄

以下余白

※　段落ちタイトル「訂正」の場合，基本タイトルと【従前の記録】との関係で，訂正の対象となった事項を特定することができるので，【訂正事項】の記録は不要となる。

訂正後の記録事項証明書

（2の1）　　全部事項証明

本　　籍	北海道室蘭市入江町一丁目1番地
氏　　名	甲野　良太

戸籍事項 　　戸籍編製	【編製日】平成30年1月10日

~~~~~~

戸籍に記録されている者	【名】太郎 【生年月日】平成28年2月1日 【父】乙野忠治 【母】乙野梅子 【続柄】長男 【養父】甲野良太 【続柄】養子
身分事項 　　出　　生	【出生日】平成28年2月1日 【出生地】北海道室蘭市 【届出日】平成28年2月10日 【届出人】父
養子縁組	【縁組日】平成30年1月10日 【養父氏名】甲野良太 【代諾者】未成年後見人　乙野茂男 【従前戸籍】札幌市北区北八条西二丁目1番地1　乙野忠治

~~~~~~

以下余白

※　市区町村長限りの職権訂正に関する事項（誤記，遺漏，文字関連訂正（更正）によるものに限る）は，全部事項証明書には出力されない。

〔養子縁組事項の訂正2〕代諾者の資格を誤記した場合

決裁用帳票

（2の1） 決裁用帳票

本　　　籍	北海道室蘭市入江町一丁目1番地
氏　　　名	甲野　良太
戸籍事項 　　戸籍編製	【編製日】平成30年1月10日
戸籍に記録されている者	【名】太郎 【生年月日】平成28年2月1日 【父】乙野忠治 【母】丙野梅子 【続柄】長男 【養父】甲野良太 【続柄】養子
身分事項 　　出　　生	【出生日】平成28年2月1日 【出生地】北海道室蘭市 【届出日】平成28年2月10日 【届出人】父
養子縁組	【縁組日】平成30年1月10日 【養父氏名】甲野良太 **【代諾者】親権者母** 【従前戸籍】札幌市北区北八条西二丁目1番地1　乙野忠治
訂　　正	【訂正日】平成31年1月10日 【訂正事由】誤記 【従前の記録】 　　【代諾者】親権者父

以下余白

※　段落ちタイトル「訂正」の場合，基本タイトルと【従前の記録】との関係で，訂正の対象となった事項を特定することができるので，【訂正事項】の記録は不要となる。

訂正後の記録事項証明書

(2の1) 全部事項証明

本　　籍	北海道室蘭市入江町一丁目1番地
氏　　名	甲野　良太

戸籍事項　　戸籍編製	【編製日】平成30年1月10日

戸籍に記録されている者	【名】太郎 【生年月日】平成28年2月1日 【父】乙野忠治 【母】丙野梅子 【続柄】長男 【養父】甲野良太 【続柄】養子
身分事項 　出　　生	【出生日】平成28年2月1日 【出生地】北海道室蘭市 【届出日】平成28年2月10日 【届出人】父
養子縁組	【縁組日】平成30年1月10日 【養父氏名】甲野良太 【代諾者】親権者母 【従前戸籍】札幌市北区北八条西二丁目1番地1　乙野忠治

以下余白

※　市区町村長限りの職権訂正に関する事項（誤記，遺漏，文字関連訂正（更正）によるものに限る）は，全部事項証明書には出力されない。

〔養子縁組事項の訂正3〕代諾者の資格の記載を遺漏した場合

			戸 籍 訂 正 書	受付	平成31年 1月10日	戸籍調査	
					第　　68　　号		
(1)	事件	本　籍	北海道室蘭市入江町1丁目1番地			記載	
		筆頭者氏名	甲 野 良 太			記載調査	
(2)		住所及び世帯主氏名	室蘭市入江町1丁目1番地　甲野良太			送付通知	
(3)	事件本人	氏　名	甲 野 太 郎			住民票	
		生年月日	平成28年2月1日			記載	
(4)	訂正・記載の事由		事件本人について，縁組事項中代諾者の資格「【代諾者】親権者母」の記載を遺漏していることを発見したが，これは当職の過誤であるので，職権により戸籍の記載をする。			通知	
						附　票	
(5)	訂正・記載の趣旨		縁組事項中代諾者の資格を記載する。 （記載例） 養子縁組　【縁組日】平成30年1月10日 　　　　　【養父氏名】甲野良太 　　　　　【代諾者】親権者母 　　　　　【従前戸籍】札幌市北区北八条西二丁目1番地1　乙野忠治 　訂　正　【訂正日】平成31年1月10日 　　　　　【訂正事由】記録遺漏 　　　　　【記録の内容】 　　　　　　【代諾者】親権者母			記載	
						通知	
(6)	添付書類		縁組の届書謄本（戸（除）籍謄本）				

　　　上記のとおり職権によって訂正する。
　　　平成31年 1月10日

　　　　　　　　北海道室蘭市長　○　○　○　○　職印

〔注〕　事件本人が二人以上であるときは、必要に応じ該当欄を区切り記載する。

注　移記の際の遺漏の場合は，従前の戸（除）籍謄本の添付を要する。

第5 身分事項欄の訂正

訂正前の記録事項証明書

(2の1)　全部事項証明

本　　籍	北海道室蘭市入江町一丁目1番地
氏　　名	甲野　良太
戸籍事項 　戸籍編製	【編製日】平成30年1月10日
〜〜〜〜〜〜	〜〜〜〜〜〜〜〜〜〜〜〜〜〜〜〜〜〜〜〜〜
戸籍に記録されている者	【名】太郎 【生年月日】平成28年2月1日 【父】乙野忠治 【母】丙野梅子 【続柄】長男 【養父】甲野良太 【続柄】養子
身分事項 　出　　生	【出生日】平成28年2月1日 【出生地】北海道室蘭市 【届出日】平成28年2月10日 【届出人】父
養子縁組	【縁組日】平成30年1月10日 【養父氏名】甲野良太 【従前戸籍】札幌市北区北八条西二丁目1番地1　乙野忠治
	以下余白

3 養子縁組事項の訂正

決裁用帳票

(2の1) 決 裁 用 帳 票

本　　籍	北海道室蘭市入江町一丁目1番地
氏　　名	甲野　良太
戸籍事項 　　戸籍編製	【編製日】平成30年1月10日
戸籍に記録されている者	【名】太郎 【生年月日】平成28年2月1日 【父】乙野忠治 【母】丙野梅子 【続柄】長男 【養父】甲野良太 【続柄】養子
身分事項 　　出　　生	【出生日】平成28年2月1日 【出生地】北海道室蘭市 【届出日】平成28年2月10日 【届出人】父
養子縁組	【縁組日】平成30年1月10日 【養父氏名】甲野良太 【代諾者】親権者母 【従前戸籍】札幌市北区北八条西二丁目1番地1　乙野忠治
訂　　正	【訂正日】平成31年1月10日 【訂正事由】記録遺漏 【記録の内容】 　　【代諾者】親権者母
	以下余白

※1　市区町村長限りの職権訂正に関する事項（誤記，遺漏，文字関連訂正（更正）によるものに限る）は，全部事項証明には出力されない。
　2　既に記録されている身分事項に，一部追加記録をする場合は，段落ちタイトル「記録」ではなく，段落ちタイトル「訂正」により処理する。
　3　段落ちタイトル「訂正」の場合，基本タイトルと【従前の記録】との関係で，訂正の対象となった事項を特定することができるので，【訂正事項】の記録は不要となる。

〔養子縁組事項の訂正４〕養親の縁組事項につき，養子の氏名を誤記した場合

決裁用帳票

(2の1) | 決 裁 用 帳 票

本　　　籍	北海道室蘭市入江町一丁目１番地
氏　　　名	甲野　良太郎
戸籍事項 　　戸籍編製	【編製日】平成２０年１月１０日
戸籍に記録されている者	【名】良太郎 【生年月日】昭和５８年１０月１日　　　【配偶者区分】夫 【父】甲野幸一 【母】甲野広子 【続柄】長男
身分事項 　　出　　生	【出生日】昭和５８年１０月１日 【出生地】北海道室蘭市 【届出日】昭和５８年１０月１０日 【届出人】父
婚　　姻	【婚姻日】平成２０年１月１０日 【配偶者氏名】丙野花子 【従前戸籍】札幌市北区北八条西二丁目１番地１　甲野幸一
養子縁組	【縁組日】平成２２年１月１０日 【共同縁組者】妻 【養子氏名】乙野梅子
訂　　正	【訂正日】平成３０年１月１０日 【訂正事由】誤記 【従前の記録】 　　【養子氏名】甲野梅子
戸籍に記録されている者	【名】花子 【生年月日】昭和６０年５月１日　　　【配偶者区分】妻 【父】丙野太郎 【母】丙野恵子 【続柄】長女
身分事項 　　出　　生	【出生日】昭和６０年５月１日 【出生地】北海道室蘭市 【届出日】昭和６０年５月１０日

3 養子縁組事項の訂正

(2の2) 決裁用帳票

婚　　姻	【届出人】父 【婚姻日】平成２０年１月１０日 【配偶者氏名】甲野良太郎 【従前戸籍】北海道室蘭市入江町一丁目１番地　丙野太郎
養子縁組	【縁組日】平成２２年１月１０日 【共同縁組者】夫 【養子氏名】乙野梅子
訂　　正	【訂正日】平成３０年１月１０日 【訂正事由】誤記 【従前の記録】 　　【養子氏名】甲野梅子
戸籍に記録されている者	【名】梅子 【生年月日】平成２０年１０月１日 【父】乙野二郎 【母】乙野美子 【続柄】長女 【養父】甲野良太郎 【養母】甲野花子 【続柄】養女
身分事項 　　出　　生	【出生日】平成２０年１０月１日 【出生地】北海道室蘭市 【届出日】平成２０年１０月１０日 【届出人】父
養子縁組	【縁組日】平成２２年１月１０日 【養父氏名】甲野良太郎 【養母氏名】甲野花子 【代諾者】親権者父母 【従前戸籍】北海道室蘭市入江町一丁目２番地　乙野二郎
	以下余白

214　第5　身分事項欄の訂正

訂正後の記録事項証明書

(2の1)　全部事項証明

本　　籍	北海道室蘭市入江町一丁目1番地
氏　　名	甲野　良太郎
戸籍事項 　　戸籍編製	【編製日】平成20年1月10日
戸籍に記録されている者	【名】良太郎 【生年月日】昭和58年10月1日　　　【配偶者区分】夫 【父】甲野幸一 【母】甲野広子 【続柄】長男
身分事項 　　出　　生	【出生日】昭和58年10月1日 【出生地】北海道室蘭市 【届出日】昭和58年10月10日 【届出人】父
婚　　姻	【婚姻日】平成20年1月10日 【配偶者氏名】丙野花子 【従前戸籍】札幌市北区北八条西二丁目1番地1　甲野幸一
養子縁組	【縁組日】平成22年1月10日 【共同縁組者】妻 【養子氏名】乙野梅子
戸籍に記録されている者	【名】花子 【生年月日】昭和60年5月1日　　　【配偶者区分】妻 【父】丙野太郎 【母】丙野恵子 【続柄】長女
身分事項 　　出　　生	【出生日】昭和60年5月1日 【出生地】北海道室蘭市 【届出日】昭和60年5月10日 【届出人】父
婚　　姻	【婚姻日】平成20年1月10日 【配偶者氏名】甲野良太郎 【従前戸籍】北海道室蘭市入江町一丁目1番地　丙野太郎

3 養子縁組事項の訂正

		(2の1)	全部事項証明
養子縁組	【縁組日】平成22年1月10日 【共同縁組者】夫 【養子氏名】乙野梅子		
戸籍に記録されている者	【名】梅子 【生年月日】平成20年10月1日 【父】乙野二郎 【母】乙野美子 【続柄】長女 【養父】甲野良太郎 【養母】甲野花子 【続柄】養女		
身分事項 　　出　　生	【出生日】平成20年10月1日 【出生地】北海道室蘭市 【届出日】平成20年10月10日 【届出人】父		
養子縁組	【縁組日】平成22年1月10日 【養父氏名】甲野良太郎 【養母氏名】甲野花子 【代諾者】親権者父母 【従前戸籍】北海道室蘭市入江町一丁目2番地　乙野二郎		
			以下余白

216　第5　身分事項欄の訂正

〔養子縁組事項の訂正5〕養父の氏名について，養父母欄と縁組事項双方を誤記した場合

決裁用帳票

（1の1）　決 裁 用 帳 票

本　　　籍	北海道室蘭市入江町一丁目1番地
氏　　　名	甲野　義夫
戸籍事項 　　転　　籍	【転籍日】平成30年1月10日 【従前本籍】札幌市北区北八条西二丁目1番地1
戸籍に記録されている者	【名】義夫 【生年月日】昭和58年5月1日 【父】乙野忠治 【母】乙野松子 【続柄】二男 【養父】甲野義太郎 【養母】甲野梅子 【続柄】養子
身分事項 　　出　　生	【出生日】昭和58年5月1日 【出生地】北海道室蘭市 【届出日】昭和58年5月10日 【届出人】父
養子縁組	【縁組日】平成22年1月10日 【養父氏名】甲野義太郎 【養母氏名】甲野梅子 【従前戸籍】札幌市北区北八条西二丁目1番地1　乙野忠治
訂　　正	【訂正日】平成31年1月10日 【訂正事由】誤記 【従前の記録】 　　【養父氏名】甲野良太郎
訂　　正	【訂正日】平成31年1月10日 【訂正事項】養父の氏名 【訂正事由】誤記 【従前の記録】 　　【養父】甲野良太郎
	以下余白

訂正後の記録事項証明書

(1の1) 全部事項証明

本　　籍	北海道室蘭市入江町一丁目1番地
氏　　名	甲野　義夫
戸籍事項 　　転　籍	【転籍日】平成30年1月10日 【従前本籍】札幌市北区北八条西二丁目1番地1
戸籍に記録されている者	【名】義夫 【生年月日】昭和58年5月1日 【父】乙野忠治 【母】乙野松子 【続柄】二男 【養父】甲野義太郎 【養母】甲野梅子 【続柄】養子
身分事項 　　出　生	【出生日】昭和58年5月1日 【出生地】北海道室蘭市 【届出日】昭和58年5月10日 【届出人】父
養子縁組	【縁組日】平成22年1月10日 【養父氏名】甲野義太郎 【養母氏名】甲野梅子 【従前戸籍】札幌市北区北八条西二丁目1番地1　乙野忠治

以下余白

※　市区町村長限りの職権訂正に関する事項（誤記，遺漏，文字関連訂正（更正）によるものに限る）は，全部事項証明には出力されない。

〔養子縁組事項の訂正6〕養親について，縁組事項の記載を遺漏した場合

戸 籍 訂 正 書

受付	平成31年2月10日 第 69 号		戸籍調査	
(1) 事件	本　籍	北海道室蘭市入江町1丁目1番地		記載
	筆頭者氏名	甲 野　良太郎		記載調査
(2) 事件本人	住所及び世帯主氏名	室蘭市入江町1丁目1番地　甲野良太郎		送付通知
(3)	氏　名	甲 野　良太郎	甲 野　花 子	住民票
	生年月日	昭和58年10月1日	昭和60年5月1日	記載
(4)	訂正・記載の事由	事件本人について，縁組事項の記載を遺漏していることを発見したが，これは当職の過誤であるので，職権により戸籍の記載をする。		通知
				附票
				記載
(5)	訂正・記載の趣旨	上記戸籍の甲野良太郎及び花子の身分事項欄に，次の振合いで縁組事項を記載する。 （記載例） 養子縁組　【縁組日】平成31年1月10日 　　　　　【共同縁組者】妻（夫） 　　　　　【養子氏名】乙川梅子 記　録　【記録日】平成31年2月10日 　　　　【記録事由】記録遺漏		通知
(6)	添付書類	戸（除）籍謄本（縁組の届書謄本）		

　上記のとおり職権によって訂正する。
　　平成31年2月10日

　　　　　　　　北海道室蘭市長　〇　〇　〇　〇　[職印]

（注）事件本人が二人以上であるときは，必要に応じ該当欄を区切り記載する。

3 養子縁組事項の訂正

訂正前の記録事項証明書

(2の1) | 全部事項証明

本　　　籍	北海道室蘭市入江町一丁目1番地
氏　　　名	甲野　良太郎
戸籍事項 　　転　　籍	【転籍日】平成30年12月10日 【従前本籍】札幌市北区北八条西二丁目1番地1
戸籍に記録されている者	【名】良太郎 【生年月日】昭和58年10月1日　　　【配偶者区分】夫 【父】甲野幸一 【母】甲野広子 【続柄】長男
身分事項 　　出　　生	【出生日】昭和58年10月1日 【出生地】北海道室蘭市 【届出日】昭和58年10月10日 【届出人】父
婚　　姻	【婚姻日】平成30年1月10日 【配偶者氏名】丙野花子 【従前戸籍】札幌市北区北八条西二丁目1番地1　甲野幸一
戸籍に記録されている者	【名】花子 【生年月日】昭和60年5月1日　　　【配偶者区分】妻 【父】丙野太郎 【母】丙野恵子 【続柄】長女
身分事項 　　出　　生	【出生日】昭和60年5月1日 【出生地】北海道室蘭市 【届出日】昭和60年5月10日 【届出人】父
婚　　姻	【婚姻日】平成30年1月10日 【配偶者氏名】甲野良太郎 【従前戸籍】北海道室蘭市入江町一丁目1番地　丙野太郎

第5　身分事項欄の訂正

(2の2)　全部事項証明

戸籍に記録されている者	【名】梅子 【生年月日】平成30年10月1日 【父】乙野二郎 【母】乙野美子 【続柄】長女 【養父】甲野良太郎 【養母】甲野花子 【続柄】養女
身分事項 　　出　　生	【出生日】平成30年10月1日 【出生地】北海道室蘭市 【届出日】平成30年10月10日 【届出人】父
養子縁組	【縁組日】平成31年1月10日 【養父氏名】甲野良太郎 【養母氏名】甲野花子 【代諾者】親権者父母 【従前戸籍】北海道室蘭市栄町一丁目1番地　乙野二郎
	以下余白

3 養子縁組事項の訂正

決裁用帳票

（2の1）　決 裁 用 帳 票

本　　　籍	北海道室蘭市入江町一丁目1番地
氏　　　名	甲野　良太郎
戸籍事項 　　転　　籍	【転籍日】平成30年12月10日 【従前本籍】札幌市北区北八条西二丁目1番地1
戸籍に記録されている者	【名】良太郎 【生年月日】昭和58年10月1日　　　【配偶者区分】夫 【父】甲野幸一 【母】甲野広子 【続柄】長男
身分事項 　　出　　生	【出生日】昭和58年10月1日 【出生地】北海道室蘭市 【届出日】昭和58年10月10日 【届出人】父
婚　　姻	【婚姻日】平成30年1月10日 【配偶者氏名】丙野花子 【従前戸籍】札幌市北区北八条西二丁目1番地1　甲野幸一
養子縁組	【縁組日】平成31年1月10日 【共同縁組者】妻 【養子氏名】乙野梅子
記　　録	【記録日】平成31年2月10日 【記録事由】記録遺漏
戸籍に記録されている者	【名】花子 【生年月日】昭和60年5月1日　　　【配偶者区分】妻 【父】丙野太郎 【母】丙野恵子 【続柄】長女
身分事項 　　出　　生	【出生日】昭和60年5月1日 【出生地】北海道室蘭市 【届出日】昭和60年5月10日

(2の2) 決裁用帳票

婚　　姻	【届出人】父 【婚姻日】平成３０年１月１０日 【配偶者氏名】甲野良太郎 【従前戸籍】北海道室蘭市入江町一丁目１番地　丙野太郎
養子縁組	【縁組日】平成３１年１月１０日 【共同縁組者】夫 【養子氏名】乙野梅子
記　　録	【記録日】平成３１年２月１０日 【記録事由】記録遺漏
戸籍に記録されている者	【名】梅子 【生年月日】平成３０年１０月１日 【父】乙野二郎 【母】乙野美子 【続柄】長女 【養父】甲野良太郎 【養母】甲野花子 【続柄】養女
身分事項 　　出　　生	【出生日】平成３０年１０月１日 【出生地】北海道室蘭市 【届出日】平成３０年１０月１０日 【届出人】父
養子縁組	【縁組日】平成３１年１月１０日 【養父氏名】甲野良太郎 【養母氏名】甲野花子 【代諾者】親権者父母 【従前戸籍】北海道室蘭市栄町一丁目１番地　乙野二郎
	以下余白

3　養子縁組事項の訂正

訂正後の記録事項証明書

（2の1）　全部事項証明

本　　　籍	北海道室蘭市入江町一丁目1番地
氏　　　名	甲野　良太郎
戸籍事項 　　転　籍	【転籍日】平成30年12月10日 【従前本籍】札幌市北区北八条西二丁目1番地1
戸籍に記録されている者	【名】良太郎 【生年月日】昭和58年10月1日　　　【配偶者区分】夫 【父】甲野幸一 【母】甲野広子 【続柄】長男
身分事項 　　出　　生	【出生日】昭和58年10月1日 【出生地】北海道室蘭市 【届出日】昭和58年10月10日 【届出人】父
婚　　姻	【婚姻日】平成30年1月10日 【配偶者氏名】丙野花子 【従前戸籍】札幌市北区北八条西二丁目1番地1　甲野幸一
養子縁組	【縁組日】平成31年1月10日 【共同縁組者】妻 【養子氏名】乙野梅子
戸籍に記録されている者	【名】花子 【生年月日】昭和60年5月1日　　　【配偶者区分】妻 【父】丙野太郎 【母】丙野恵子 【続柄】長女
身分事項 　　出　　生	【出生日】昭和60年5月1日 【出生地】北海道室蘭市 【届出日】昭和60年5月10日 【届出人】父
婚　　姻	【婚姻日】平成30年1月10日

(2の2) 全部事項証明

養子縁組	【配偶者氏名】甲野良太郎 【従前戸籍】北海道室蘭市入江町一丁目1番地　丙野太郎 【縁組日】平成31年1月10日 【共同縁組者】夫 【養子氏名】乙野梅子
戸籍に記録されている者	【名】梅子 【生年月日】平成30年10月1日 【父】乙野二郎 【母】乙野美子 【続柄】長女 【養父】甲野良太郎 【養母】甲野花子 【続柄】養女
身分事項 　出　　生	【出生日】平成30年10月1日 【出生地】北海道室蘭市 【届出日】平成30年10月10日 【届出人】父
養子縁組	【縁組日】平成31年1月10日 【養父氏名】甲野良太郎 【養母氏名】甲野花子 【代諾者】親権者父母 【従前戸籍】北海道室蘭市栄町一丁目1番地　乙野二郎
	以下余白

3 養子縁組事項の訂正

〔養子縁組事項の訂正7〕養親について，移記不要の縁組事項を移記した場合

訂正前の記録事項証明書

(2の1) 　全部事項証明

本　　籍	北海道室蘭市入江町一丁目1番地
氏　　名	甲野　良太郎
戸籍事項 　　転　籍	【転籍日】平成31年1月10日 【従前本籍】札幌市北区北八条西二丁目1番地1
戸籍に記録されている者	【名】良太郎 【生年月日】昭和58年10月1日　　【配偶者区分】夫 【父】甲野幸一 【母】甲野広子 【続柄】長男
身分事項 　　出　　生	【出生日】昭和58年10月1日 【出生地】北海道室蘭市 【届出日】昭和58年10月10日 【届出人】父
婚　　姻	【婚姻日】平成29年1月10日 【配偶者氏名】丙野花子 【従前戸籍】札幌市北区北八条西二丁目1番地1　甲野幸一
養子縁組	【縁組日】平成30年1月10日 【共同縁組者】妻 【養子氏名】乙野梅子

以下余白

訂正後の記録事項証明書

(2の1) 全部事項証明

本　　　籍	北海道室蘭市入江町一丁目1番地
氏　　　名	甲野　良太郎
戸籍事項 　　転　　籍	【転籍日】平成31年1月10日 【従前本籍】札幌市北区北八条西二丁目1番地1
戸籍に記録されている者	【名】良太郎 【生年月日】昭和58年10月1日　　　【配偶者区分】夫 【父】甲野幸一 【母】甲野広子 【続柄】長男
身分事項 　　出　　生	【出生日】昭和58年10月1日 【出生地】北海道室蘭市 【届出日】昭和58年10月10日 【届出人】父
婚　　姻	【婚姻日】平成29年1月10日 【配偶者氏名】丙野花子 【従前戸籍】札幌市北区北八条西二丁目1番地1　甲野幸一
消　　除	【消除日】平成31年2月10日 【消除事項】乙野梅子との縁組事項 【消除事由】誤記 【従前の記録】 　　【縁組日】平成30年1月10日 　　【共同縁組者】妻 　　【養子氏名】乙野梅子

以下余白

3 養子縁組事項の訂正

〔養子縁組事項の訂正8〕「養子」と「養女」とを誤記した場合

決裁用帳票

(2の1) 決裁用帳票

本　　　籍	北海道室蘭市入江町一丁目1番地
氏　　　名	甲野　良太郎
戸籍事項 　戸籍編製	【編製日】平成20年1月10日
戸籍に記録されている者	【名】良太郎 【生年月日】昭和58年10月1日　　　【配偶者区分】夫 【父】甲野幸一 【母】甲野広子 【続柄】長男
身分事項 　出　　生	【出生日】昭和58年10月1日 【出生地】北海道室蘭市 【届出日】昭和58年10月10日 【届出人】父
婚　　姻	【婚姻日】平成20年1月10日 【配偶者氏名】丙野花子 【従前戸籍】札幌市北区北八条西二丁目1番地1　甲野幸一
養子縁組	【縁組日】平成22年1月10日 【共同縁組者】妻 【養子氏名】乙野梅子
戸籍に記録されている者	【名】花子 【生年月日】昭和60年5月1日　　　【配偶者区分】妻 【父】丙野太郎 【母】丙野恵子 【続柄】長女
身分事項 　出　　生	【出生日】昭和60年5月1日 【出生地】北海道室蘭市 【届出日】昭和60年5月10日 【届出人】父
婚　　姻	【婚姻日】平成20年1月10日 【配偶者氏名】甲野良太郎 【従前戸籍】北海道室蘭市入江町一丁目1番地　丙野太郎

第5　身分事項欄の訂正

（2の2）　| 決 裁 用 帳 票

養子縁組	【縁組日】平成22年1月10日 【共同縁組者】夫 【養子氏名】乙野梅子
戸籍に記録されている者	【名】梅子 【生年月日】平成20年12月1日 【父】乙野二郎 【母】乙野美子 【続柄】長女 【養父】甲野良太郎 【養母】甲野花子 【続柄】養女
身分事項 　　出　　生	【出生日】平成20年12月1日 【出生地】北海道室蘭市 【届出日】平成20年12月10日 【届出人】父
養子縁組	【縁組日】平成22年1月10日 【養父氏名】甲野良太郎 【養母氏名】甲野花子 【代諾者】親権者父母 【従前戸籍】北海道室蘭市入江町一丁目2番地　乙野二郎
訂　　正	【訂正日】平成30年1月10日 【訂正事項】養父母との続柄 【訂正事由】誤記 【従前の記録】 　　【養父母との続柄】養子
	以下余白

※　戸籍に記録されている者欄の事項を訂正するので，段落ちタイトルとはならず，【訂正事項】も入力する。

3 養子縁組事項の訂正

訂正後の記録事項証明書

（2の1）　全部事項証明

本　　籍	北海道室蘭市入江町一丁目1番地
氏　　名	甲野　良太郎
戸籍事項 　　戸籍編製	【編製日】平成20年1月10日
戸籍に記録されている者	【名】良太郎 【生年月日】昭和58年10月1日　　　【配偶者区分】夫 【父】甲野幸一 【母】甲野広子 【続柄】長男
身分事項 　　出　　生	【出生日】昭和58年10月1日 【出生地】北海道室蘭市 【届出日】昭和58年10月10日 【届出人】父
婚　　姻	【婚姻日】平成20年1月10日 【配偶者氏名】丙野花子 【従前戸籍】札幌市北区北八条西二丁目1番地1　甲野幸一
養子縁組	【縁組日】平成22年1月10日 【共同縁組者】妻 【養子氏名】乙野梅子
戸籍に記録されている者	【名】花子 【生年月日】昭和60年5月1日　　　【配偶者区分】妻 【父】丙野太郎 【母】丙野恵子 【続柄】長女
身分事項 　　出　　生	【出生日】昭和60年5月1日 【出生地】北海道室蘭市 【届出日】昭和60年5月10日 【届出人】父
婚　　姻	【婚姻日】平成20年1月10日 【配偶者氏名】甲野良太郎 【従前戸籍】北海道室蘭市入江町一丁目1番地　丙野太郎

第5　身分事項欄の訂正

	（2の2）　全部事項証明

養子縁組	【縁組日】平成22年1月10日 【共同縁組者】夫 【養子氏名】乙野梅子
戸籍に記録されている者	【名】梅子 【生年月日】平成20年12月1日 【父】乙野二郎 【母】乙野美子 【続柄】長女 【養父】甲野良太郎 【養母】甲野花子 【続柄】養女
身分事項 　出　生	【出生日】平成20年12月1日 【出生地】北海道室蘭市 【届出日】平成20年12月10日 【届出人】父
養子縁組	【縁組日】平成22年1月10日 【養父氏名】甲野良太郎 【養母氏名】甲野花子 【代諾者】親権者父母 【従前戸籍】北海道室蘭市入江町一丁目2番地　乙野二郎
	以下余白

〔養子縁組事項の訂正9〕養子縁組事項中，インデックス【養母氏名】を【養父氏名】と誤記した場合

訂正前の記録事項証明書

(2の1) 全部事項証明

本　　　籍	北海道室蘭市入江町一丁目1番地
氏　　　名	甲野　良太
戸籍事項 　　転　　籍	【転籍日】平成28年1月10日 【従前本籍】札幌市北区北八条西二丁目1番地1
戸籍に記録されている者	【名】太郎 【生年月日】昭和50年10月1日 【父】乙野忠治 【母】乙野梅子 【続柄】長男 【養父】甲野良太 【続柄】養子
身分事項 　　出　　生	【出生日】昭和50年10月1日 【出生地】北海道室蘭市 【届出日】昭和50年10月10日 【届出人】父
養子縁組	【縁組日】平成22年6月19日 【養父氏名】丙田真澄 【従前戸籍】札幌市北区北八条西二丁目1番地1　乙野忠治
養子縁組	【縁組日】平成22年11月4日 【養父氏名】甲野良太 【従前戸籍】札幌市北区北八条西二丁目1番地2　丙田真澄
	以下余白

決裁用帳票

(2の1) 決 裁 用 帳 票

本　　　籍	北海道室蘭市入江町一丁目1番地
氏　　　名	甲野　良太
戸籍事項 　転　　籍	【転籍日】平成28年1月10日 【従前本籍】札幌市北区北八条西二丁目1番地1
戸籍に記録されている者	【名】太郎 【生年月日】昭和50年10月1日 【父】乙野忠治 【母】乙野梅子 【続柄】長男 【養父】甲野良太 【続柄】養子
身分事項 　出　　生	【出生日】昭和50年10月1日 【出生地】北海道室蘭市 【届出日】昭和50年10月10日 【届出人】父
養子縁組	【縁組日】平成22年6月19日 【養母氏名】丙田真澄 【従前戸籍】札幌市北区北八条西二丁目1番地1　乙野忠治
訂　　正	【訂正日】平成31年1月5日 【訂正事由】誤記 【従前の記録】 　　【養父氏名】丙田真澄 【記録の内容】 　　【養母氏名】丙田真澄
養子縁組	【縁組日】平成22年11月4日 【養父氏名】甲野良太 【従前戸籍】札幌市北区北八条西二丁目1番地2　丙田真澄
	以下余白

4　養子離縁事項の訂正

〔養子離縁事項の訂正１〕死亡養親との離縁届出がされたが，誤って裁判による離縁の記載をした場合

訂正前の記録事項証明書

（2の1）　全部事項証明

本　　籍	札幌市北区北九条西二丁目2番地
氏　　名	甲野　義夫
戸籍事項 　戸籍編製	【編製日】平成23年11月28日

戸籍に記録されている者	【名】義太郎
除　　籍	【生年月日】昭和55年5月27日 【父】乙野幸雄 【母】乙野春子 【続柄】長男 【養父】甲野義夫 【続柄】養子
身分事項 　出　　生	【出生日】昭和55年5月27日 【出生地】札幌市北区 【届出日】昭和55年5月30日 【届出人】父
養子縁組	【縁組日】平成18年1月25日 【養父氏名】甲野義夫 【従前戸籍】札幌市北区北八条西二丁目1番地1　乙野幸雄
養子離縁	【離縁の裁判確定日】平成28年10月15日 【養父氏名】亡　甲野義夫 【届出日】平成28年11月6日
氏の変更	【氏変更日】平成28年11月6日 【氏変更の事由】戸籍法73条の2の届出 【新本籍】札幌市北区北八条西二丁目1番地1
	以下余白

234　第5　身分事項欄の訂正

決裁用帳票

(2の1)　決 裁 用 帳 票

本　　　籍	札幌市北区北九条西二丁目2番地
氏　　　名	甲野　義夫
戸籍事項 　　戸籍編製	【編製日】平成23年11月28日

〜〜〜〜〜〜〜〜〜〜〜〜〜〜〜〜〜〜〜〜〜〜〜〜〜〜〜〜〜〜〜〜

戸籍に記録されている者 　　除　　籍	【名】義太郎 【生年月日】昭和55年5月27日 【父】乙野幸雄 【母】乙野春子 【続柄】長男 【養父】甲野義夫 【続柄】養子
身分事項 　　出　　生	【出生日】昭和55年5月27日 【出生地】札幌市北区 【届出日】昭和55年5月30日 【届出人】父
養子縁組	【縁組日】平成18年1月25日 【養父氏名】甲野義夫 【従前戸籍】札幌市北区北八条西二丁目1番地1　乙野幸雄
養子離縁	【離縁日】平成28年11月6日 【養父氏名】亡　甲野義夫
訂　　正	【訂正日】平成28年11月11日 【訂正事由】誤記 【従前の記録】 　　【離縁の裁判確定日】平成28年10月15日 　　【届出日】平成28年11月6日 【記録の内容】 　　【離縁日】平成28年11月6日
氏の変更	【氏変更日】平成28年11月6日 【氏変更の事由】戸籍法73条の2の届出 【新本籍】札幌市北区北八条西二丁目1番地1
	以下余白

※　添付書類として家裁の審判書と確定証明書があったことから，裁判による離縁が成立したものと誤って処理した場合である。

4 養子離縁事項の訂正

訂正後の記録事項証明書

（2の1） 全部事項証明

本　　籍	札幌市北区北九条西二丁目2番地
氏　　名	甲野　義夫

戸籍事項	
戸籍編製	【編製日】平成23年11月28日

戸籍に記録されている者	
除　籍	【名】義太郎 【生年月日】昭和55年5月27日 【父】乙野幸雄 【母】乙野春子 【続柄】長男 【養父】甲野義夫 【続柄】養子

身分事項	
出　生	【出生日】昭和55年5月27日 【出生地】札幌市北区 【届出日】昭和55年5月30日 【届出人】父
養子縁組	【縁組日】平成18年1月25日 【養父氏名】甲野義夫 【従前戸籍】札幌市北区北八条西二丁目1番地1　乙野幸雄
養子離縁	【離縁日】平成28年11月6日 【養父氏名】亡　甲野義夫
氏の変更	【氏変更日】平成28年11月6日 【氏変更の事由】戸籍法73条の2の届出 【新本籍】札幌市北区北八条西二丁目1番地1

以下余白

※　養親死亡後に養子が離縁しようとする場合，家庭裁判所の離縁許可の審判書及びその確定証明書を添付するが，届出によって効力を生ずる創設的届出であるから，裁判上の離縁でもなく，また，一般的な協議離縁でもないため上記記載（法定記載例45）となる。

236　第5　身分事項欄の訂正

〔養子離縁事項の訂正2〕養子離縁事項中，インデックス【離縁の和解成立日】を誤って【離縁の調停成立日】とした場合

決裁用帳票

(2の1)　｜　決 裁 用 帳 票

本　　籍	札幌市北区北九条西二丁目2番地
氏　　名	甲野　義夫
戸籍事項 　戸籍改製	【改製日】平成13年2月3日 【改製事由】平成6年法務省令第51号附則第2条第1項による改製
戸籍に記録されている者	【名】義太郎 【生年月日】平成11年3月28日 【父】甲野義夫 【母】甲野英子 【続柄】長男
身分事項 　出　　生	【出生日】平成11年3月28日 【出生地】札幌市北区 【届出日】平成11年4月2日 【届出人】父
養子縁組	【縁組日】平成22年2月4日 【養母氏名】甲野竹子 【養親の戸籍】札幌市北区北九条西二丁目2番地　甲野義夫 【代諾者】親権者父
親　　権	【共同親権に服した日】平成22年2月4日 【親権者】父及び養母 【記録日】平成22年2月4日 【特記事項】甲野竹子との養子縁組による父と養母の共同親権
養子離縁	【離縁の和解成立日】平成29年7月8日 【養母氏名】甲野竹子 【届出日】平成29年7月23日 【届出人】父
訂　　正	【訂正日】平成30年1月10日 【訂正事由】誤記 【従前の記録】 　　【離縁の調停成立日】平成29年7月8日 【記録の内容】

4　養子離縁事項の訂正　237

| | (2の2) | 決裁用帳票 |

親　権	【離縁の和解成立日】平成２９年７月８日
	【親権に服した日】平成２９年７月８日 【親権者】父 【記録日】平成２９年７月２３日
	以下余白

※　父の後婚の妻との養子縁組・離縁の場合である。

5　婚姻事項の訂正

〔婚姻事項の訂正1〕婚姻事項中，配偶者氏名を誤記した場合

決裁用帳票

（2の1）　　決　済　用　帳　票

本　　　籍	北海道室蘭市入江町一丁目1番地
氏　　　名	甲野　義夫
戸籍事項 　　戸籍編製	【編製日】平成30年1月10日
戸籍に記録されている者	【名】義夫 【生年月日】昭和58年5月1日　　　【配偶者区分】夫 【父】甲野幸雄 【母】甲野春子 【続柄】長男
身分事項 　　出　　生	【出生日】昭和58年5月1日 【出生地】北海道室蘭市 【届出日】昭和58年5月10日 【届出人】父
婚　　姻	【婚姻日】平成30年1月10日 【配偶者氏名】乙野梅子 【従前戸籍】札幌市北区北八条西二丁目1番地1　甲野幸雄
訂　　正	【訂正日】平成31年1月10日 【訂正事由】誤記 【従前の記録】 　【配偶者氏名】甲野梅子
戸籍に記録されている者	【名】梅子 【生年月日】昭和58年8月1日　　　【配偶者区分】妻 【父】乙野茂雄 【母】乙野寿子 【続柄】二女
身分事項 　　出　　生	【出生日】昭和58年8月1日 【出生地】北海道登別市 【届出日】昭和58年8月10日 【届出人】父

(2の2) | 決 済 用 帳 票

婚　　姻	【婚姻日】平成30年1月10日 【配偶者氏名】甲野義夫 【従前戸籍】北海道室蘭市入江町一丁目1番地　乙野茂雄
	以下余白

訂正後の記録事項証明書

(1の1) 全部事項証明

本　　籍	北海道室蘭市入江町一丁目1番地
氏　　名	甲野　義夫

| 戸籍事項 | |
| 戸籍編製 | 【編製日】平成30年1月10日 |

戸籍に記録されている者	【名】義夫
	【生年月日】昭和58年5月1日　　【配偶者区分】夫
	【父】甲野幸雄
	【母】甲野春子
	【続柄】長男
身分事項	
出　　生	【出生日】昭和58年5月1日
	【出生地】北海道室蘭市
	【届出日】昭和58年5月10日
	【届出人】父
婚　　姻	【婚姻日】平成30年1月10日
	【配偶者氏名】乙野梅子
	【従前戸籍】札幌市北区北八条西二丁目1番地1　甲野幸雄
戸籍に記録されている者	【名】梅子
	【生年月日】昭和58年8月1日　　【配偶者区分】妻
	【父】乙野茂雄
	【母】乙野寿子
	【続柄】二女
身分事項	
出　　生	【出生日】昭和58年8月1日
	【出生地】北海道登別市
	【届出日】昭和58年8月10日
	【届出人】父
婚　　姻	【婚姻日】平成30年1月10日
	【配偶者氏名】甲野義夫
	【従前戸籍】北海道室蘭市入江町一丁目1番地　乙野茂雄
	以下余白

〔婚姻事項の訂正２〕婚姻による除籍事項の新本籍の表示を誤記した場合

決裁用帳票

（2の1）　決　済　用　帳　票

本　　　籍	北海道室蘭市入江町一丁目１番地
氏　　　名	乙野　茂雄
戸籍事項 　　戸籍改製	【改製日】平成１３年２月３日 【改製事由】平成６年法務省令第５１号附則第２条第１項による改製
戸籍に記録されている者 　除　　籍	【名】梅子 【生年月日】昭和５８年８月１日 【父】乙野茂雄 【母】乙野寿子 【続柄】二女
身分事項 　　出　　生	【出生日】昭和５８年８月１日 【出生地】北海道室蘭市 【届出日】昭和５８年８月１０日 【届出人】父
婚　　姻	【婚姻日】平成２２年１月１０日 【配偶者氏名】甲野義夫 【新本籍】札幌市北区北八条西二丁目１番地１ 【称する氏】夫の氏
訂　　正	【訂正日】平成３０年１月１０日 【訂正事由】誤記 【従前の記録】 　　【新本籍】札幌市北区北九条西二丁目１番地１

以下余白

※　段落ちタイトル「訂正」の場合、基本タイトルと【従前の記録】との関係で、訂正の対象となった事項を特定することができるので、【訂正事項】の記録は不要となる。

訂正後の記録事項証明書

(2の1) | 全部事項証明

本　　　籍	北海道室蘭市入江町一丁目1番地
氏　　　名	乙野　茂雄
戸籍事項 　　戸籍改製	【改製日】平成13年2月3日 【改製事由】平成6年法務省令第51号附則第2条第1項による改製

戸籍に記録されている者 　除　　籍	【名】梅子 【生年月日】昭和58年8月1日 【父】乙野茂雄 【母】乙野寿子 【続柄】二女
身分事項 　　出　　生	【出生日】昭和58年8月1日 【出生地】北海道室蘭市 【届出日】昭和58年8月10日 【届出人】父
婚　　姻	【婚姻日】平成22年1月10日 【配偶者氏名】甲野義夫 【新本籍】札幌市北区北八条西二丁目1番地1 【称する氏】夫の氏

以下余白

※　市区町村長限りの職権訂正に関する事項（誤記，遺漏，文字関連訂正（更正）によるものに限る）は，全部事項証明には出力されない。

5 婚姻事項の訂正　243

〔婚姻事項の訂正3〕婚姻による新戸籍の記載完了後，妻の従前戸籍の記載の誤りが判明し追完届出がされた場合

戸籍訂正書

受付	平成30年2月10日
	第 87 号

戸籍調査／記載／記載調査／送付通知／住民票／記載／通知／附票／記載／通知

(1)	事件	本　籍	札幌市北区北八条西二丁目1番地1
		筆頭者氏名	甲野義夫
(2)	本人	住所及び世帯主氏名	札幌市北区北八条西二丁目1番地1　甲野義夫
(3)		氏　名	甲野梅子
		生年月日	昭和60年10月1日
(4)	訂正・記載の事由		事件本人は，平成30年2月1日甲野義夫と夫の氏を称する婚姻により当区に新戸籍を編製したが，事件本人の従前の本籍の記載が錯誤であることが判明し，追完の届出がされたことから，従前の本籍の記載を訂正する。
(5)	訂正・記載の趣旨		事件本人の婚姻事項中，従前戸籍の記載を訂正する。 （記載例） 事件本人の身分事項欄 　　婚　姻　　【婚姻日】平成30年2月1日 　　　　　　　【配偶者氏名】甲野義夫 　　　　　　　【従前戸籍】北海道室蘭市入江町一丁目 　　　　　　　　　　　　1番地　乙野茂雄 　　訂　正　　【訂正日】平成30年2月10日 　　　　　　　【訂正事由】錯誤 　　　　　　　【従前の記録】 　　　　　　　　【従前戸籍】北海道室蘭市入江町一丁目2番地　乙野茂雄
(6)	添付書類		追完届書謄本

（以下省略）

（注）事件本人が二人以上であるときは，必要に応じ該当欄を区切り記載する。

注　本事例は，夫婦の新本籍地に婚姻の届出がされ戸籍の記載が完了し，従前の本籍地に届書を送付したところ，妻の従前の本籍の表示に誤りがあることが判明した場合である。この場合，戸籍記載未了の妻の従前の本籍地では追完の届出により戸籍の記載をするが，既に戸籍の記載を完了している夫婦の新本籍地では，追完の届出に基づき市区町村長限りの職権で訂正をして差し支えないとされている（昭和39・12・16民事甲3966号回答，『設題解説戸籍実務の処理ⅩⅢ戸籍訂正各論編(3)婚姻』34頁参照）。

訂正前の記録事項証明書

(2の1) 　全部事項証明

本　　籍	札幌市北区北八条西二丁目１番地１
氏　　名	甲野　義夫
戸籍事項 　　戸籍編製	【編製日】平成３０年２月１日

〰〰〰〰〰〰〰〰〰〰〰〰〰〰〰〰〰〰〰〰

戸籍に記録されている者	【名】梅子 【生年月日】昭和６０年１０月１日　　【配偶者区分】妻 【父】乙野茂雄 【母】乙野寿子 【続柄】二女
身分事項 　　出　　生	【出生日】昭和６０年１０月１日 【出生地】北海道室蘭市 【届出日】昭和６０年１０月８日 【届出人】父
婚　　姻	【婚姻日】平成３０年２月１日 【配偶者氏名】甲野義夫 【従前戸籍】北海道室蘭市入江町一丁目２番地　乙野茂雄

〰〰〰〰〰〰〰〰〰〰〰〰〰〰〰〰〰〰〰〰

以下余白

5 婚姻事項の訂正　　245

訂正後の記録事項証明書

(2の1)　全部事項証明

本　　籍	札幌市北区北八条西二丁目1番地1
氏　　名	甲野　義夫
戸籍事項 　　戸籍編製	【編製日】平成30年2月1日
戸籍に記録されている者	【名】梅子 【生年月日】昭和60年10月1日　　【配偶者区分】妻 【父】乙野茂雄 【母】乙野寿子 【続柄】二女
身分事項 　　出　　生	【出生日】昭和60年10月1日 【出生地】北海道室蘭市 【届出日】昭和60年10月8日 【届出人】父
婚　　姻	【婚姻日】平成30年2月1日 【配偶者氏名】甲野義夫 【従前戸籍】北海道室蘭市入江町一丁目1番地　乙野茂雄
訂　　正	【訂正日】平成30年2月10日 【訂正事由】錯誤 【従前の記録】 　　【従前戸籍】北海道室蘭市入江町一丁目2番地　乙野茂雄
	以下余白

※　本事例の訂正事項は，市区町村長の誤記等によるものではないため，全部事項証明書に表示される。

〔婚姻事項の訂正4〕婚姻による除籍事項に，夫婦の称する氏を誤記した場合

決裁用帳票

(2の1) 決 裁 用 帳 票

本　　　籍	北海道室蘭市入江町一丁目1番地
氏　　　名	乙野　茂雄
戸籍事項 　　戸籍改製	【改製日】平成13年2月3日 【改製事由】平成6年法務省令第51号附則第2条第1項による改製
戸籍に記録されている者 　除　　籍	【名】梅子 【生年月日】昭和58年8月1日 【父】乙野茂雄 【母】乙野寿子 【続柄】二女
身分事項 　　出　　生	【出生日】昭和58年8月1日 【出生地】北海道室蘭市 【届出日】昭和58年8月10日 【届出人】父
婚　　姻	【婚姻日】平成22年1月10日 【配偶者氏名】甲野義夫 【新本籍】札幌市北区北八条西二丁目1番地1 【称する氏】夫の氏
訂　　正	【訂正日】平成30年1月10日 【訂正事由】誤記 【従前の記録】 　　【称する氏】妻の氏
	以下余白

※　段落ちタイトル「訂正」の場合，基本タイトルと【従前の記録】との関係で，訂正の対象となった事項を特定することができるので，【訂正事項】の記録は不要となる。

5 婚姻事項の訂正

訂正後の記録事項証明書

（2の1） 全部事項証明

本　　籍	北海道室蘭市入江町一丁目1番地
氏　　名	乙野　茂雄
戸籍事項 　戸籍改製	【改製日】平成13年2月3日 【改製事由】平成6年法務省令第51号附則第2条第1項による改製
戸籍に記録されている者 　除　　籍	【名】梅子 【生年月日】昭和58年8月1日 【父】乙野茂雄 【母】乙野寿子 【続柄】二女
身分事項 　出　　生 　婚　　姻	【出生日】昭和58年8月1日 【出生地】北海道室蘭市 【届出日】昭和58年8月10日 【届出人】父 【婚姻日】平成22年1月10日 【配偶者氏名】甲野義夫 【新本籍】札幌市北区北八条西二丁目1番地1 【称する氏】夫の氏

以下余白

※　市区町村長限りの職権訂正に関する事項（誤記，遺漏，文字関連訂正（更正）によるものに限る）は，全部事項証明には出力されない。

〔婚姻事項の訂正5〕外国で婚姻が成立し証書の提出がされたが，届出と同様の記載をした場合

戸籍訂正書

受付	平成30年1月10日	戸籍調査	
	第71号		

(1)	事件名	本籍	北海道室蘭市栄町1丁目2番地	記載
		筆頭者氏名	乙野茂雄	記載調査
(2)	事件本人	住所及び世帯主氏名	室蘭市栄町1丁目2番地　乙野茂雄	送付通知
(3)		氏名	乙野茂雄	住民票
		生年月日	昭和58年8月1日	記載
(4)	訂正・記載の事由		事件本人について婚姻事項を記載したが，戸籍の記載を誤記していることを発見した。これは当職の過誤であるので，職権により戸籍の訂正をする。	通知
(5)	訂正・記載の趣旨		事件本人の婚姻事項を次のとおり訂正する。 （記載例） 婚姻　【婚姻日】平成21年11月1日 　　　【配偶者氏名】ベルナール，マリア 　　　【配偶者の国籍】アメリカ合衆国 　　　【配偶者の生年月日】西暦1984年1月1日 　　　【婚姻の方式】アメリカ合衆国ニューヨーク州の方式 　　　【証書提出日】平成22年1月10日 　　　【従前戸籍】札幌市北区北八条西二丁目1番地1　乙野忠治 　　　――――――――――――――― 訂正　【訂正日】平成30年1月10日 　　　【訂正事由】誤記 　　　【従前の記録】 　　　　【婚姻日】平成22年1月10日 　　　【記録の内容】 　　　　【婚姻の方式】アメリカ合衆国ニューヨーク州の方式 　　　　【証書提出日】平成22年1月10日	附票 記載 通知
(6)	添付書類		婚姻届書謄本	

上記のとおり職権によって訂正する。

平成30年1月10日

北海道室蘭市長　○　○　○　○　　職印

（注）事件本人が二人以上であるときは，必要に応じ該当欄を区切り記載する。

注　婚姻届書謄本の添付を要する。

訂正前の記録事項証明書

(2の1) 全部事項証明

本　　　籍	北海道室蘭市栄町一丁目2番地
氏　　　名	乙野　茂雄
戸籍事項 　　戸籍編製	【編製日】平成22年1月10日
戸籍に記録されている者	【名】茂雄 【生年月日】昭和58年8月1日　　　【配偶者区分】夫 【父】乙野忠治 【母】乙野春子 【続柄】長男
身分事項 　　出　　生	【出生日】昭和58年8月1日 【出生地】北海道登別市 【届出日】昭和58年8月10日 【届出人】父
婚　　姻	【婚姻日】平成22年1月10日 【配偶者氏名】ベルナール，マリア 【配偶者の国籍】アメリカ合衆国 【配偶者の生年月日】西暦1984年1月1日 【従前戸籍】札幌市北区北八条西二丁目1番地1　乙野忠治

　　　　　　　　　　　　　　　　　　　　　　　　　　　　　　以下余白

決裁用帳票

(2の1) 決 裁 用 帳 票

本　　籍	北海道室蘭市栄町一丁目2番地
氏　　名	乙野　茂雄
戸籍事項 　　戸籍編製	【編製日】平成22年1月10日
戸籍に記録されている者	【名】茂雄 【生年月日】昭和58年8月1日　　　【配偶者区分】夫 【父】乙野忠治 【母】乙野春子 【続柄】長男
身分事項 　　出　　生	【出生日】昭和58年8月1日 【出生地】北海道登別市 【届出日】昭和58年8月10日 【届出人】父
婚　　姻	【婚姻日】平成21年11月1日 【配偶者氏名】ベルナール，マリア 【配偶者の国籍】アメリカ合衆国 【配偶者の生年月日】西暦1984年1月1日 【婚姻の方式】アメリカ合衆国ニューヨーク州の方式 【証書提出日】平成22年1月10日 【従前戸籍】札幌市北区北八条西二丁目1番地1　乙野忠治
訂　　正	【訂正日】平成30年1月10日 【訂正事由】誤記 【従前の記録】 　　【婚姻日】平成22年1月10日 【記録の内容】 　　【婚姻の方式】アメリカ合衆国ニューヨーク州の方式 　　【証書提出日】平成22年1月10日

以下余白

訂正後の記録事項証明書

(2の1)　全部事項証明

本　　籍	北海道室蘭市栄町一丁目2番地
氏　　名	乙野　茂雄
戸籍事項 　　戸籍編製	【編製日】平成22年1月10日
戸籍に記録されている者	【名】茂雄 【生年月日】昭和58年8月1日　　　【配偶者区分】夫 【父】乙野忠治 【母】乙野春子 【続柄】長男
身分事項 　　出　　生	【出生日】昭和58年8月1日 【出生地】北海道登別市 【届出日】昭和58年8月10日 【届出人】父
婚　　姻	【婚姻日】平成21年11月1日 【配偶者氏名】ベルナール，マリア 【配偶者の国籍】アメリカ合衆国 【配偶者の生年月日】西暦1984年1月1日 【婚姻の方式】アメリカ合衆国ニューヨーク州の方式 【証書提出日】平成22年1月10日 【従前戸籍】札幌市北区北八条西二丁目1番地1　乙野忠治

以下余白

※　市区町村長限りの職権訂正に関する事項（誤記，遺漏，文字関連訂正（更正）によるものに限る）は，全部事項証明には出力されない。

〔婚姻事項の訂正6〕外国人と婚姻した夫から，妻の氏が変更した旨の記載申出（漢字表記）があった場合

申　出　書

北海道室蘭市長　殿

平成31年1月10日申出

受付　平成31年1月10日　第72号

(一)	事件本人	本　籍	北海道室蘭市栄町1丁目2番地
		筆頭者氏名	乙野茂雄
(二)		住所及び世帯主氏名	室蘭市栄町1丁目2番地　乙野茂雄
(三)		氏　名	乙野茂雄
		生年月日	昭和58年8月1日
(四)	申出の事由		妻の氏名は本国法上婚姻の効果として夫の氏を称することとなっているので，事件本人の氏（漢字）を用いて氏名変更の旨を記録してほしい。
(五)	申出する事項		妻の氏名「ベルナール，マリア」を「乙野，マリア」と変更する。
(六)	添付書類		本国官憲の作成した証明書
(七)	申出人	本　籍	北海道室蘭市栄町1丁目2番地
		筆頭者氏名	乙野茂雄
		住　所	室蘭市栄町1丁目2番地
		申出人の資格及び署名押印	乙野茂雄　㊞
		生年月日	昭和58年8月1日

（注意）事件本人又は申出人が二人以上であるときは，必要に応じ該当欄を区切って記載すること。

注　日本人たる配偶者の氏をその姓として称していることを認めるに足りる，権限ある本国官憲の作成した証明書の添付を要する（昭和55・8・27民二5218号通達）。

5 婚姻事項の訂正

訂正前の記録事項証明書

(1の1) | 全部事項証明

本　　籍	北海道室蘭市栄町一丁目2番地
氏　　名	乙野　茂雄
戸籍事項 　　戸籍編製	【編製日】平成30年1月10日
戸籍に記録されている者	【名】茂雄 【生年月日】昭和58年8月1日　　　【配偶者区分】夫 【父】乙野忠治 【母】乙野春子 【続柄】長男
身分事項 　　出　　生	【出生日】昭和58年8月1日 【出生地】北海道登別市 【届出日】昭和58年8月10日 【届出人】父
婚　　姻	【婚姻日】平成30年1月10日 【配偶者氏名】ベルナール，マリア 【配偶者の国籍】アメリカ合衆国 【配偶者の生年月日】西暦1984年1月1日

以下余白

254 第5 身分事項欄の訂正

訂正後の記録事項証明書

（1の1）　全部事項証明

| 本　　籍 | 北海道室蘭市栄町一丁目2番地 |
| 氏　　名 | 乙野　茂雄 |

| 戸籍事項 | |
| 　戸籍編製 | 【編製日】平成30年1月10日 |

戸籍に記録されている者	
	【名】茂雄
	【生年月日】昭和58年8月1日　　　【配偶者区分】夫
	【父】乙野忠治
	【母】乙野春子
	【続柄】長男

身分事項	
出　　生	【出生日】昭和58年8月1日
	【出生地】北海道登別市
	【届出日】昭和58年8月10日
	【届出人】父
婚　　姻	【婚姻日】平成30年1月10日
	【配偶者氏名】ベルナール，マリア
	【従前戸籍】アメリカ合衆国
	【配偶者の生年月日】西暦1984年1月1日
配偶者の氏名変更	【記録日】平成31年1月10日
	【変更後の氏名】乙野，マリア

以下余白

※1　外国人の氏名は原則としてカタカナで表記するが，日本人配偶者の氏を漢字で表記してほしい旨の申出があったときは，本国官憲の証明書が提出されたときは変更できる（昭和55・8・27民二5218号通達）。
　2　子の母欄の更正については，〔父母の訂正6〕参照。

5 婚姻事項の訂正

〔婚姻事項の訂正7〕夫の名の変更に伴い，妻の婚姻事項中配偶者氏名を申出により更正したが，更正事項を誤記した場合

訂正前の記録事項証明書

（2の1） 全部事項証明

本　　　籍	札幌市北区北八条西二丁目1番地1
氏　　　名	甲野　義夫
戸籍事項 　戸籍編製	【編製日】平成20年10月27日
戸籍に記録されている者	【名】義夫 【生年月日】昭和58年6月19日　　【配偶者区分】夫 【父】甲野幸雄 【母】甲野春子 【続柄】長男
身分事項 　出　　生	【出生日】昭和58年6月19日 【出生地】北海道室蘭市 【届出日】昭和58年6月20日 【届出人】父
婚　　姻	【婚姻日】平成20年10月27日 【配偶者氏名】乙野梅子 【従前戸籍】札幌市北区北八条西二丁目1番地1　甲野幸雄
名の変更	【名の変更日】平成29年2月1日 【従前の記録】 　　【名】好男
戸籍に記録されている者	【名】梅子 【生年月日】昭和58年7月27日　　【配偶者区分】妻 【父】乙野茂雄 【母】乙野寿子 【続柄】二女
身分事項 　出　　生	【出生日】昭和58年7月27日 【出生地】北海道登別市 【届出日】昭和58年7月30日 【届出人】父
婚　　姻	【婚姻日】平成20年10月27日 【配偶者氏名】甲野義夫 【従前戸籍】北海道室蘭市入江町一丁目1番地　乙野茂雄

第5 身分事項欄の訂正

| | | （2の2） | 全部事項証明 |

更　　正	【更正日】平成29年2月1日 【更正事項】夫の氏名 【更正事由】夫名変更 【従前の記録】 　　【配偶者氏名】甲野好男
	以下余白

※　名を変更した者の配偶者から婚姻事項中の夫（又は妻）の名を変更後の名に更正されたい旨の申出があったときは、市区町村長限りの職権で記載の更正ができる（平成4・3・30民二1607号通達）。

5 婚姻事項の訂正　257

決裁用帳票

（2の1）　決 裁 用 帳 票

本　　　籍	札幌市北区北八条西二丁目1番地1
氏　　　名	甲野　義夫
戸籍事項 　　戸籍編製	【編製日】平成20年10月27日
戸籍に記録されている者	【名】義夫 【生年月日】昭和58年6月19日　　　【配偶者区分】夫 【父】甲野幸雄 【母】甲野春子 【続柄】長男
身分事項 　　出　　生	【出生日】昭和58年6月19日 【出生地】北海道室蘭市 【届出日】昭和58年6月20日 【届出人】父
婚　　姻	【婚姻日】平成20年10月27日 【配偶者氏名】乙野梅子 【従前戸籍】札幌市北区北八条西二丁目1番地1　甲野幸雄
名の変更	【名の変更日】平成29年2月1日 【従前の記録】 　　【名】好男
戸籍に記録されている者	【名】梅子 【生年月日】昭和58年7月27日　　　【配偶者区分】妻 【父】乙野茂雄 【母】乙野寿子 【続柄】二女
身分事項 　　出　　生	【出生日】昭和58年7月27日 【出生地】北海道登別市 【届出日】昭和58年7月30日 【届出人】父
婚　　姻	【婚姻日】平成20年10月27日 【配偶者氏名】甲野義夫 【従前戸籍】北海道室蘭市入江町一丁目1番地　乙野茂雄

第5　身分事項欄の訂正

(2の2)　　決 裁 用 帳 票

更　　正	【更正日】平成29年2月1日 【更正事由】夫名変更 【従前の記録】 　　【配偶者氏名】甲野好男
訂　　正	【訂正日】平成29年2月2日 【訂正事項】更正事項 【訂正事由】誤記 【従前の記録】 　　【更正事項】夫の氏名

以下余白

6　離婚事項の訂正

〔離婚事項の訂正1〕夫の氏名を誤記した場合

決裁用帳票

		（1の1）決裁用帳票
本　　籍	北海道室蘭市入江町一丁目1番地	
氏　　名	乙野　梅子	
戸籍事項 　戸籍編製	【編製日】平成30年1月10日	
戸籍に記録されている者	【名】梅子 【生年月日】昭和58年8月1日 【父】乙野茂雄 【母】乙野寿子 【続柄】二女	
身分事項 　出　　生	【出生日】昭和58年8月1日 【出生地】北海道室蘭市 【届出日】昭和58年8月10日 【届出人】父	
離　　婚	【離婚日】平成30年1月10日 【配偶者氏名】甲野義夫 【従前戸籍】札幌市北区北八条西二丁目1番地1　甲野義夫	
訂　　正	【訂正日】平成31年1月10日 【訂正事由】誤記 【従前の記録】 　【配偶者氏名】乙野義夫	
		以下余白

訂正後の記録事項証明書

(1の1)　全部事項証明

本　　籍	北海道室蘭市入江町一丁目1番地
氏　　名	乙野　梅子
戸籍事項 　　戸籍編製	【編製日】平成30年1月10日
戸籍に記録されている者	【名】梅子 【生年月日】昭和58年8月1日 【父】乙野茂雄 【母】乙野寿子 【続柄】二女
身分事項 　　出　　生	【出生日】昭和58年8月1日 【出生地】北海道室蘭市 【届出日】昭和58年8月10日 【届出人】父
離　　婚	【離婚日】平成30年1月10日 【配偶者氏名】甲野義夫 【従前戸籍】札幌市北区北八条西二丁目1番地1　甲野義夫

以下余白

※　市区町村長限りの職権訂正に関する事項（誤記，遺漏，文字関連訂正（更正）によるものに限る）は，全部事項証明には出力されない。

〔離婚事項の訂正２〕離婚の年月日を誤記した場合

決裁用帳票

(2の1)　決 裁 用 帳 票

本　　籍	北海道室蘭市入江町一丁目１番地
氏　　名	甲野　義夫
戸籍事項 　戸籍編製	【編製日】平成２９年１月１０日
戸籍に記録されている者	【名】義夫 【生年月日】昭和５８年５月１日 【父】甲野幸雄 【母】甲野春子 【続柄】長男
身分事項 　出　　生	【出生日】昭和５８年５月１日 【出生地】北海道室蘭市 【届出日】昭和５８年５月１０日 【届出人】父
婚　　姻	【婚姻日】平成２９年１月１０日 【配偶者氏名】乙野梅子 【従前戸籍】札幌市北区北八条西二丁目１番地１　甲野幸雄
離　　婚	【離婚日】平成３０年１月１０日 【配偶者氏名】甲野梅子
訂　　正	【訂正日】平成３０年７月１０日 【訂正事由】誤記 【従前の記録】 　【離婚日】平成３０年１月９日
戸籍に記録されている者 除　籍	【名】梅子 【生年月日】昭和５８年８月１日 【父】乙野茂雄 【母】乙野寿子 【続柄】二女
身分事項 　出　　生	【出生日】昭和５８年８月１日 【出生地】北海道登別市 【届出日】昭和５８年８月１０日

	(2の2) 決裁用帳票
	【届出人】父
婚　　姻	【婚姻日】平成29年1月10日 【配偶者氏名】甲野義夫 【従前戸籍】北海道室蘭市東町一丁目1番地　乙野茂雄
離　　婚	【離婚日】平成30年1月10日 【配偶者氏名】甲野義夫 【入籍戸籍】北海道室蘭市東町一丁目1番地　乙野茂雄
訂　　正	【訂正日】平成30年7月10日 【訂正事由】誤記 【従前の記録】 　　【離婚日】平成30年1月9日
	以下余白

6 離婚事項の訂正　　263

訂正後の記録事項証明書

(2の1)　全部事項証明

本　　籍	北海道室蘭市入江町一丁目1番地
氏　　名	甲野　義夫
戸籍事項 　　戸籍編製	【編製日】平成29年1月10日
戸籍に記録されている者	【名】義夫 【生年月日】昭和58年5月1日 【父】甲野幸雄 【母】甲野春子 【続柄】長男
身分事項 　　出　　生	【出生日】昭和58年5月1日 【出生地】北海道室蘭市 【届出日】昭和58年5月10日 【届出人】父
婚　　姻	【婚姻日】平成29年1月10日 【配偶者氏名】乙野梅子 【従前戸籍】札幌市北区北八条西二丁目1番地1　甲野幸雄
離　　婚	【離婚日】平成30年1月10日 【配偶者氏名】甲野梅子
戸籍に記録されている者 除　　籍	【名】梅子 【生年月日】昭和58年8月1日 【父】乙野茂雄 【母】乙野寿子 【続柄】二女
身分事項 　　出　　生	【出生日】昭和58年8月1日 【出生地】北海道登別市 【届出日】昭和58年8月10日 【届出人】父
婚　　姻	【婚姻日】平成29年1月10日 【配偶者氏名】甲野義夫 【従前戸籍】北海道室蘭市東町一丁目1番地　乙野茂雄

	(2の2)	全部事項証明
離　　婚	【離婚日】平成30年1月10日 【配偶者氏名】甲野義夫 【入籍戸籍】北海道室蘭市東町一丁目1番地　乙野茂雄	
		以下余白

6 離婚事項の訂正　265

〔離婚事項の訂正3〕移記不要の離婚事項を移記した場合

	戸 籍 訂 正 書		受付	平成31年 2月10日	戸籍	
				第　75　号	調査	
(1)	事件本人	本　　籍	北海道室蘭市入江町1丁目1番地		記載	
		筆頭者氏名	乙野梅子		記載調査	
(2)		住所及び世帯主氏名	室蘭市入江町1丁目1番地　乙野梅子		送付通知	
(3)		氏　　名	乙野梅子		住民票	
		生年月日	昭和58年8月1日		記載	
(4)	訂正・記載の事由		事件本人について移記すべきでない離婚事項を移記したことを発見したが、これは当職の過誤であるので、職権により戸籍の訂正をする。		通知	
					附票	
(5)	訂正・記載の趣旨		離婚事項を消除する。 （記載例） 消　除　【消除日】平成31年2月10日 　　　　【消除事項】離婚事項 　　　　【消除事由】誤記 　　　　【従前の記録】 　　　　　【離婚日】平成30年1月10日 　　　　　【配偶者氏名】甲野義夫 　　　　　【従前戸籍】札幌市北区北八条西二 　　　　　　　丁目1番地1　甲野義夫		記載	
					通知	
(6)	添付書類		なし			

　上記のとおり職権によって訂正する。
　平成31年 2月10日

　　　　　　北海道室蘭市長　○　○　○　[職印]

（注）事件本人が二人以上であるときは、必要に応じ該当欄を区切り記載する。

訂正前の記録事項証明書

(1の1) | 全部事項証明

本　　　籍	北海道室蘭市入江町一丁目1番地
氏　　　名	乙野　梅子
戸籍事項 　　転　　籍	【転籍日】平成31年1月10日 【従前本籍】札幌市北区北八条西二丁目1番地1
戸籍に記録されている者	【名】梅子 【生年月日】昭和58年8月1日 【父】乙野茂雄 【母】乙野寿子 【続柄】二女
身分事項 　　出　　生	【出生日】昭和58年8月1日 【出生地】北海道室蘭市 【届出日】昭和58年8月10日 【届出人】父
離　　婚	【離婚日】平成30年1月10日 【配偶者氏名】甲野義夫 【従前戸籍】札幌市北区北八条西二丁目1番地1　甲野義夫
	以下余白

6　離婚事項の訂正　267

訂正後の記録事項証明書

（1の1）　全部事項証明

本　　籍	北海道室蘭市入江町一丁目1番地
氏　　名	乙野　梅子
戸籍事項 　転　　籍	【転籍日】平成31年1月10日 【従前本籍】札幌市北区北八条西二丁目1番地1
戸籍に記録されている者	【名】梅子 【生年月日】昭和58年8月1日 【父】乙野茂雄 【母】乙野寿子 【続柄】二女
身分事項 　出　　生	【出生日】昭和58年8月1日 【出生地】北海道室蘭市 【届出日】昭和58年8月10日 【届出人】父
消　　除	【消除日】平成31年2月10日 【消除事項】甲野義夫との離婚事項 【消除事由】誤記 【従前の記録】 　　【離婚日】平成30年1月10日 　　【配偶者氏名】甲野義夫 　　【従前戸籍】札幌市北区北八条西二丁目1番地1　甲野義夫
	以下余白

268　第5　身分事項欄の訂正

〔離婚事項の訂正4〕離婚によって，妻は婚姻前の戸籍に復するためインデックス【入籍戸籍】とするところ，【新本籍】と誤った場合

決裁用帳票

(2の1)　　決 裁 用 帳 票

本　　籍	札幌市北区北九条西二丁目2番地
氏　　名	甲野　義夫
戸籍事項 　戸籍編製	【編製日】平成23年11月28日
戸籍に記録されている者	【名】義夫 【生年月日】平成3年11月6日 【父】甲野幸雄 【母】甲野春子 【続柄】長男
身分事項 　出　　生	【出生日】平成3年11月6日 【出生地】札幌市北区 【届出日】平成3年11月19日 【届出人】父
婚　　姻	【婚姻日】平成23年11月28日 【配偶者氏名】乙野梅子 【従前戸籍】札幌市北区北九条西二丁目2番地　甲野幸雄
離　　婚	【離婚の調停成立日】平成28年5月23日 【配偶者氏名】甲野梅子 【届出日】平成28年5月29日
戸籍に記録されている者 除　　籍	【名】梅子 【生年月日】平成4年1月17日 【父】乙野忠治 【母】乙野春枝 【続柄】長女
身分事項 　出　　生	【出生日】平成4年1月17日 【出生地】札幌市北区 【届出日】平成4年1月20日 【届出人】父
婚　　姻	【婚姻日】平成23年11月28日 【配偶者氏名】甲野義夫 【従前戸籍】札幌市北区北八条西二丁目1番地1　乙野忠治

	(2の2) 決裁用帳票
離　婚	【離婚の調停成立日】平成28年5月23日 【配偶者氏名】甲野義夫 【届出日】平成28年5月29日 【届出人】夫 【入籍戸籍】札幌市北区北八条西二丁目1番地1　乙野忠治
訂　　正	【訂正日】平成30年1月10日 【訂正事由】誤記 【従前の記録】 　　【新本籍】札幌市北区北八条西二丁目1番地1 【記録の内容】 　　【入籍戸籍】札幌市北区北八条西二丁目1番地1　乙野忠治
	以下余白

〔離婚事項の訂正5〕裁判（調停）による離婚の届出がされたが，誤って協議離婚の記載をした場合（未成年の子がいる場合）

訂正前の記録事項証明書

（2の1） 全部事項証明

本　　籍	札幌市北区北九条西二丁目2番地
氏　　名	甲野　義夫
戸籍事項 　戸籍編製	【編製日】平成23年11月28日
戸籍に記録されている者	【名】義夫 【生年月日】平成3年11月6日 【父】甲野幸雄 【母】甲野春子 【続柄】長男
身分事項 　出　　生	【出生日】平成3年11月6日 【出生地】札幌市北区 【届出日】平成3年11月19日 【届出人】父
婚　　姻	【婚姻日】平成23年11月28日 【配偶者氏名】乙野梅子 【従前戸籍】札幌市北区北九条西二丁目2番地　甲野幸雄
離　　婚	【離婚日】平成28年5月29日 【配偶者氏名】甲野梅子
戸籍に記録されている者 除　　籍	【名】梅子 【生年月日】平成4年1月17日 【父】乙野忠治 【母】乙野春枝 【続柄】長女
身分事項 　出　　生	【出生日】平成4年1月17日 【出生地】札幌市北区 【届出日】平成4年1月20日 【届出人】父
婚　　姻	【婚姻日】平成23年11月28日 【配偶者氏名】甲野義夫 【従前戸籍】札幌市北区北八条西二丁目1番地1　乙野忠治
離　　婚	【離婚日】平成28年5月29日

(2の2) 全部事項証明

氏の変更	【配偶者氏名】甲野義夫
	【氏変更日】平成28年5月29日 【氏変更の事由】戸籍法77条の2の届出 【新本籍】札幌市北区北八条西二丁目1番地1
戸籍に記録されている者	【名】夕璃 【生年月日】平成25年11月4日 【父】甲野義夫 【母】甲野梅子 【続柄】長女
身分事項 　出　　生	【出生日】平成25年11月4日 【出生地】札幌市北区 【届出日】平成25年11月11日 【届出人】父
親　　権	【親権者を定めた日】平成28年5月29日 【親権者】母 【届出人】父母

以下余白

決裁用帳票

(2の1) 決 裁 用 帳 票

本　　　籍	札幌市北区北九条西二丁目2番地
氏　　　名	甲野　義夫
戸籍事項 　　戸籍編製	【編製日】平成23年11月28日
戸籍に記録されている者	【名】義夫 【生年月日】平成3年11月6日 【父】甲野幸雄 【母】甲野春子 【続柄】長男
身分事項 　　出　　生	【出生日】平成3年11月6日 【出生地】札幌市北区 【届出日】平成3年11月19日 【届出人】父
婚　　姻	【婚姻日】平成23年11月28日 【配偶者氏名】乙野梅子 【従前戸籍】札幌市北区北九条西二丁目2番地　甲野幸雄
離　　婚	【離婚の調停成立日】平成28年5月23日 【配偶者氏名】甲野梅子 【届出日】平成28年5月29日 【届出人】妻
訂　　正	【訂正日】平成28年8月6日 【訂正事由】誤記 【従前の記録】 　　【離婚日】平成28年5月29日 【記録の内容】 　　【離婚の調停成立日】平成28年5月23日 　　【届出日】平成28年5月29日 　　【届出人】妻
戸籍に記録されている者 除　　籍	【名】梅子 【生年月日】平成4年1月17日 【父】乙野忠治 【母】乙野春枝 【続柄】長女

6 離婚事項の訂正

（2の2） 決裁用帳票

身分事項	
出　生	【出生日】平成4年1月17日 【出生地】札幌市北区 【届出日】平成4年1月20日 【届出人】父
婚　姻	【婚姻日】平成23年11月28日 【配偶者氏名】甲野義夫 【従前戸籍】札幌市北区北八条西二丁目1番地1　乙野忠治
離　婚	【離婚の調停成立日】平成28年5月23日 【配偶者氏名】甲野義夫 【届出日】平成28年5月29日
訂　正	【訂正日】平成28年8月6日 【訂正事由】誤記 【従前の記録】 　　【離婚日】平成28年5月29日 【記録の内容】 　　【離婚の調停成立日】平成28年5月23日 　　【届出日】平成28年5月29日
氏の変更	【氏変更日】平成28年5月29日 【氏変更の事由】戸籍法77条の2の届出 【新本籍】札幌市北区北八条西二丁目1番地1

戸籍に記録されている者	【名】夕璃 【生年月日】平成25年11月4日 【父】甲野義夫 【母】甲野梅子 【続柄】長女
身分事項	
出　生	【出生日】平成25年11月4日 【出生地】札幌市北区 【届出日】平成25年11月11日 【届出人】父
親　権	【親権者を定められた日】平成28年5月23日 【親権者】母
訂　正	【訂正日】平成28年8月6日 【訂正事由】誤記 【従前の記録】 　　【親権者を定めた日】平成28年5月29日 　　【届出人】父母 【記録の内容】 　　【親権者を定められた日】平成28年5月23日

以下余白

7　親権・未成年後見事項の訂正

〔親権・未成年後見事項の訂正1〕親権者指定事項につき，届出の年月日を誤記した場合

決裁用帳票

(2の1)　決 裁 用 帳 票

本　　　籍	北海道室蘭市入江町一丁目1番地
氏　　　名	甲野　義太郎
戸籍事項 　戸籍編製	【編製日】平成25年1月10日
戸籍に記録されている者	【名】美香 【生年月日】平成27年2月1日 【父】甲野義太郎 【母】甲野梅子 【続柄】長女
身分事項 　出　　生	【出生日】平成27年2月1日 【出生地】北海道室蘭市 【届出日】平成27年2月10日 【届出人】父
親　　権	【親権者を定めた日】平成30年1月10日 【親権者】父 【届出人】父母
訂　　正	【訂正日】平成30年2月10日 【訂正事由】誤記 【従前の記録】 　　【親権者を定めた日】平成30年1月9日
	以下余白

訂正後の記録事項証明書

(2の1) | 全部事項証明

本　　籍	北海道室蘭市入江町一丁目1番地
氏　　名	甲野　義太郎
戸籍事項 　戸籍編製	【編製日】平成25年1月10日
戸籍に記録されている者	【名】美香 【生年月日】平成27年2月1日 【父】甲野義太郎 【母】甲野梅子 【続柄】長女
身分事項 　出　　生	【出生日】平成27年2月1日 【出生地】北海道室蘭市 【届出日】平成27年2月10日 【届出人】父
親　　権	【親権者を定めた日】平成30年1月10日 【親権者】父 【届出人】父母

以下余白

※　市区町村長限りの職権訂正に関する事項（誤記，遺漏，文字関連訂正（更正）によるものに限る）は，全部事項証明には出力されない。

〔親権・未成年後見事項の訂正2〕未成年者について，親権事項の移記を遺漏した場合

訂正前の記録事項証明書

(2の1) 　全部事項証明

本　　　籍	北海道室蘭市入江町一丁目1番地
氏　　　名	甲野　梅子
戸籍事項 　戸籍編製	【編製日】平成12年1月12日
戸籍に記録されている者	【名】美香 【生年月日】平成27年2月1日　【父】甲野良太 【母】甲野梅子 【続柄】長女
身分事項 　出　　生	【出生日】平成27年2月1日 【出生地】北海道室蘭市 【届出日】平成27年2月10日 【届出人】父
入　　籍	【届出】平成30年2月10日 【入籍事由】母の氏を称する入籍 【届出人】親権者母 【従前戸籍】札幌市北区北八条西二丁目1番地1　丙野良太

以下余白

訂正後の記録事項証明書

（2の1）　全部事項証明

本　　籍	北海道室蘭市入江町一丁目1番地
氏　　名	甲野　梅子

戸籍事項	
戸籍編製	【編製日】平成12年1月12日

戸籍に記録されている者	【名】美香 【生年月日】平成27年2月1日 【父】甲野良太 【母】甲野梅子 【続柄】長女
身分事項 　出　　生	【出生日】平成27年2月1日 【出生地】北海道室蘭市 【届出日】平成27年2月10日 【届出人】父
入　　籍	【届出日】平成30年2月10日 【入籍事由】母の氏を称する入籍 【届出人】親権者母 【従前戸籍】札幌市北区北八条西二丁目1番地1　丙野良太
親　　権	【親権者を定めた日】平成30年1月10日 【親権者】母 【届出人】父母
記　　録	【記録日】平成31年1月10日 【記録事由】記録遺漏

以下余白

※　過誤による遺漏などの事由により、一身分事項の全部を追加記録する場合は、段落ちタイトル「記録」によって処理すべきとされている（戸籍誌678号66頁）。なお、次のような記載であっても、特に差し支えないものと考える（『改訂第2版注解コンピュータ記載例対照戸籍記載例集』536頁参照）。

　　　親　　権　　【親権者を定めた日】平成30年1月10日
　　　　　　　　　【親権者】母
　　　　　　　　　【届出人】父母
　　　　　　　　　【記録日】平成31年1月10日

〔親権・未成年後見事項の訂正3〕父母の離婚届に親権者の記載があったがその記載を遺漏した場合

訂正前の記録事項証明書

(2の1)　全部事項証明

本　　籍	北海道室蘭市入江町一丁目1番地
氏　　名	丙野　良太
戸籍事項 　戸籍編製	【編製日】平成18年1月10日
戸籍に記録されている者	【名】良太 【生年月日】昭和57年1月1日　【父】丙野義夫 【母】丙野和子 【続柄】長男
身分事項 　出　　生	【出生日】昭和57年1月1日 【出生地】北海道室蘭市 【届出日】昭和57年1月10日 【届出人】父
婚　　姻	【婚姻日】平成18年1月10日 【配偶者氏名】甲野梅子 【従前戸籍】札幌市北区北八条西二丁目1番地1　丙野義夫
離　　婚	【離婚日】平成31年1月10日 【配偶者氏名】丙野梅子
戸籍に記録されている者 除　　籍	【名】梅子 【生年月日】昭和60年5月1日 【父】甲野良太郎 【母】甲野花子 【続柄】長女
身分事項 　出　　生	【出生日】昭和60年5月1日 【出生地】北海道室蘭市 【届出日】昭和60年5月10日 【届出人】父
婚　　姻	【婚姻日】平成18年1月10日 【配偶者氏名】丙野良太 【従前戸籍】北海道室蘭市東町一丁目1番地　甲野良太郎

	(2の2) 全部事項証明

離　　婚	【離婚日】平成31年1月10日 【配偶者氏名】丙野良太 【入籍戸籍】北海道室蘭市東町一丁目1番地　甲野良太郎
戸籍に記録されている者	【名】美香 【生年月日】平成20年2月1日 【父】丙野良太 【母】丙野梅子 【続柄】長女
身分事項 　　出　　生	【出生日】平成20年2月1日 【出生地】北海道室蘭市 【届出日】平成20年2月10日 【届出人】父
	以下余白

決裁用帳票

(2の1)　決 裁 用 帳 票

本　　籍	北海道室蘭市入江町一丁目1番地
氏　　名	丙野　良太
戸籍事項 　　戸籍編製	【編製日】平成18年1月10日
戸籍に記録されている者	【名】良太 【生年月日】昭和57年1月1日 【父】丙野義夫 【母】丙野和子 【続柄】長男
身分事項 　　出　　生	【出生日】昭和57年1月1日 【出生地】北海道室蘭市 【届出日】昭和57年1月10日 【届出人】父
婚　　姻	【婚姻日】平成18年1月10日 【配偶者氏名】甲野梅子 【従前戸籍】札幌市北区北八条西二丁目1番地1　丙野義夫
離　　婚	【離婚日】平成31年1月10日 【配偶者氏名】丙野梅子
戸籍に記録されている者 除　　籍	【名】梅子 【生年月日】昭和60年5月1日 【父】甲野良太郎 【母】甲野花子 【続柄】長女
身分事項 　　出　　生	【出生日】昭和60年5月1日 【出生地】北海道室蘭市 【届出日】昭和60年5月10日 【届出人】父
婚　　姻	【婚姻日】平成18年1月10日 【配偶者氏名】丙野良太 【従前戸籍】北海道室蘭市東町一丁目1番地　甲野良太郎

7 親権・未成年後見事項の訂正

(2の2) 決裁用帳票

離婚	【離婚日】平成31年1月10日 【配偶者氏名】丙野良太 【入籍戸籍】北海道室蘭市東町一丁目1番地　甲野良太郎
戸籍に記録されている者	【名】美香 【生年月日】平成20年2月1日 【父】丙野良太 【母】丙野梅子 【続柄】長女
身分事項 　出　生	【出生日】平成20年2月1日 【出生地】北海道室蘭市 【届出日】平成20年2月10日 【届出人】父
親　権	【親権者を定めた日】平成31年1月10日 【親権者】母 【届出人】父母
記　録	【記録日】平成31年2月10日 【記録事由】記録遺漏

以下余白

訂正後の記録事項証明書

(2の1) 全部事項証明

本　　　籍	北海道室蘭市入江町一丁目1番地
氏　　　名	丙野　良太
戸籍事項 　　戸籍編製	【編製日】平成18年1月10日
戸籍に記録されている者	【名】良太 【生年月日】昭和57年1月1日 【父】丙野義夫 【母】丙野和子 【続柄】長男
身分事項 　　出　　生	【出生日】昭和57年1月1日 【出生地】北海道室蘭市 【届出日】昭和57年1月10日 【届出人】父
婚　　姻	【婚姻日】平成18年1月10日 【配偶者氏名】甲野梅子 【従前戸籍】札幌市北区北八条西二丁目1番地1　丙野義夫
離　　婚	【離婚日】平成31年1月10日 【配偶者氏名】丙野梅子
戸籍に記録されている者 除　　籍	【名】梅子 【生年月日】昭和60年5月1日 【父】甲野良太郎 【母】甲野花子 【続柄】長女
身分事項 　　出　　生	【出生日】昭和60年5月1日 【出生地】北海道室蘭市 【届出日】昭和60年5月10日 【届出人】父
婚　　姻	【婚姻日】平成18年1月10日 【配偶者氏名】丙野良太 【従前戸籍】北海道室蘭市東町一丁目1番地　甲野良太郎

	（2の2） 全部事項証明
離　　婚	【離婚日】平成31年1月10日 【配偶者氏名】丙野良太 【入籍戸籍】北海道室蘭市東町一丁目1番地　甲野良太郎
戸籍に記録されている者	【名】美香 【生年月日】平成20年2月1日 【父】丙野良太 【母】丙野梅子 【続柄】長女
身分事項 　　出　　生	【出生日】平成20年2月1日 【出生地】北海道室蘭市 【届出日】平成20年2月10日 【届出人】父
親　　権	【親権者を定めた日】平成31年1月10日 【親権者】母 【届出人】父母
	以下余白

284　第5　身分事項欄の訂正

〔親権・未成年後見事項の訂正4〕移記不要の親権事項を移記した場合

訂正前の記録事項証明書

(2の1)　　全部事項証明

本　　　籍	北海道室蘭市入江町一丁目1番地
氏　　　名	甲野　義夫

| 戸籍事項 | |
| 　戸籍編製 | 【編製日】平成30年1月10日 |

戸籍に記録されている者	【名】義夫 【生年月日】平成12年1月10日　　　【配偶者区分】夫 【父】甲野幸雄 【母】甲野花子 【続柄】長男
身分事項 　出　　生	【出生日】平成12年1月10日 【出生地】北海道室蘭市 【届出日】平成12年1月20日 【届出人】父
親　　権	【親権者を定めた日】平成19年1月10日 【親権者】母 【届出人】父母
婚　　姻	【婚姻日】平成30年1月10日 【配偶者氏名】乙野梅子 【従前戸籍】札幌市北区北八条西二丁目1番地1　甲野幸雄

以下余白

7 親権・未成年後見事項の訂正　285

訂正後の記録事項証明書

(2の1)　全部事項証明

本　　籍	北海道室蘭市入江町一丁目1番地
氏　　名	甲野　義夫

| 戸籍事項 | |
| 戸籍編製 | 【編製日】平成30年1月10日 |

戸籍に記録されている者	【名】義夫 【生年月日】平成12年1月10日　　【配偶者区分】夫 【父】甲野幸雄 【母】甲野花子 【続柄】長男
身分事項	
出　　生	【出生日】平成12年1月10日 【出生地】北海道室蘭市 【届出日】平成12年1月20日 【届出人】父
婚　　姻	【婚姻日】平成30年1月10日 【配偶者氏名】乙野梅子 【従前戸籍】札幌市北区北八条西二丁目1番地1　甲野幸雄
消　　除	【消除日】平成30年2月10日 【消除事項】親権事項 【消除事由】誤記 【従前の記録】 　【親権者を定めた日】平成19年1月10日 　【親権者】母 　【届出人】父母

以下余白

※　婚姻により成年とみなされ，親権事項は不要である。

〔親権・未成年後見事項の訂正5〕父母の離婚届が送付されたため，親権事項に送付事項を記載した場合

戸籍訂正書

受付　平成31年2月10日　第76号

戸籍調査

(1)	事件本人	本　籍	北海道室蘭市入江町1丁目1番地
		筆頭者氏名	甲野　義太郎
(2)		住所及び世帯主氏名	室蘭市入江町1丁目1番地　甲野義太郎
(3)		氏　名	甲野　美香
		生年月日	平成20年2月1日
(4)	訂正・記載の事由		事件本人について，親権事項に送付事項の記載がされていることを発見したが，これは当職の過誤であるので，職権により戸籍の訂正をする。
(5)	訂正・記載の趣旨		事件本人について，親権事項中「送付を受けた日」・「受理者」の記録を消去する。 （記載例） 親権 【親権者を定めた日】平成31年1月10日 【親権者】父 【届出人】父母 訂正 【訂正日】平成31年2月10日 【訂正事由】誤記 【従前の記録】 　【送付を受けた日】平成31年1月20日 　【受理者】札幌市北区長
(6)	添付書類		なし

右記欄：記載／記載調査／送付通知／住民票／記載／通知／附票／記載／通知

上記のとおり職権によって訂正する。
　平成31年2月10日

　　　　　　　北海道室蘭市長　○　○　○　○　職印

（注）事件本人が二人以上であるときは，必要に応じ該当欄を区切り記載する。

注　父母の離婚事項の記載から送付事項の記載不要が明らかであるので添付書類を要しない。

訂正前の記録事項証明書

(2の1) 全部事項証明

本　　籍	北海道室蘭市入江町一丁目1番地
氏　　名	甲野　義太郎
戸籍事項 　　戸籍編製	【編製日】平成19年4月10日
戸籍に記録されている者	【名】義太郎 【生年月日】昭和58年2月1日 【父】甲野太郎 【母】甲野花子 【続柄】長男
身分事項 　　出　　生	【出生日】昭和58年2月1日 【出生地】北海道室蘭市 【届出日】昭和58年2月10日 【届出人】父
婚　　姻	【婚姻日】平成19年4月10日 【配偶者氏名】丙野梅子 【従前戸籍】札幌市室蘭市入江町一丁目1番地　甲野太郎
離　　婚	【離婚日】平成31年1月10日 【配偶者氏名】甲野梅子 【送付を受けた日】平成31年1月20日 【受理者】札幌市北区長
戸籍に記録されている者 　除　　籍	【名】梅子 【生年月日】昭和60年5月1日 【父】丙野太郎 【母】丙野恵子 【続柄】長女
身分事項 　　出　　生	【出生日】昭和60年5月1日 【出生地】北海道室蘭市 【届出日】昭和60年5月10日 【届出人】父
婚　　姻	【婚姻日】平成19年4月1日 【配偶者氏名】甲野義太郎

(2の2) 全部事項証明

離　　婚	【従前戸籍】北海道室蘭市東町五丁目1番地　丙野太郎 【離婚日】平成31年1月10日 【配偶者氏名】甲野義太郎 【送付を受けた日】平成31年1月20日 【受理者】札幌市北区長 【入籍戸籍】北海道室蘭市東町五丁目1番地　甲野太郎
戸籍に記録されている者	【名】美香 【生年月日】平成20年2月1日 【父】甲野義太郎 【母】甲野梅子 【続柄】長女
身分事項 　　出　　生	【出生日】平成20年2月1日 【出生地】北海道室蘭市 【届出日】平成20年2月10日 【届出人】父
親　　権	【親権者を定めた日】平成31年1月10日 【親権者】母 【届出人】父母 【送付を受けた日】平成31年1月20日 【受理者】札幌市北区長

以下余白

7 親権・未成年後見事項の訂正

決裁用帳票

(2の1) 　決 裁 用 帳 票

本　　　籍	北海道室蘭市入江町一丁目1番地
氏　　　名	甲野　義太郎
戸籍事項 　　戸籍編製	【編製日】平成19年4月10日
戸籍に記録されている者	【名】義太郎 【生年月日】昭和58年2月1日 【父】甲野太郎 【母】甲野花子 【続柄】長男
身分事項 　　出　　生	【出生日】昭和58年2月1日 【出生地】北海道室蘭市 【届出日】昭和58年2月10日 【届出人】父
婚　　姻	【婚姻日】平成19年4月10日 【配偶者氏名】丙野梅子 【従前戸籍】札幌市室蘭市入江町一丁目1番地　甲野太郎
離　　婚	【離婚日】平成31年1月10日 【配偶者氏名】甲野梅子 【送付を受けた日】平成31年1月20日 【受理者】札幌市北区長
戸籍に記録されている者 除　　籍	【名】梅子 【生年月日】昭和60年5月1日 【父】丙野太郎 【母】丙野恵子 【続柄】長女
身分事項 　　出　　生	【出生日】昭和60年5月1日 【出生地】北海道室蘭市 【届出日】昭和60年5月10日 【届出人】父
婚　　姻	【婚姻日】平成19年4月1日 【配偶者氏名】甲野義太郎

(2の2) 決裁用帳票

離　婚	【従前戸籍】北海道室蘭市東町五丁目1番地　丙野太郎 【離婚日】平成31年1月10日 【配偶者氏名】甲野義太郎 【送付を受けた日】平成31年1月20日 【受理者】札幌市北区長 【入籍戸籍】北海道室蘭市東町五丁目1番地　甲野太郎
戸籍に記録されている者	【名】美香 【生年月日】平成20年2月1日 【父】甲野義太郎 【母】甲野梅子 【続柄】長女
身分事項 　出　生	【出生日】平成20年2月1日 【出生地】北海道室蘭市 【届出日】平成20年2月10日 【届出人】父
親　権	【親権者を定めた日】平成31年1月10日 【親権者】父 【届出人】父母
訂　正	【訂正日】平成31年2月10日 【訂正事由】誤記 【従前の記録】 　【送付を受けた日】平成31年1月20日 　【受理者】札幌市北区長
	以下余白

※1　父母と同籍している子については，親権事項に送付事項の記載を要しない。他籍に本籍のある子については，送付事項を記載する。
　2　訂正する必要はなく，移記するときに引き直せばよいものと考えるが，あえて訂正する場合の記載例である。
　3　記録事項の一部についての消除は，誤記訂正による（タイトル「消除」は記録の全部を消除する場合に使用する。）。
　4　市区町村長限りの職権訂正に関する事項は，全部事項証明書には出力されない。

7 親権・未成年後見事項の訂正　291

〔親権・未成年後見事項の訂正6〕親権者変更事項で裁判確定の年月日を誤記した場合

決裁用帳票

(2の1)　決裁用帳票

本　　籍	北海道室蘭市入江町一丁目1番地
氏　　名	甲野　梅子
戸籍事項 　戸籍編製	【編製日】平成25年1月10日
戸籍に記録されている者	【名】美香 【生年月日】平成27年2月1日 【父】丙野良太 【母】甲野梅子 【続柄】長女
身分事項 　出　　生	【出生日】平成27年2月1日 【出生地】北海道室蘭市 【届出日】平成27年2月10日 【届出人】父
親　　権	【親権者を定めた日】平成30年1月10日 【親権者】父 【届出人】父母
入　　籍	【届出日】平成30年2月10日 【入籍事由】母の氏を称する入籍 【届出人】親権者母 【従前戸籍】札幌市北区北八条西二丁目1番地1　丙野良太
親　　権	【親権者変更の裁判確定日】平成31年1月10日 【親権者】母 【届出日】平成31年1月20日 【届出人】母
訂　　正	【訂正日】平成31年2月20日 【訂正事由】誤記 【従前の記録】 　　【親権者変更の裁判確定日】平成31年1月9日

以下余白

訂正後の記録事項証明書

(2の1)　全部事項証明

本　　籍	北海道室蘭市入江町一丁目1番地
氏　　名	甲野　梅子
戸籍事項 　戸籍編製	【編製日】平成25年1月10日

〜〜〜〜〜〜〜〜〜〜〜〜〜〜〜〜〜〜〜〜〜〜〜〜〜〜〜〜〜〜〜〜

戸籍に記録されている者	【名】美香 【生年月日】平成27年2月1日 【父】丙野良太 【母】甲野梅子 【続柄】長女
身分事項 　出　　生	【出生日】平成27年2月1日 【出生地】北海道室蘭市 【届出日】平成27年2月10日 【届出人】父
親　　権	【親権を定めた日】平成30年1月10日 【親権者】父 【届出人】父母
入　　籍	【届出日】平成30年2月10日 【入籍事由】母の氏を称する入籍 【届出人】親権者母 【従前戸籍】札幌市北区北八条西二丁目1番地1　丙野良太
親　　権	【親権者変更の裁判確定日】平成30年1月10日 【親権者】母 【届出日】平成30年1月20日 【届出人】母
	以下余白

7 親権・未成年後見事項の訂正

〔親権・未成年後見事項の訂正7〕同籍内での縁組により共同親権となった旨の記載を遺漏した場合

訂正前の記録事項証明書

（2の1）　全部事項証明

本　　籍	北海道室蘭市入江町一丁目1番地
氏　　名	甲野　義太郎
戸籍事項 　戸籍編製	【編製日】平成30年1月10日
戸籍に記録されている者	【名】義夫 【生年月日】平成28年2月1日 【父】丙野幸雄 【母】甲野梅子 【続柄】長男 【養父】甲野義太郎 【続柄】養子
身分事項 　出　　生	【出生日】平成28年2月1日 【出生地】北海道室蘭市 【届出日】平成28年2月10日 【届出人】父
親　　権	【親権者を定めた日】平成29年2月10日 【親権者】母 【届出人】父母
入　　籍	【届出日】平成30年2月1日 【入籍事由】母の氏を称する入籍 【届出人】親権者母 【従前戸籍】札幌市北区北八条西二丁目1番地1　丙野幸雄
養子縁組	【縁組日】平成31年1月10日 【養父氏名】甲野義太郎 【養親の戸籍】北海道室蘭市入江町一丁目1番地　甲野義太郎 【代諾者】親権者母
	以下余白

294　第5　身分事項欄の訂正

訂正後の記録事項証明書

(2の1)　　全部事項証明

本　　籍	北海道室蘭市入江町一丁目1番地
氏　　名	甲野　義太郎
戸籍事項 　戸籍編製	【編製日】平成30年1月10日
戸籍に記録されている者	【名】義夫 【生年月日】平成28年2月1日 【父】丙野幸雄 【母】甲野梅子 【続柄】長男 【養父】甲野義太郎 【続柄】養子
身分事項 　　出　　生	【出生日】平成28年2月1日 【出生地】北海道室蘭市 【届出日】平成28年2月10日 【届出人】父
親　　権	【親権者を定めた日】平成29年2月10日 【親権者】母 【届出人】父母
入　　籍	【届出日】平成30年2月1日 【入籍事由】母の氏を称する入籍 【届出人】親権者母 【従前戸籍】札幌市北区北八条西二丁目1番地1　丙野幸雄
養子縁組	【縁組日】平成31年1月10日 【養父氏名】甲野義太郎 【養親の戸籍】北海道室蘭市入江町一丁目1番地　甲野義太郎 【代諾者】親権者母
親　　権	【共同親権に服した日】平成31年1月10日 【親権者】養父及び母 【記録日】平成31年2月10日 【特記事項】甲野義太郎との養子縁組による母と養父の共同親権
	以下余白

※　記載未了が発見された時点で職権記載することとなるので，記録遺漏とはならない。また，従前の親権事項はそのままとする。

7 親権・未成年後見事項の訂正　295

〔親権・未成年後見事項の訂正8〕未成年者が婚姻したため，親権に服さなくなった旨の記載申出があった場合

申　出　書

北海道室蘭市区町村長　殿

平成30年2月10日申出

受付　平成30年2月10日　第77号

戸籍調査／記載／記載調査／送付／住民票記載／通知／附票記載／通知

(一)	事件本人	本　籍	北海道室蘭市栄町1丁目2番地
		筆頭者氏名	乙野寿子
(二)		住所及び世帯主氏名	札幌市北区北8条西2丁目1番地1　田中義夫
(三)	事件本人	氏　名	乙野梅子
		生年月日	平成12年1月10日
(四)	申出の事由		婚姻したため親権に服さなくなった旨の記載をする。
(五)	申出する事項		平成30年1月10日婚姻したため親権に服さなくなる旨の記載をする。
(六)	添付書類		なし
(七)	申出人	本　籍	札幌市北区北8条西2丁目1番地1
		筆頭者氏名	田中義夫
		住　所	札幌市北区北8条西2丁目1番地1
		申出人の資格及び署名押印	田中梅子　㊞
		生年月日	平成12年1月10日

(注意) 事件本人又は申出人が二人以上であるときは，必要に応じ該当欄を区切って記載すること。

注1　婚姻前の戸籍に記載することの申出ができる。
　2　戸籍の記載から明らかであるので添付書類を要しない。

申出前の記録事項証明書

(2の1) 全部事項証明

本　　籍	北海道室蘭市栄町一丁目2番地
氏　　名	乙野　寿子
戸籍事項 　　戸籍編製	【編製日】平成19年1月10日

戸籍に記録されている者 除　　籍	【名】梅子 【生年月日】平成12年1月10日 【父】甲野茂雄 【母】乙野寿子 【続柄】二女
身分事項 　　出　　生	【出生日】平成12年1月10日 【出生地】北海道登別市 【届出日】平成12年1月20日 【届出人】父
親　　権	【親権者を定めた日】平成19年1月10日 【親権者】母 【届出人】父母
入　　籍	【届出日】平成20年1月10日 【入籍事由】母の氏を称する入籍 【届出人】親権者母 【従前戸籍】北海道室蘭市入江町一丁目1番地　甲野茂雄
婚　　姻	【婚姻日】平成30年1月10日 【配偶者氏名】田中義夫 【新戸籍】札幌市北区北八条西二丁目1番地1 【称する氏】夫の氏
	以下余白

7 親権・未成年後見事項の訂正　297

申出後の記録事項証明書

（2の1）　全部事項証明

本　　籍	北海道室蘭市栄町一丁目2番地
氏　　名	乙野　寿子
戸籍事項 　戸籍編製	【編製日】平成19年1月10日

〜〜〜〜〜〜〜〜〜〜〜〜〜〜〜〜〜〜〜〜〜〜〜〜〜〜〜〜〜

戸籍に記録されている者 除　籍	【名】梅子 【生年月日】平成12年1月10日 【父】甲野茂雄 【母】乙野寿子 【続柄】二女
身分事項 　出　生	【出生日】平成12年1月10日 【出生地】北海道登別市 【届出日】平成12年1月20日 【届出人】父
親　権	【親権者を定めた日】平成19年1月10日 【親権者】母 【届出人】父母
入　籍	【届出日】平成20年1月10日 【入籍事由】母の氏を称する入籍 【届出人】親権者母 【従前戸籍】北海道室蘭市入江町一丁目1番地　甲野茂雄
婚　姻	【婚姻日】平成30年1月10日 【配偶者氏名】田中義夫 【新戸籍】札幌市北区北八条西二丁目1番地1 【称する氏】夫の氏
親　権	【親権に服さなくなった日】平成30年1月10日 【記録日】平成30年2月10日 【特記事項】婚姻したため
	以下余白

※1　この場合，戸籍の変動があり婚姻後の戸籍には親権事項が移記されない。
　2　申出があった場合は，除籍されていても申出の日でその旨を記載する。
　3　親権事項はそのままとなる。

298　第5　身分事項欄の訂正

〔親権・未成年後見事項の訂正9〕未成年者が成年に達したため，親権に服さなくなった旨の記載申出があった場合

申出前の記録事項証明書

(2の1)　　全部事項証明

本　　籍	北海道室蘭市栄町一丁目2番地
氏　　名	乙野　寿子
戸籍事項 　戸籍編製	【編製日】平成19年1月10日
戸籍に記録されている者	【名】梅子 【生年月日】平成10年1月10日 【父】甲野茂雄 【母】乙野寿子 【続柄】二女
身分事項 　出　　生	【出生日】平成10年1月10日 【出生地】北海道登別市 【届出日】平成10年1月20日 【届出人】父
親　　権	【親権者を定めた日】平成19年1月10日 【親権者】母 【届出人】父母
入　　籍	【届出日】平成20年1月10日 【入籍事由】母の氏を称する入籍 【届出人】親権者母 【従前戸籍】北海道室蘭市入江町一丁目1番地　甲野茂雄
	以下余白

7　親権・未成年後見事項の訂正

申出後の記録事項証明書

(2の1)　全部事項証明

本　　　籍	北海道室蘭市栄町一丁目2番地
氏　　　名	乙野　寿子
戸籍事項 　　戸籍編製	【編製日】平成19年1月10日
戸籍に記録されている者	【名】梅子 【生年月日】平成10年1月10日 【父】甲野茂雄 【母】乙野寿子 【続柄】二女
身分事項 　　出　　生	【出生日】平成10年1月10日 【出生地】北海道登別市 【届出日】平成10年1月20日 【届出人】父
親　　権	【親権者を定めた日】平成19年1月10日 【親権者】母 【届出人】父母
入　　籍	【届出日】平成20年1月10日 【入籍事由】母の氏を称する入籍 【届出人】親権者母 【従前戸籍】北海道室蘭市入江町一丁目1番地　甲野茂雄
**　　親　　権**	【親権に服さなくなった日】平成30年1月9日 【記録日】平成30年2月10日 【特記事項】成年に達したため
	以下余白

※1　親権事項はそのままとなる。
　2　成年に達した日は誕生日の前日となる（昭和2・7・16民事5290号回答，昭和30・9・7民事二発434号回答）。

〔親権・未成年後見事項の訂正10〕未成年後見開始の年月日を誤記した場合

決裁用帳票

（2の1）　決 裁 用 帳 票

本　　　籍	北海道室蘭市入江町一丁目1番地
氏　　　名	丙野　良太
戸籍事項 　戸籍編製	【編製日】平成24年1月10日
戸籍に記録されている者	【名】美香 【生年月日】平成27年2月1日 【父】丙野良太 【母】丙野梅子 【続柄】長女
身分事項 　出　　生	【出生日】平成27年2月1日 【出生地】北海道室蘭市 【届出日】平成27年2月10日 【届出人】父
未成年者の後見	【未成年後見人就職日】平成30年1月10日 【未成年者の後見開始事由】親権を行う者がないため 【未成年後見人】甲野義夫 【未成年後見人の戸籍】札幌市北区北八条西二丁目1番地1　甲野義太郎 【届出日】平成30年1月18日
訂　　正	【訂正日】平成30年2月20日 【訂正事由】誤記 【従前の記録】 　　【未成年後見人就職日】平成30年1月9日

以下余白

※　段落ちタイトル「訂正」の場合，基本タイトルと【従前の記録】との関係で，訂正の対象となった事項を特定することができるので，【訂正事項】の記録は不要となる。

訂正後の記録事項証明書

(2の1) 全部事項証明

本　　　籍	北海道室蘭市入江町一丁目1番地
氏　　　名	丙野　良太
戸籍事項 　　戸籍編製	【編製日】平成24年1月10日
戸籍に記録されている者	【名】美香 【生年月日】平成27年2月1日 【父】丙野良太 【母】丙野梅子 【続柄】長女
身分事項 　　出　　生	【出生日】平成27年2月1日 【出生地】北海道室蘭市 【届出日】平成27年2月10日 【届出人】父
未成年者の後見	【未成年後見人就職日】平成30年1月10日 【未成年者の後見開始事由】親権を行う者がないため 【未成年後見人】甲野義夫 【未成年後見人の戸籍】札幌市北区北八条西二丁目1番地1 　　甲野義太郎 【届出日】平成30年1月18日
	以下余白

※　市区町村長限りの職権訂正に関する事項（誤記，遺漏，文字関連訂正（更正）によるものに限る）は，全部事項証明には出力されない。

〔親権・未成年後見事項の訂正11〕未成年後見終了の年月日を誤記した場合

決裁用帳票

(2の1) 決裁用帳票

本　　籍	北海道室蘭市入江町一丁目1番地
氏　　名	甲野　良太
戸籍事項 　　戸籍改製	【改製日】平成13年2月3日 【改製事由】平成6年法務省令第51号附則第2条第1項による改製
戸籍に記録されている者	【名】由香 【生年月日】平成10年2月1日 【父】甲野良太 【母】甲野梅子 【続柄】長女
身分事項 　　出　　生	【出生日】平成10年2月1日 【出生地】北海道室蘭市 【届出日】平成10年2月10日 【届出人】父
未成年者の後見	【未成年後見人就職日】平成14年1月10日 【未成年者の後見開始事由】親権を行う者がないため 【未成年後見人】甲野義太郎 【未成年後見人の戸籍】札幌市北区北八条西二丁目1番地1　甲野義太郎 【届出日】平成14年1月18日
未成年者の後見	【未成年者の後見終了日】平成30年1月31日 【記録日】平成30年2月10日 【特記事項】成年に達したため
訂　　正	【訂正日】平成30年3月10日 【訂正事由】誤記 【従前の記録】 　　【未成年者の後見終了日】平成30年2月2日
	以下余白

※　段落ちタイトル「訂正」の場合，基本タイトルと【従前の記録】との関係で，訂正の対象となった事項を特定することができるので，【訂正事項】の記録は不要となる。

7　親権・未成年後見事項の訂正　303

訂正後の記録事項証明書

（2の1）　全部事項証明

本　　籍	北海道室蘭市入江町一丁目1番地
氏　　名	甲野　良太
戸籍事項 　　戸籍改製	【改製日】平成13年2月3日 【改製事由】平成6年法務省令第51号附則第2条第1項による改製

〰〰〰〰〰〰〰〰〰〰〰〰〰〰〰〰〰〰〰〰〰〰〰〰〰〰〰〰〰〰〰〰

戸籍に記録されている者	【名】由香 【生年月日】平成10年2月1日 【父】甲野良太 【母】甲野梅子 【続柄】長女
身分事項 　　出　　生	【出生日】平成10年2月1日 【出生地】北海道室蘭市 【届出日】平成10年2月10日 【届出人】父
未成年者の後見	【未成年後見人就職日】平成14年1月10日 【未成年者の後見開始事由】親権を行う者がないため 【未成年後見人】甲野義太郎 【未成年後見人の戸籍】札幌市北区北八条西二丁目1番地1　甲野義太郎 【届出日】平成14年1月18日
未成年者の後見	【未成年者の後見終了日】平成30年1月31日 【記録日】平成30年2月10日 【特記事項】成年に達したため
	以下余白

※1　市区町村長限りの職権訂正に関する事項（誤記，遺漏，文字関連訂正（更正）によるものに限る）は，全部事項証明には出力されない。
　2　成年に達した日は誕生日の前日となる（昭和2・7・16民事5290号回答，昭和30・9・7民事二発434号回答）。

〔親権・未成年後見事項の訂正12〕調停離婚及び調停離縁が同時に成立し，子について新戸籍を編製したが，親権事項の記載を遺漏していた場合

訂正前の記録事項証明書

(1の1)　全部事項証明

本　　籍	北海道室蘭市入江町一丁目1番地
氏　　名	乙野　理沙
戸籍事項 　　戸籍編製	【編製日】平成30年12月19日
戸籍に記録されている者	【名】理沙 【生年月日】平成20年11月4日 【父】丙野太郎 【母】乙野梅子 【続柄】長女
身分事項 　　出　　生	【出生日】平成20年11月4日 【出生地】北海道室蘭市 【届出日】平成20年11月10日 【届出人】父
養子離縁	【離縁の調停成立日】平成30年12月6日 【養父氏名】甲野義夫 【届出日】平成30年12月16日 【届出人】親権者母 【送付を受けた日】平成30年12月19日 【受理者】札幌市北区長 【従前戸籍】札幌市北区北八条西二丁目1番地1　甲野義夫
	以下余白

※　養子が15歳未満の場合の裁判離縁において，実父母が法定代理人として訴えの提起（調停の申立て）をし（民815条），実父母から離縁届出がされた場合の届出人の記載は，「【届出人】親権者父母」の振合いで記載する（戸籍時報507号51頁等参照）。

訂正後の記録事項証明書

(1の1) 全部事項証明

本　　籍	北海道室蘭市入江町一丁目1番地
氏　　名	乙野　理沙
戸籍事項 　　戸籍編製	【編製日】平成30年12月19日
戸籍に記録されている者	【名】理沙 【生年月日】平成20年11月4日 【父】丙野太郎 【母】乙野梅子 【続柄】長女
身分事項 　　出　　生	【出生日】平成20年11月4日 【出生地】北海道室蘭市 【届出日】平成20年11月10日 【届出人】父
養子離縁	【離縁の調停成立日】平成30年12月6日 【養父氏名】甲野義夫 【届出日】平成30年12月16日 【届出人】親権者母 【送付を受けた日】平成30年12月19日 【受理者】札幌市北区長 【従前戸籍】札幌市北区北八条西二丁目1番地1　甲野義夫
親　　権	【親権に復した日】平成30年12月6日 【親権者】母 【記録日】平成31年3月10日
	以下余白

※1　記載未了が発見された時点で職権記載することとなるので，記録遺漏の旨の記載は不要と考える。
　2　本事例は，実父母の離婚の際に子の親権者を母と定めた後，子が，実母と再婚した他男と養子縁組していた場合の例である。この場合，実母と養父との調停離婚及び養父と子の調停離縁が同時に成立したときの親権者は実母となり，親権事項を離縁後の子の新戸籍又は入籍戸籍に記載することとなる（戸籍868号78頁）。なお，嫡出でない子につき，養父と実母との共同縁組をしていた場合は，子と養父が離縁しても，子と養母（実母）との縁組は継続中であり，子の親権者は養母（実母）であることが戸籍面上明らかであることから親権事項の記載は不要と考えられる（戸籍時報717号71頁）。

8 死亡事項の訂正

〔死亡事項の訂正1〕死亡時分を誤記した場合

決裁用帳票

(2の1) | 決 裁 用 帳 票

本　　　籍	北海道室蘭市入江町一丁目1番地
氏　　　名	甲野　義太郎
戸籍事項 　　戸籍改製	【改製日】平成13年2月3日 【改製事由】平成6年法務省令第51号附則第2条第1項による改製
戸籍に記録されている者 　除　　籍	【名】義夫 【生年月日】昭和58年5月1日 【父】甲野義太郎 【母】甲野梅子 【続柄】長男
身分事項 　　出　　生	【出生日】昭和58年5月1日 【出生地】北海道室蘭市 【届出日】昭和58年5月10日 【届出人】父
死　　亡	【死亡日】平成30年1月9日 **【死亡時分】午後5時5分** 【死亡地】札幌市北区 【届出日】平成30年1月10日 【届出人】親族　甲野義太郎
訂　　正	【訂正日】平成30年2月10日 【訂正事由】誤記 【従前の記録】 　　【死亡時分】午後5時50分
	以下余白

※　段落ちタイトル「訂正」の場合，基本タイトルと【従前の記録】との関係で，訂正の対象となった事項を特定することができるので，【訂正事項】の記録は不要となる。

8 死亡事項の訂正

訂正後の記録事項証明書

（2の1）　全部事項証明

本　　籍	北海道室蘭市入江町一丁目1番地
氏　　名	甲野　義太郎
戸籍事項 　戸籍改製	【改製日】平成13年2月3日 【改製事由】平成6年法務省令第51号附則第2条第1項による改製

戸籍に記録されている者 除　　籍	【名】義夫 【生年月日】昭和58年5月1日 【父】甲野義太郎 【母】甲野梅子 【続柄】長男
身分事項 　出　　生	【出生日】昭和58年5月1日 【出生地】北海道室蘭市 【届出日】昭和58年5月10日 【届出人】父
死　　亡	【死亡日】平成30年1月9日 【死亡時分】午後5時5分 【死亡地】札幌市北区 【届出日】平成30年1月10日 【届出人】親族　甲野義太郎

以下余白

※　市区町村長限りの職権訂正に関する事項（誤記，遺漏，文字関連訂正（更正）によるものに限る）は，全部事項証明には出力されない。

〔死亡事項の訂正2〕死亡地を誤記した場合

決裁用帳票

(2の1) | 決 裁 用 帳 票

本　　籍	北海道室蘭市入江町一丁目1番地
氏　　名	甲野　義太郎
戸籍事項 　　戸籍改製	【改製日】平成13年2月3日 【改製事由】平成6年法務省令第51号附則第2条第1項による改製
戸籍に記録されている者 除　　籍	【名】義夫 【生年月日】昭和58年5月1日 【父】甲野義太郎 【母】甲野梅子 【続柄】長男
身分事項 　　出　　生	【出生日】昭和58年5月1日 【出生地】北海道室蘭市 【届出日】昭和58年5月10日 【届出人】父
死　　亡	【死亡日】平成30年1月9日 【死亡時分】午後5時5分 **【死亡地】札幌市北区** 【届出日】平成30年1月10日 【届出人】親族　甲野義太郎
訂　　正	【訂正日】平成30年2月10日 【訂正事由】誤記 【従前の記録】 　　【死亡地】札幌市中央区
	以下余白

※　段落ちタイトル「訂正」の場合，基本タイトルと【従前の記録】との関係で，訂正の対象となった事項を特定することができるので，【訂正事項】の記録は不要となる。

8 死亡事項の訂正　309

訂正後の記録事項証明書

(2の1)　　全部事項証明

本　　籍	北海道室蘭市入江町一丁目1番地
氏　　名	甲野　義太郎
戸籍事項 　戸籍改製	【改製日】平成13年2月3日 【改製事由】平成6年法務省令第51号附則第2条第1項による改製
戸籍に記録されている者 　除　　籍	【名】義夫 【生年月日】昭和58年5月1日 【父】甲野義太郎 【母】甲野梅子 【続柄】長男
身分事項 　出　　生 　死　　亡	【出生日】昭和58年5月1日 【出生地】北海道室蘭市 【届出日】昭和58年5月10日 【届出人】父 【死亡日】平成30年1月9日 【死亡時分】午後5時5分 【死亡地】札幌市北区 【届出日】平成30年1月10日 【届出人】親族　甲野義太郎
	以下余白

※　市区町村長限りの職権訂正に関する事項（誤記，遺漏，文字関連訂正（更正）によるものに限る）は，全部事項証明には出力されない。

310　第5　身分事項欄の訂正

〔死亡事項の訂正3〕届出人の資格を誤記した場合

決裁用帳票

(2の1)　決 裁 用 帳 票

本　　　籍	北海道室蘭市入江町一丁目1番地
氏　　　名	甲野　義太郎
戸籍事項 　戸籍改製	【改製日】平成13年2月3日 【改製事由】平成6年法務省令第51号附則第2条第1項による改製

〜〜〜〜〜〜〜〜〜〜〜〜〜〜〜〜〜〜〜〜〜〜〜〜〜〜〜

戸籍に記録されている者 　除　　籍	【名】義夫 【生年月日】昭和58年5月1日 【父】甲野義太郎 【母】甲野梅子 【続柄】長男
身分事項 　出　　生	【出生日】昭和58年5月1日 【出生地】北海道室蘭市 【届出日】昭和58年5月10日 【届出人】父
死　　亡	【死亡日】平成30年1月9日 【死亡時分】午後5時5分 【死亡地】札幌市北区 【届出日】平成30年1月10日 【届出人】親族　甲野義太郎
訂　　正	【訂正日】平成30年2月10日 【訂正事由】誤記 【従前の記録】 　【届出人】同居者　甲野義太郎
	以下余白

※　段落ちタイトル「訂正」の場合，基本タイトルと【従前の記録】との関係で，訂正の対象となった事項を特定することができるので，【訂正事項】の記録は不要となる。

8 死亡事項の訂正

訂正後の記録事項証明書

(2の1) | 全部事項証明

本　　籍	北海道室蘭市入江町一丁目1番地
氏　　名	甲野　義太郎
戸籍事項 　戸籍改製	【改製日】平成13年2月3日 【改製事由】平成6年法務省令第51号附則第2条第1項による改製
戸籍に記録されている者 除　籍	【名】義夫 【生年月日】昭和58年5月1日 【父】甲野義太郎 【母】甲野梅子 【続柄】長男
身分事項 　出　　生	【出生日】昭和58年5月1日 【出生地】北海道室蘭市 【届出日】昭和58年5月10日 【届出人】父
死　　亡	【死亡日】平成30年1月9日 【死亡時分】午後5時5分 【死亡地】札幌市北区 【届出日】平成30年1月10日 【届出人】親族　甲野義太郎
	以下余白

※　市区町村長限りの職権訂正に関する事項（誤記，遺漏，文字関連訂正（更正）によるものに限る）は，全部事項証明には出力されない。

〔死亡事項の訂正４〕届出人の氏名を誤記した場合

決裁用帳票

(2の1) 決 裁 用 帳 票

本　　籍	北海道室蘭市入江町一丁目１番地
氏　　名	甲野　義太郎
戸籍事項 　戸籍改製	【改製日】平成１３年２月３日 【改製事由】平成６年法務省令第５１号附則第２条第１項による改製
戸籍に記録されている者 除　　籍	【名】義夫 【生年月日】昭和５８年５月１日 【父】甲野義太郎 【母】甲野梅子 【続柄】長男
身分事項 　出　　生	【出生日】昭和５８年５月１日 【出生地】北海道室蘭市 【届出日】昭和５８年５月１０日 【届出人】父
死　　亡	【死亡日】平成３０年１月９日 【死亡時分】午後５時５分 【死亡地】札幌市北区 【届出日】平成３０年１月１０日 【届出人】親族　甲野義太郎
訂　　正	【訂正日】平成３０年２月１０日 【訂正事由】誤記 【従前の記録】 　【届出人】親族　乙野義太郎
	以下余白

※　段落ちタイトル「訂正」の場合，基本タイトルと【従前の記録】との関係で，訂正の対象となった事項を特定することができるので，【訂正事項】の記録は不要となる。

8　死亡事項の訂正　　313

訂正後の記録事項証明書

(2の1)　　全部事項証明

本　　籍	北海道室蘭市入江町一丁目1番地
氏　　名	甲野　義太郎
戸籍事項 　　戸籍改製	【改製日】平成13年2月3日 【改製事由】平成6年法務省令第51号附則第2条第1項による改製
戸籍に記録されている者 　　除　籍	【名】義夫 【生年月日】昭和58年5月1日 【父】甲野義太郎 【母】甲野梅子 【続柄】長男
身分事項 　　出　　生	【出生日】昭和58年5月1日 【出生地】北海道室蘭市 【届出日】昭和58年5月10日 【届出人】父
死　　亡	【死亡日】平成30年1月9日 【死亡時分】午後5時5分 【死亡地】札幌市北区 【届出日】平成30年1月10日 【届出人】親族　甲野義太郎
	以下余白

※　市区町村長限りの職権訂正に関する事項（誤記，遺漏，文字関連訂正（更正）によるものに限る）は，全部事項証明には出力されない。

〔死亡事項の訂正5〕配偶者死亡による婚姻解消事項の記載を遺漏した場合

戸 籍 訂 正 書

受付	平成31年 4月10日 第 79 号	戸籍調査	

				記載	
(1)	事件本人	本　籍	北海道室蘭市入江町1丁目1番地	記載調査	
		筆頭者氏名	甲 野 義 夫	送付通知	
(2)		住所及び世帯主氏名	室蘭市入江町1丁目1番地　甲野梅子	住民票	
(3)		氏　名	甲 野 梅 子	記載	
		生年月日	昭和58年8月1日	通知	
(4)	訂正・記載の事由		事件本人について，夫死亡による婚姻解消事項の記載を遺漏していることを発見したが，これは当職の過誤であるので，職権により戸籍の記載をする。	附票 記載 通知	
(5)	訂正・記載の趣旨		事件本人について，夫死亡による婚姻解消事項を記載する。 （記載例） 配偶者の死亡　【配偶者の死亡日】平成31年1月9日 　　　　　　　【記録日】平成31年4月10日		
(6)	添付書類		なし		

　上記のとおり職権によって訂正する。
　　平成31年 4月10日

　　　　　　　　北海道室蘭市長　○　○　○　○　職印

（注）事件本人が二人以上であるときは，必要に応じ該当欄を区切り記載する。

注　戸籍の記載から明らかな場合は，戸籍謄本の添付を要しない。

8　死亡事項の訂正　315

訂正前の記録事項証明書

（2の1）　全部事項証明

本　　籍	北海道室蘭市入江町一丁目1番地
氏　　名	甲野　義夫

| 戸籍事項 | |
| 戸籍編製 | 【編製日】平成30年1月10日 |

| 戸籍に記録されている者 | 【名】義夫 |
| （除籍） | 【生年月日】昭和58年5月1日
【父】甲野義太郎
【母】甲野和子
【続柄】長男 |

身分事項	
出　　生	【出生日】昭和58年5月1日 【出生地】北海道室蘭市 【届出日】昭和58年5月10日 【届出人】父
婚　　姻	【婚姻日】平成30年1月10日 【配偶者氏名】乙野梅子 【従前戸籍】北海道室蘭市入江町一丁目1番地　甲野義太郎
死　　亡	【死亡日】平成31年1月9日 【死亡時分】午後3時30分 【死亡地】北海道室蘭市 【届出日】平成31年1月10日 【届出人】親族　甲野梅子

| 戸籍に記録されている者 | 【名】梅子 |
| | 【生年月日】昭和58年8月1日
【父】乙野茂雄
【母】乙野寿子
【続柄】二女 |

身分事項	
出　　生	【出生日】昭和58年8月1日 【出生地】北海道登別市 【届出日】昭和58年8月10日 【届出人】父
婚　　姻	【婚姻日】平成30年1月10日

(2の2) 全部事項証明

	【配偶者氏名】甲野義夫 【従前戸籍】札幌市北区北八条西二丁目1番地1　乙野茂雄 <div style="text-align:right">以下余白</div>

8 死亡事項の訂正　317

訂正後の記録事項証明書

（2の1）　全部事項証明

本　　籍	北海道室蘭市入江町一丁目1番地
氏　　名	甲野　義夫
戸籍事項 　戸籍編製	【編製日】平成30年1月10日
戸籍に記録されている者 除　籍	【名】義夫 【生年月日】昭和58年5月1日 【父】甲野義太郎 【母】甲野和子 【続柄】長男
身分事項 　出　　生	【出生日】昭和58年5月1日 【出生地】北海道室蘭市 【届出日】昭和58年5月10日 【届出人】父
婚　　姻	【婚姻日】平成30年1月10日 【配偶者氏名】乙野梅子 【従前戸籍】北海道室蘭市入江町一丁目1番地　甲野義太郎
死　　亡	【死亡日】平成31年1月9日 【死亡時分】午後3時30分 【死亡地】北海道室蘭市 【届出日】平成31年1月10日 【届出人】親族　甲野梅子
戸籍に記録されている者	【名】梅子 【生年月日】昭和58年8月1日 【父】乙野茂雄 【母】乙野寿子 【続柄】二女
身分事項 　出　　生	【出生日】昭和58年8月1日 【出生地】北海道登別市 【届出日】昭和58年8月10日 【届出人】父
婚　　姻	【婚姻日】平成30年1月10日

第5 身分事項欄の訂正

(2の2) 全部事項証明

配偶者の死亡	【配偶者氏名】甲野義夫 【従前戸籍】札幌市北区北八条西二丁目1番地1　乙野茂雄 【配偶者の死亡日】平成31年1月9日 【記録日】平成31年4月10日 以下余白 コンピュータシステムにおいては，夫婦の一方の死亡を入力すると，「配偶者の死亡」事項は自動的に入力されるので，この処理は原則として生じない。

※　記載未了が発見された時点で職権記載することとなるので，記録遺漏とはならない。

〔死亡事項の訂正6〕外国人配偶者の死亡による婚姻解消事項について，記録日を遺漏した場合

		戸 籍 訂 正 書		受付	平成30年 2月 10日 第　　80　　号	戸　　籍 調　　査	
(1)	事件本人	本　　籍	北海道室蘭市栄町1丁目2番地			記　　載	
		筆頭者氏名	乙野茂雄			記　　載 調　　査	
(2)		住所及び 世帯主氏名	室蘭市栄町1丁目2番地　乙野茂雄			送付通知	
(3)	本人	氏　　名	乙野茂雄			住民票	
		生年月日	昭和58年8月1日			記　　載	
(4)	訂正・記載 の事由		事件本人について，婚姻解消事項に戸籍記載の日の記載を遺漏していることを発見したが，これは当職の過誤であるので，職権により戸籍の記録をする。			通　　知	
(5)	訂正・記載 の趣旨		事件本人の婚姻解消事項中に，戸籍記載の日を記載する。 （記載例） 　　配偶者の死亡　【配偶者の死亡日】平成30年1月10日 　　　　　　　　　【記録日】平成30年1月20日 　　訂　　　　正　【訂正日】平成30年2月10日 　　　　　　　　　【訂正事由】記録遺漏 　　　　　　　　　【記録の内容】 　　　　　　　　　　【記録日】平成30年1月20日			附　　票	
						記　　載	
						通　　知	
(6)	添付書類		妻の死亡届書謄本				

　　上記のとおり職権によって訂正する。
　　　平成30年 2月 10日

　　　　　　　　　北海道室蘭市長　○　○　○　○　㊞

〔注〕　事件本人が二人以上であるときは、必要に応じ該当欄を区切り記載する。

決裁用帳票

(1の1) 決裁用帳票

本　籍	北海道室蘭市栄町一丁目2番地
氏　名	乙野　茂雄
戸籍事項 　　戸籍編製	【編製日】平成22年1月10日
戸籍に記録されている者	【名】茂雄 【生年月日】昭和58年8月1日 【父】乙野忠治 【母】乙野春子 【続柄】長男
身分事項 　　出　生	【出生日】昭和58年8月1日 【出生地】北海道登別市 【届出日】昭和58年8月10日 【届出人】父
婚　姻	【婚姻日】平成22年1月10日 【配偶者氏名】ベルナール，マリア 【配偶者の国籍】アメリカ合衆国 【配偶者の生年月日】西暦1984年1月1日 【従前戸籍】札幌市北区北八条西二丁目1番地1　乙野忠治
配偶者の死亡	【配偶者の死亡日】平成30年1月10日 【記録日】平成30年1月20日
訂　正	【訂正日】平成30年2月10日 【訂正事由】記録遺漏 【記録の内容】 　　【記録日】平成30年1月20日
	以下余白

訂正後の記録事項証明書

(1の1) 　全部事項証明

本　　　籍	北海道室蘭市栄町一丁目2番地
氏　　　名	乙野　茂雄
戸籍事項 　戸籍編製	【編製日】平成22年1月10日
戸籍に記録されている者	【名】茂雄 【生年月日】昭和58年8月1日 【父】乙野忠治 【母】乙野春子 【続柄】長男
身分事項 　出　　生	【出生日】昭和58年8月1日 【出生地】北海道登別市 【届出日】昭和58年8月10日 【届出人】父
婚　　姻	【婚姻日】平成22年1月10日 【配偶者氏名】ベルナール，マリア 【配偶者の国籍】アメリカ合衆国 【配偶者の生年月日】西暦1984年1月1日 【従前戸籍】札幌市北区北八条西二丁目1番地1　乙野忠治
配偶者の死亡	【配偶者の死亡日】平成30年1月10日 【記録日】平成30年1月20日
	以下余白

※　市区町村長限りの職権訂正に関する事項（誤記，遺漏，文字関連訂正（更正）によるものに限る）は，全部事項証明には出力されない。

〔死亡事項の訂正7〕水難による死亡報告に基づき戸籍の記載がされた後，その取消通知があった場合

訂正前の記録事項証明書

(2の1)　全部事項証明

本　　籍	札幌市北区北九条西二丁目2番地
氏　　名	甲野　義夫
戸籍事項 　戸籍編製	【編製日】平成23年11月28日

〜〜〜〜〜〜〜〜〜〜〜〜〜〜〜〜〜〜〜〜〜〜〜〜〜〜

戸籍に記録されている者 除　　籍	【名】義太郎 【生年月日】昭和55年5月27日 【父】甲野義夫 【母】甲野春子 【続柄】長男
身分事項 　出　　生	【出生日】昭和55年5月27日 【出生地】札幌市北区 【届出日】昭和55年5月30日 【届出人】父
死　　亡	【死亡日】平成29年10月25日 【死亡時分】推定午前2時 【死亡地】北緯42度11分，東経141度38分付近の海上 【報告日】平成30年2月25日 【報告者】室蘭海上保安部長 【送付を受けた日】平成30年2月25日 【受理者】北海道室蘭市長
	以下余白

8 死亡事項の訂正

決裁用帳票

(2の1)　決裁用帳票

本　　籍	札幌市北区北九条西二丁目2番地
氏　　名	甲野　義夫
戸籍事項 　戸籍編製	【編製日】平成23年11月28日

〜〜〜〜〜〜〜〜〜〜〜〜〜〜〜〜〜〜〜〜〜〜〜〜〜〜〜〜〜〜〜

戸籍に記録されている者 除　籍	【名】義太郎 【生年月日】昭和55年5月27日 【父】甲野義夫 【母】甲野春子 【続柄】長男
身分事項 　出　生	【出生日】昭和55年5月27日 【出生地】札幌市北区 【届出日】昭和55年5月30日 【届出人】父
消　除	【消除日】平成31年3月25日 【消除事項】死亡事項 【消除事由】室蘭海上保安部長の死亡報告取消通知 【従前の記録】 　　【死亡日】平成29年10月25日 　　【死亡時分】推定午前2時 　　【死亡地】北緯42度11分，東経141度38分付近 　　　　　　　の海上 　　【報告日】平成30年2月25日 　　【報告者】室蘭海上保安部長 　　【送付を受けた日】平成30年2月25日 　　【受理者】北海道室蘭市長
戸籍に記録されている者	【名】義太郎 【生年月日】昭和55年5月27日 【父】甲野義夫 【母】甲野春子 【続柄】長男
身分事項 　出　生	【出生日】昭和55年5月27日 【出生地】札幌市北区

	(2の2)	決裁用帳票
	【届出日】昭和55年5月30日 【届出人】父	
		以下余白

※1 死亡報告に基づいて戸籍の記載をした後に事件本人の生存が判明し，死亡報告の取消通知がなされた場合は，市区町村長限りの職権で死亡の記載を抹消する（昭和25・9・22民事甲第2605号通達）。
 2 死亡報告事項に錯誤又は遺漏があり，その訂正通知があった場合も市区町村長限りの職権で死亡の記載を訂正する（昭和29・4・21民事甲第873号回答）。

9　入籍事項の訂正

〔入籍事項の訂正1〕15歳以上の未成年者の入籍事項につき，親権者届出と誤記した場合

戸　籍　訂　正　書

受付	平成30年2月10日	戸籍調査
	第　81　号	

(1)	事件本人	本　籍	北海道室蘭市入江町1丁目1番地	記載
		筆頭者氏名	甲野　義太郎	記載調査
(2)		住所及び世帯主氏名	室蘭市入江町1丁目1番地　甲野義太郎	送付通知
(3)		氏　名	甲野　由香	住民票
		生年月日	平成12年1月10日	記載
(4)	訂正・記載の事由		事件本人について，母の氏を称する入籍事項中届出人の記載は誤りであることを発見したが，これは当職の過誤であるので，職権により戸籍の訂正をする。	通知
				附　票
(5)	訂正・記載の趣旨		母の氏を称する入籍事項中届出人の記録を消除する。 （記載例） 　　入　籍　【届出日】平成30年1月10日 　　　　　　【入籍事由】母の氏を称する入籍 　　　　　　【従前戸籍】札幌市北区北八条西二 　　　　　　　　　　　　丁目1番地1　乙野梅子 　　訂　正　【訂正日】平成30年2月10日 　　　　　　【訂正事由】誤記 　　　　　　【従前の記録】 　　　　　　　【届出人】親権者母	記載
				通知
(6)	添付書類		入籍の届書謄本	

　　上記のとおり職権によって訂正する。
　　　平成30年2月10日

　　　　　　　　　　北海道室蘭市長　〇　〇　〇　〇　　職印

〔注〕　事件本人が二人以上であるときは，必要に応じ該当欄を区切り記載する。

第5 身分事項欄の訂正

訂正前の記録事項証明書

(2の1) 　全部事項証明

本　　籍	北海道室蘭市入江町一丁目1番地
氏　　名	甲野　義太郎
戸籍事項 　戸籍編製	【編製日】平成29年1月10日
戸籍に記録されている者	【名】由香 【生年月日】平成12年1月10日 【父】丙野良太 【母】甲野梅子 【続柄】長女
身分事項 　出　　生	【出生日】平成12年1月10日 【出生地】北海道室蘭市 【届出日】平成12年1月20日 【届出人】父
親　　権	【親権を定めた日】平成26年2月1日 【親権者】母 【届出人】父母
入　　籍	【届出日】平成30年1月10日 【入籍事由】母の氏を称する入籍 【届出人】親権者母 【従前戸籍】札幌市北区北八条西二丁目1番地1　乙野梅子
	以下余白

決裁用帳票

(2の1) 　決 裁 用 帳 票

本　　　籍	北海道室蘭市入江町一丁目1番地
氏　　　名	甲野　義太郎
戸籍事項 　　戸籍編製	【編製日】平成29年1月10日
戸籍に記録されている者	【名】由香 【生年月日】平成12年1月10日 【父】丙野良太 【母】甲野梅子 【続柄】長女
身分事項 　　出　　生	【出生日】平成12年1月10日 【出生地】北海道室蘭市 【届出日】平成12年1月20日 【届出人】父
親　　権	【親権者を定めた日】平成26年2月1日 【親権者】母 【届出人】父母
入　　籍	【届出日】平成30年1月10日 【入籍事由】母の氏を称する入籍 【従前戸籍】札幌市北区北八条西二丁目1番地1　乙野梅子
訂　　正	【訂正日】平成30年2月10日 【訂正事由】誤記 【従前の記録】 　　【届出人】親権者母
	以下余白

※1　記載事項の一部についての消除は，誤記訂正による（タイトル「消除」は記録の全部を消除する場合に使用する。）。
　2　市区町村長限りの職権訂正に関する事項（誤記，遺漏，文字関連訂正（更正）によるものに限る）は，全部事項証明には出力されない。

〔入籍事項の訂正2〕15歳未満の者の入籍事項につき，届出人の資格の記載を遺漏した場合

訂正前の記録事項証明書

(2の1) 全部事項証明

本　　　籍	北海道室蘭市入江町一丁目1番地
氏　　　名	甲野　梅子
戸籍事項 　戸籍編製	【編製日】平成30年1月10日
戸籍に記録されている者	【名】美香 【生年月日】平成27年2月1日 【父】丙野良太 【母】甲野梅子 【続柄】長女
身分事項 　出　　生	【出生日】平成27年2月1日 【出生地】北海道室蘭市 【届出日】平成27年2月10日 【届出人】父
親　　権	【親権者を定めた日】平成30年1月10日 【親権者】父 【届出人】父母
入　　籍	【届出日】平成30年2月10日 【入籍事由】母の氏を称する入籍 【従前戸籍】札幌市北区北八条西二丁目1番地1　丙野良太
	以下余白

9　入籍事項の訂正

決裁用帳票

（2の1）　決裁用帳票

本　　　籍	北海道室蘭市入江町一丁目1番地
氏　　　名	甲野　梅子
戸籍事項 　戸籍編製	【編製日】平成30年1月10日

〜〜〜〜〜〜〜〜〜〜〜〜〜〜〜〜〜〜〜〜〜〜〜〜〜〜〜〜〜〜〜〜〜〜〜〜〜〜

戸籍に記録されている者	【名】美香 【生年月日】平成27年2月1日 【父】丙野良太 【母】甲野梅子 【続柄】長女
身分事項 　出　　　生	【出生日】平成27年2月1日 【出生地】北海道室蘭市 【届出日】平成27年2月10日 【届出人】父
親　　　権	【親権者を定めた日】平成30年1月10日 【親権者】父 【届出人】父母
入　　　籍	【届出日】平成30年2月10日 【入籍事由】母の氏を称する入籍 **【届出人】親権者母** 【従前戸籍】札幌市北区北八条西二丁目1番地1　丙野良太
訂　　　正	【訂正日】平成30年3月20日 【訂正事由】記録遺漏 【記録の内容】 　　【届出人】親権者母
	以下余白

330　第5　身分事項欄の訂正

10　帰化事項の訂正

〔帰化事項の訂正1〕帰化者につき従前の氏名を誤記した場合

決裁用帳票

(1の1)　決　裁　用　帳　票

本　　籍	北海道室蘭市栄町一丁目2番地
氏　　名	金　茂雄

戸籍事項 　　戸籍編製	【編製日】平成30年2月10日

戸籍に記録されている者	【名】茂雄 【生年月日】昭和58年8月1日 【父】金忠治 【母】朴春子 【続柄】長男

身分事項 　　出　　生	【出生日】昭和58年8月1日 【出生地】北海道登別市 【届出日】昭和58年8月10日 【届出人】父 【受理者】北海道登別市長
帰　　化	【帰化日】平成30年1月10日 【届出日】平成30年2月10日 【帰化の際の国籍】韓国 【従前の氏名】金茂
訂　　正	【訂正日】平成30年3月10日 【訂正事由】誤記 【従前の記録】 　　【従前の氏名】金茂雄

	以下余白

※　紙戸籍においては、帰化前と帰化後の氏名が同一である場合は従前の氏名の記載を省略して差し支えなく、従前の氏名の一方のみが異なる場合はその異なる氏又は名のみの記載で差し支えないとされているが、コンピュータ戸籍においては、いずれの場合においても、必ず従前の氏名を記録することとなる。

10 帰化事項の訂正

訂正後の記録事項証明書

(1の1) 　全部事項証明

本　　籍	北海道室蘭市栄町一丁目2番地
氏　　名	金　茂雄
戸籍事項 　　戸籍編製	【編製日】平成30年2月10日
戸籍に記録されている者	【名】茂雄 【生年月日】昭和58年8月1日 【父】金忠治 【母】朴春子 【続柄】長男
身分事項 　　出　　生	【出生日】昭和58年8月1日 【出生地】北海道登別市 【届出日】昭和58年8月10日 【届出人】父 【受理者】北海道登別市長
帰　　化	【帰化日】平成30年1月10日 【届出日】平成30年2月10日 【帰化の際の国籍】韓国 【従前の氏名】金茂
	以下余白

※　市区町村長限りの職権訂正に関する事項(誤記，遺漏，文字関連訂正(更正)によるものに限る)は，全部事項証明書には出力されない。

〔帰化事項の訂正２〕妻（夫）の帰化事項の年月日を誤記した場合

訂正前の記録事項証明書

(2の1) 　全部事項証明

本　　籍	北海道室蘭市栄町一丁目２番地
氏　　名	乙野　茂雄
戸籍事項 　　戸籍編製	【編製日】平成２８年２月１０日
戸籍に記録されている者	【名】茂雄 【生年月日】昭和５８年８月１日　　　【配偶者区分】夫 【父】乙野忠治 【母】乙野春子 【続柄】長男
身分事項 　　出　　生	【出生日】昭和５８年８月１日 【出生地】北海道登別市 【届出日】昭和５８年８月１０日 【届出人】父
婚　　姻	【婚姻日】平成２８年２月１０日 【配偶者氏名】ベルナール，マリア 【配偶者の国籍】アメリカ合衆国 【配偶者の生年月日】西暦１９８４年１月１日 【従前戸籍】札幌市北区北八条西二丁目１番地１　乙野忠治
配偶者の帰化	【配偶者の帰化日】平成２９年１２月２５日 【配偶者氏名】乙野真理
戸籍に記録されている者	【名】真理 【生年月日】昭和５９年１月１日　　　【配偶者区分】妻 【父】ベルナール，ウィン 【母】ベルナール，ベティ 【続柄】長女
身分事項 　　出　　生 　　婚　　姻	【出生日】昭和５９年１月１日 【出生地】アメリカ合衆国ニューヨーク州ニューヨーク市 【婚姻日】平成２８年２月１０日 【配偶者氏名】乙野茂雄

	(2の2)	全部事項証明
帰　化	【帰化日】平成29年12月10日 【届出日】平成29年12月25日 【帰化の際の国籍】アメリカ合衆国 【従前の氏名】ベルナール，マリア	
		以下余白

決裁用帳票

(2の1)　決　裁　用　帳　票

本　　　籍	北海道室蘭市栄町一丁目2番地
氏　　　名	乙野　茂雄
戸籍事項 　　戸籍編製	【編製日】平成28年2月10日
戸籍に記録されている者	【名】茂雄 【生年月日】昭和58年8月1日　　　　【配偶者区分】夫 【父】乙野忠治 【母】乙野春子 【続柄】長男
身分事項 　　出　　生	【出生日】昭和58年8月1日 【出生地】北海道登別市 【届出日】昭和58年8月10日 【届出人】父
婚　　姻	【婚姻日】平成28年2月10日 【配偶者氏名】ベルナール，マリア 【配偶者の国籍】アメリカ合衆国 【配偶者の生年月日】西暦1984年1月1日 【従前戸籍】札幌市北区北八条西二丁目1番地1　乙野忠治
配偶者の帰化	【配偶者の帰化日】平成29年12月10日 【配偶者氏名】乙野真理
訂　　正	【訂正日】平成30年1月10日 【訂正事由】誤記 【従前の記録】 　　【配偶者の帰化日】平成29年12月25日
戸籍に記録されている者	【名】真理 【生年月日】昭和59年1月1日　　　　【配偶者区分】妻 【父】ベルナール，ウィン 【母】ベルナール，ベティ 【続柄】長女
身分事項 　　出　　生	【出生日】昭和59年1月1日

(2の2) 決裁用帳票

婚　姻	【出生地】アメリカ合衆国ニューヨーク州ニューヨーク市 【婚姻日】平成28年2月10日 【配偶者氏名】乙野茂雄
帰　化	【帰化日】平成29年12月10日 【届出日】平成29年12月25日 【帰化の際の国籍】アメリカ合衆国 【従前の氏名】ベルナール，マリア

以下余白

〔帰化事項の訂正３〕帰化者の子につき母欄更正年月日を誤記した場合

戸籍訂正書

受付	平成 30 年 1 月 10 日	
	第　83　号	

戸籍	
調査	
記載	
記載調査	
送付通知	
住民票	
記載	
通知	
附票	
記載	
通知	

(1)	事件本人	本　　籍	北海道室蘭市栄町１丁目２番地
		筆頭者氏名	乙　野　茂　雄
(2)		住所及び世帯主氏名	室蘭市栄町１丁目２番地　乙野茂雄
(3)		氏　　名	乙　野　一　郎
		生年月日	平成 29 年 8 月 1 日
(4)	訂正・記載の事由		事件本人について，母帰化による母欄更正事項の日として母帰化の日を記載していることを発見したが，これは当職の過誤であるので，職権により戸籍の訂正をする。
(5)	訂正・記載の趣旨		事件本人について，母欄更正事項の日を訂正する。 (記載例) 更　正：【更正日】平成２９年１２月２５日 【更正事項】母の氏名 【更正事由】母帰化 【従前の記録】 　【母】ベルナール，マリア 訂　正：【訂正日】平成３０年１月１０日 【訂正事由】誤記 【従前の記録】 　【更正日】平成２９年１２月１０日
(6)	添付書類		母の帰化届書謄本

上記のとおり職権によって訂正する。

平成 30 年 1 月 10 日

北海道室蘭市長　○　○　○　○　職印

(注)　事件本人が二人以上であるときは、必要に応じ該当欄を区切り記載する。

注　母の帰化届書謄本の添付を要するが，母が同一戸籍に入籍して誤りが明らかな場合には添付を省略することができる。

決裁用帳票

		(2の1)	決 裁 用 帳 票

本　　　籍	北海道室蘭市栄町一丁目2番地
氏　　　名	乙野　茂雄
戸籍事項 　　戸籍編製	【編製日】平成28年2月10日
戸籍に記録されている者	【名】茂雄 【生年月日】昭和58年8月1日　　　【配偶者区分】夫 【父】乙野忠治 【母】乙野春子 【続柄】長男
身分事項 　　出　　生	【出生日】昭和58年8月1日 【出生地】北海道登別市 【届出日】昭和58年8月10日 【届出人】父
婚　　姻	【婚姻日】平成28年2月10日 【配偶者氏名】ベルナール，マリア 【配偶者の国籍】アメリカ合衆国 【配偶者の生年月日】西暦1984年1月1日 【従前戸籍】札幌市北区北八条西二丁目1番地1　乙野忠治
配偶者の帰化	【配偶者の帰化日】平成29年12月10日 【配偶者氏名】乙野真理
戸籍に記録されている者	【名】一郎 【生年月日】平成29年8月1日 【父】乙野茂雄 【母】乙野真理 【続柄】長男
身分事項 　　出　　生	【出生日】平成29年8月1日 【出生地】北海道室蘭市 【届出日】平成29年8月10日 【届出人】父
更　　正	【更正日】平成29年12月25日

第5　身分事項欄の訂正

	（2の2） 決裁用帳票
訂　　　正	【更正事項】母の氏名 【更正事由】母帰化 【従前の記録】 　　【母】ベルナール，マリア 【訂正日】平成30年1月10日 【訂正事由】誤記 【従前の記録】 　　【更正日】平成29年12月10日
戸籍に記録されている者	【名】真理 【生年月日】昭和59年1月1日　　　【配偶者区分】妻 【父】ベルナール，ウィン 【母】ベルナール，ベティ 【続柄】長女
身分事項 　　出　　生 　　婚　　姻 　　帰　　化	【出生日】昭和59年1月1日 【出生地】アメリカ合衆国ニューヨーク州ニューヨーク市 【婚姻日】平成28年2月10日 【配偶者氏名】乙野茂雄 【帰化日】平成29年12月10日 【届出日】平成29年12月25日 【帰化の際の国籍】アメリカ合衆国 【従前の氏名】ベルナール，マリア
	以下余白

※　母欄更正の年月日は帰化届のあった日（帰化届が送付された日）となり，母が帰化した日（告示の日）とは異なる。

11　名変更事項の訂正

〔名変更事項の訂正1〕名変更事項の移記を遺漏した場合

訂正前の記録事項証明書

(1の1)　全部事項証明

本　　籍	北海道室蘭市入江町一丁目1番地
氏　　名	佐藤　恵子
戸籍事項 　　転　籍	【転籍日】平成30年1月10日 【従前本籍】札幌市北区北八条西二丁目1番地1
戸籍に記録されている者	【名】恵子 【生年月日】昭和63年9月1日 【父】佐藤一郎 【母】佐藤孝子 【続柄】長女
身分事項 　　出　生	【出生日】昭和63年9月1日 【出生地】北海道室蘭市 【届出日】昭和63年9月10日 【届出人】父
	以下余白

第5　身分事項欄の訂正

決裁用帳票

（1の1）｜決 裁 用 帳 票

本　　　籍	北海道室蘭市入江町一丁目1番地
氏　　　名	佐藤　恵子
戸籍事項 　　転　　籍	【転籍日】平成30年1月10日 【従前本籍】札幌市北区北八条西二丁目1番地1
戸籍に記録されている者	【名】恵子 【生年月日】昭和63年9月1日 【父】佐藤一郎 【母】佐藤孝子 【続柄】長女
身分事項 　　出　　生	【出生日】昭和63年9月1日 【出生地】北海道室蘭市 【届出日】昭和63年9月10日 【届出人】父
名の変更	【名の変更日】平成29年12月10日
記　　録	【記録日】平成30年2月10日 【記録事由】記録遺漏
	以下余白

※1　市区町村長限りの職権訂正に関する事項（誤記，遺漏，文字関連訂正（更正）によるものに限る）は，全部事項証明には出力されない。
　2　名の変更事項を移記するときは，【従前の記録】は省略して移記する。

〔名変更事項の訂正２〕15歳未満の子の名の変更届で，届出人の記載を遺漏した場合

訂正前の記録事項証明書

		（2の1）	全部事項証明
本　　　籍	北海道室蘭市入江町一丁目1番地		
氏　　　名	甲野　義夫		
戸籍事項 　　転　　籍	【転籍日】平成２９年１月１０日 【従前本籍】札幌市北区北八条西二丁目１番地１		
戸籍に記録されている者	【名】祐子 【生年月日】平成２９年８月１日　【父】甲野義夫 【母】甲野梅子 【続柄】長女		
身分事項 　　出　　生	【出生日】平成２９年８月１日 【出生地】北海道登別市 【届出日】平成２９年８月１０日 【届出人】父		
名の変更	【名の変更日】平成３０年１２月１０日 【従前の記録】 　　【名】裕子		
			以下余白

決裁用帳票

(2の1) 　決　裁　用　帳　票

本　　　籍	北海道室蘭市入江町一丁目1番地
氏　　　名	甲野　義夫
戸籍事項 　　転　籍	【転籍日】平成29年1月10日 【従前本籍】札幌市北区北八条西二丁目1番地1
戸籍に記録されている者	【名】祐子 【生年月日】平成29年8月1日 【父】甲野義夫 【母】甲野梅子 【続柄】長女
身分事項 　　出　　生	【出生日】平成29年8月1日 【出生地】北海道登別市 【届出日】平成29年8月10日 【届出人】父
名の変更	【名の変更日】平成30年12月10日 【届出人】親権者父母 【従前の記録】 　　【名】裕子
訂　　正	【訂正日】平成30年12月25日 【訂正事由】記録遺漏 【記録の内容】 　　【届出人】親権者父母
	以下余白

※　市区町村長限りの職権訂正に関する事項（誤記，遺漏，文字関連訂正（更正）によるものに限る）は，全部事項証明には出力されない。

〔名変更事項の訂正3〕性別の取扱いの変更の裁判確定による嘱託によって新戸籍を編製する際に，名の変更事項に【従前の記録】を移記してしまった場合

訂正前の記録事項証明書

(1の1) 全部事項証明

本　　　籍	札幌市北区北九条西二丁目2番地
氏　　　名	甲野　義太郎
戸籍事項 　戸籍編製	【編製日】平成28年10月28日
戸籍に記録されている者	【名】義太郎 【生年月日】昭和60年10月2日 【父】甲野義雄 【母】甲野花子 【続柄】長男
身分事項 　出　　生	【出生日】昭和60年10月2日 【出生地】札幌市北区 【届出日】昭和60年10月10日 【届出人】父
名の変更	【名の変更日】平成28年5月21日 【従前の記録】 　　【名】玲子
平成15年法律第111号3条	【平成15年法律第111号3条による裁判確定日】平成28年10月23日 【記録嘱託日】平成28年10月28日 【従前戸籍】札幌市北区北九条西二丁目2番地　甲野義雄 【従前の記録】 　　【父母との続柄】長女
	以下余白

344　第5　身分事項欄の訂正

決裁用帳票

（1の1）｜決　裁　用　帳　票

本　　籍	札幌市北区北九条西二丁目2番地
氏　　名	甲野　義太郎
戸籍事項 　　戸籍編製	【編製日】平成28年10月28日
戸籍に記録されている者	【名】義太郎 【生年月日】昭和60年10月2日 【父】甲野義雄 【母】甲野花子 【続柄】長男
身分事項 　　出　　生	【出生日】昭和60年10月2日 【出生地】札幌市北区 【届出日】昭和60年10月10日 【届出人】父
名の変更	【名の変更日】平成28年5月21日
訂　　正	【訂正日】平成30年1月10日 【訂正事由】誤記 【従前の記録】 　　【従前の記録】 　　　　【名】玲子
平成15年法律第111号3条	【平成15年法律第111号3条による裁判確定日】平成28年10月23日 【記録嘱託日】平成28年10月28日 【従前戸籍】札幌市北区北九条西二丁目2番地　甲野義雄 【従前の記録】 　　【父母との続柄】長女
	以下余白

12 転籍事項の訂正

〔転籍事項の訂正〕転籍地の戸籍に除籍者を記載した場合

決裁用帳票

(2の1) 　決 裁 用 帳 票

本　　　籍	北海道室蘭市入江町一丁目1番地
氏　　　名	甲野　高夫
戸籍事項 　　転　　籍	【転籍日】平成30年1月10日 【従前本籍】札幌市北区北八条西二丁目1番地1
戸籍に記録されている者	【名】高夫 【生年月日】昭和60年6月1日　　　　【配偶者区分】夫 【父】甲野義太郎 【母】甲野梅子 【続柄】二男
身分事項 　　出　　生 　　婚　　姻	【出生日】昭和60年6月1日 【出生地】北海道室蘭市 【届出日】昭和60年6月10日 【届出人】父 【婚姻日】平成23年1月10日 【配偶者氏名】山本和子 【従前戸籍】札幌市北区北八条西二丁目1番地1　甲野義太郎
戸籍に記録されている者	【名】和子 【生年月日】昭和60年5月1日　　　　【配偶者区分】妻 【父】山本太郎 【母】山本好子 【続柄】長女
身分事項 　　出　　生 　　婚　　姻	【出生日】昭和60年5月1日 【出生地】北海道室蘭市 【届出日】昭和60年5月10日 【届出人】父 【婚姻日】平成23年1月10日 【配偶者氏名】甲野高夫 【従前戸籍】北海道室蘭市入江町一丁目1番地　山本太郎

	（2の2）	決 裁 用 帳 票
戸籍に記録されている者 　消　　　除	【名】由美 【生年月日】平成２３年１２月１日 【父】甲野高夫 【母】甲野和子 【続柄】長女	
身分事項 　　出　　　生	【出生日】平成２３年１２月１日 【出生地】北海道室蘭市 【届出日】平成２３年１２月１０日 【届出人】父	
消　　　除	【消除日】平成３０年２月１０日 【消除事項】戸籍の記録全部 【消除事由】転籍による戸籍の記録誤記	

以下余白

13 その他の訂正

〔その他の訂正1〕改製の際，誤って除籍者を記載した場合

決裁用帳票

(2の1) | 決 裁 用 帳 票

本　　　籍	北海道室蘭市入江町一丁目1番地
氏　　　名	甲野　高夫
戸籍事項 　　戸籍改製	【改製日】平成13年2月3日 【改製事由】平成6年法務省令第51号附則第2条第1項による改製
戸籍に記録されている者	【名】高夫 【生年月日】昭和42年6月1日　　　【配偶者区分】夫 【父】甲野義太郎 【母】甲野梅子 【続柄】二男
身分事項 　　出　　生 　　婚　　姻	【出生日】昭和42年6月1日 【出生地】北海道室蘭市 【届出日】昭和42年6月10日 【届出人】父 【婚姻日】平成5年1月10日 【配偶者氏名】山本和子 【従前戸籍】札幌市北区北八条西二丁目1番地1　甲野義太郎
戸籍に記録されている者	【名】和子 【生年月日】昭和42年5月1日　　　【配偶者区分】妻 【父】山本太郎 【母】山本好子 【続柄】長女
身分事項 　　出　　生 　　婚　　姻	【出生日】昭和42年5月1日 【出生地】北海道室蘭市 【届出日】昭和42年5月10日 【届出人】父 【婚姻日】平成5年1月10日 【配偶者氏名】甲野高夫 【従前戸籍】北海道室蘭市入江町一丁目1番地　山本太郎

	(2の2)	決裁用帳票

戸籍に記録されている者 　消　　除	【名】由美 【生年月日】平成5年10月1日 【父】甲野高夫 【母】甲野和子 【続柄】長女	
身分事項 　　出　　生	【出生日】平成5年10月1日 【出生地】北海道室蘭市 【届出日】平成5年10月10日 【届出人】父	
消　　除	【消除日】平成14年2月10日 【消除事項】戸籍の記録全部 【消除事由】改製による入籍の記録誤記	
		以下余白

〔その他の訂正2〕コンピュータ移行のデータ送付後，筆頭者が死亡したが，異動データの送付を失念し，そのまま改製された場合

訂正前の記録事項証明書

(1の1) 　全部事項証明

本　　籍	北海道室蘭市入江町一丁目1番地
氏　　名	甲野　義夫
戸籍事項 　　戸籍改製	【改製日】平成13年2月3日 【改製事由】平成6年法務省令第51号附則第2条第1項による改製
戸籍に記録されている者	【名】義夫 【生年月日】昭和42年6月19日　　【配偶者区分】夫 【父】甲野義太郎 【母】甲野梅子 【続柄】長男
身分事項 　　出　　生	【出生日】昭和42年6月19日 【出生地】北海道室蘭市 【届出日】昭和42年6月20日 【届出人】父
婚　　姻	【婚姻日】平成2年10月27日 【配偶者氏名】山本和子 【従前戸籍】札幌市北区北八条二丁目1番地1　甲野義太郎
戸籍に記録されている者	【名】和子 【生年月日】昭和42年7月27日　　【配偶者区分】妻 【父】山本太郎 【母】山本好子 【続柄】長女
身分事項 　　出　　生	【出生日】昭和42年7月27日 【出生地】北海道室蘭市 【届出日】昭和42年7月30日 【届出人】父
婚　　姻	【婚姻日】平成2年10月27日 【配偶者氏名】甲野義夫 【従前戸籍】北海道室蘭市入江町一丁目1番地　山本太郎
	以下余白

決裁用帳票

(2の1) 決裁用帳票

本　　　籍	北海道室蘭市入江町一丁目1番地
氏　　　名	甲野　義夫

戸籍事項 　　戸籍改製	【改製日】平成13年2月3日 【改製事由】平成6年法務省令第51号附則第2条第1項による改製

戸籍に記録されている者 　除　　籍	【名】義夫 【生年月日】昭和42年6月19日 【父】甲野義太郎 【母】甲野梅子 【続柄】長男
身分事項 　　消　　除	【消除日】平成13年2月14日 【消除事項】出生事項 【消除事由】改製による記録誤記 【従前の記録】 　　【出生日】昭和42年6月19日 　　【出生地】北海道室蘭市 　　【届出日】昭和42年6月20日 　　【届出人】父
消　　除	【消除日】平成13年2月14日 【消除事項】婚姻事項 【消除事由】改製による記録誤記 【従前の記録】 　　【婚姻日】平成2年10月27日 　　【配偶者氏名】山本和子 　　【従前戸籍】札幌市北区北八条二丁目1番地1　甲野義太郎

戸籍に記録されている者	【名】和子 【生年月日】昭和42年7月27日 【父】山本太郎 【母】山本好子 【続柄】長女

13 その他の訂正　351

(2の2)　｜決裁用帳票

身分事項	
出　生	【出生日】昭和42年7月27日 【出生地】北海道室蘭市 【届出日】昭和42年7月30日 【届出人】父
消　除	【消除日】平成13年2月14日 【消除事項】婚姻事項 【消除事由】改製による記録誤記 【従前の記録】 　　【婚姻日】平成2年10月27日 　　【配偶者氏名】甲野義夫 　　【従前戸籍】北海道室蘭市入江町一丁目1番地　山本太郎

以下余白

〔その他の訂正3〕改製の際，国籍留保とともに出生届をしている場合の記載を誤記，遺漏した場合

訂正前の記録事項証明書

(1の1)　全部事項証明

本　　籍	北海道室蘭市入江町一丁目1番地
氏　　名	甲野　義夫
戸籍事項 　　戸籍改製	【改製日】平成13年2月3日 【改製事由】平成6年法務省令第51号附則第2条第1項による改製
戸籍に記録されている者	【名】義夫 【生年月日】昭和40年8月1日　　　　　【配偶者区分】夫 【父】甲野義太郎 【母】甲野梅子 【続柄】長男
身分事項 　　出　　生	【出生日】昭和40年8月1日 【出生地】ブラジル国サンパウロ州サンパウロ市 【国籍留保の届出人】父 【国籍留保の届出日】昭和40年9月1日 【送付を受けた日】昭和40年9月20日 【受理者】在サンパウロ総領事
	以下余白

決裁用帳票

(1の1) 　決　裁　用　帳　票

本　　籍	北海道室蘭市入江町一丁目1番地
氏　　名	甲野　義夫
戸籍事項 　　戸籍改製	【改製日】平成13年2月3日 【改製事由】平成6年法務省令第51号附則第2条第1項による改製
戸籍に記録されている者	【名】義夫 【生年月日】昭和40年8月1日　　　【配偶者区分】夫 【父】甲野義太郎 【母】甲野梅子 【続柄】長男
身分事項 　　出　　生	【出生日】昭和40年8月1日 【出生地】ブラジル国サンパウロ州サンパウロ市 【届出日】昭和40年9月1日 【届出人】父 【国籍留保の届出日】昭和40年9月1日 【送付を受けた日】昭和40年9月20日 【受理者】在サンパウロ総領事
訂　　正	【訂正日】平成13年2月10日 【訂正事由】誤記及び記録遺漏 【従前の記録】 　　【国籍留保の届出人】父 【記録の内容】 　　【届出日】昭和40年9月1日 　　【届出人】父
	以下余白

〔その他の訂正４〕戸籍の消除事項の記録を遺漏した場合

訂正前の記録事項証明書

（2の1）　全部事項証明

本　　籍	札幌市北区北九条西二丁目２番地
氏　　名	甲野　義夫

戸籍事項 戸籍編製	【編製日】平成３０年７月２７日

戸籍に記録されている者	【名】義夫
	【生年月日】平成３年１１月６日　　　　　【配偶者区分】夫 【父】甲野幸雄 【母】甲野春子 【続柄】長男

身分事項 出　　生	【出生日】平成３年１１月６日 【出生地】札幌市北区 【届出日】平成３年１１月１９日 【届出人】父
消　　除	【消除日】平成３０年９月９日 【消除事項】乙野梅子との婚姻事項 【消除事由】誤記 【許可日】平成３０年９月８日 【従前の記録】 　　【婚姻日】平成３０年７月２７日 　　【配偶者氏名】乙野梅子 　　【従前戸籍】札幌市北区北九条西二丁目２番地　甲野幸雄

戸籍に記録されている者	【名】梅子
	【生年月日】平成４年１月１７日　　　　　【配偶者区分】妻 【父】乙野忠治 【母】乙野春枝 【続柄】長女

身分事項 出　　生	【出生日】平成４年１月１７日 【出生地】札幌市北区 【届出日】平成４年１月２０日 【届出人】父
消　　除	【消除日】平成３０年９月９日

	(2の2) 全部事項証明
	【消除事項】甲野義夫との婚姻事項 【消除事由】誤記 【許可日】平成30年9月8日 【従前の記録】 　　【婚姻日】平成30年7月27日 　　【配偶者氏名】甲野義夫 　　【従前戸籍】北海道室蘭市入江町二丁目2番地　乙野忠治
	以下余白

第5　身分事項欄の訂正

決裁用帳票

除　　　籍	（2の1）	決 裁 用 帳 票
本　　　籍 　　氏　　　名	札幌市北区北九条西二丁目2番地 甲野　義夫	
戸籍事項 　　戸籍編製 　　戸籍消除 　　　記　　録	【編製日】平成30年7月27日 【消除日】平成30年9月9日 【記録日】平成31年1月10日 【記録事由】戸籍消除の記録遺漏	
戸籍に記録されている者 　消　　除	【名】義夫 【生年月日】平成3年11月6日　　　　【配偶者区分】夫 【父】甲野幸雄 【母】甲野春子 【続柄】長男	
身分事項 　出　　生 　消　　除	【出生日】平成3年11月6日 【出生地】札幌市北区 【届出日】平成3年11月19日 【届出人】父 【消除日】平成30年9月9日 【消除事項】乙野梅子との婚姻事項 【消除事由】誤記 【許可日】平成30年9月8日 【従前の記録】 　　【婚姻日】平成30年7月27日 　　【配偶者氏名】乙野梅子 　　【従前戸籍】札幌市北区北九条西二丁目2番地　甲野幸雄	
戸籍に記録されている者 　消　　除	【名】梅子 【生年月日】平成4年1月17日　　　　【配偶者区分】妻 【父】乙野忠治 【母】乙野春枝 【続柄】長女	
身分事項 　出　　生	【出生日】平成4年1月17日 【出生地】札幌市北区	

	（2の2）　決 裁 用 帳 票
消　　除	【届出日】平成4年1月20日 【届出人】父
	【消除日】平成30年9月9日 【消除事項】甲野義夫との婚姻事項 【消除事由】誤記 【許可日】平成30年9月8日 【従前の記録】 　　【婚姻日】平成30年7月27日 　　【配偶者氏名】甲野義夫 　　【従前戸籍】北海道室蘭市入江町二丁目2番地　乙野忠治
	以下余白

第5　身分事項欄の訂正

訂正後の記録事項証明書

除　　籍	（2の1）　全部事項証明
本　　籍	札幌市北区北九条西二丁目2番地
氏　　名	甲野　義夫

戸籍事項	
戸籍編製	【編製日】平成30年7月27日
戸籍消除	【消除日】平成30年9月9日

戸籍に記録されている者	【名】義夫
消　　除	【生年月日】平成3年11月6日　　【配偶者区分】夫 【父】甲野幸雄 【母】甲野春子 【続柄】長男

身分事項	
出　　生	【出生日】平成3年11月6日 【出生地】札幌市北区 【届出日】平成3年11月19日 【届出人】父
消　　除	【消除日】平成30年9月9日 【消除事項】乙野梅子との婚姻事項 【消除事由】誤記 【許可日】平成30年9月8日 【従前の記録】 　　【婚姻日】平成30年7月27日 　　【配偶者氏名】乙野梅子 　　【従前戸籍】札幌市北区北九条西二丁目2番地　甲野幸雄

戸籍に記録されている者	【名】梅子
消　　除	【生年月日】平成4年1月17日　　【配偶者区分】妻 【父】乙野忠治 【母】乙野春枝 【続柄】長女

身分事項	
出　　生	【出生日】平成4年1月17日 【出生地】札幌市北区 【届出日】平成4年1月20日 【届出人】父

(2の2) 　全部事項証明

消　　除	【消除日】平成30年9月9日 【消除事項】甲野義夫との婚姻事項 【消除事由】誤記 【許可日】平成30年9月8日 【従前の記録】 　　【婚姻日】平成30年7月27日 　　【配偶者氏名】甲野義夫 　　【従前戸籍】北海道室蘭市入江町二丁目2番地　乙野忠治
	以下余白

資　料
―― 参考事項（通達・回答）――

1　市区町村長限りで戸籍訂正ができる範囲
　　昭和47年5月2日民事甲第1766号通達……………………………… 361

2　氏名の訂正・更正申出
　　平成2年10月20日民二第5200号通達………………………………… 362

3　外国人配偶者・父母欄の氏名の更正申出
　　昭和55年8月27日民二第5218号通達………………………………… 368
　　昭和59年11月1日民二第5500号通達（抄）………………………… 369

4　父母の婚姻等による氏変更の申出
　　昭和26年12月20日民事甲第2416号回答……………………………… 372

5　父母欄の「亡」の字の冠記
　　平成3年11月28日民二第5877号通達………………………………… 373

6　配偶欄を設ける申出
　　昭和59年11月1日民二第5500号通達………………………………… 373

7　嫡出でない子の父母との続柄欄の記載の更正
　　平成16年11月1日民一第3008号通達………………………………… 374

1 市区町村長限りで戸籍訂正ができる範囲

◎市区町村長の過誤により戸籍に誤記した場合の職権訂正について（昭和47年5月2日付け民事甲第1766号民事局長通達）

（要旨）　市区町村長の過誤により戸籍に誤記した場合，これが届書類によって明白であり，かつ，その内容が軽微で訂正の結果が身分関係に影響を及ぼさない場合は，市区町村長限りの職権で訂正して差し支えない

改正　平成13年6月15日民一第1544号通達

標記の件について東京法務局長から別紙甲号のとおり照会があり，別紙乙号のとおり回答したから，ご了知のうえ，然るべく管内市区町村長に対し助言することとされたい。

別紙甲号（照会）

戸籍の記載に錯誤または遺漏がある場合において，市区町村長が職権により戸籍の訂正をするには，その原因が市区町村長の過誤によるものであつても，戸籍法第24条第2項後段の規定により管轄局の長の許可を得てするものとされております。

しかしながら，戸籍記載の錯誤または遺漏が，市区町村長の過誤によるものであることが届書類によつて明白であり，かつ，その内容が軽微で（たとえば，出生の年月日，届出の年月日，または父母との続柄を誤記した場合，あるいは養子縁組の代諾者の資格または氏名を遺漏した場合など），訂正の結果が身分関係に影響をおよぼさない場合には，その訂正について，いわゆる，市区町村長限りの職権訂正として，あらかじめ，管轄局の長の許可を包括的に与える取扱いとしても，事務処理上さしつかえないものと考えます。また，この取扱いを認めることによつて訂正後の戸籍謄抄本を早急に必要とする関係人の利便が図られるとともに，市区町村および管轄局における戸籍訂正事務の簡素合理化に資することとなります。

したがつて，今後は右の取扱いによつて市区町村に対し助言したいと考えますが，その可否について何分のご指示を得たく，照会します。

別紙乙号（昭和47年4月19日民事甲第147号回答）

客月13日付戸第95号をもつて照会のあつた標記の件については，貴見のとおり取り扱つてさしつかえない。

2 氏名の訂正・更正申出

◎氏又は名の記載に用いる文字の取扱いに関する通達等の整理について（平成２年10月20日付け民二第5200号民事局長通達）

　改正　平成６年11月16日民二第7005号通達
　　　　平成13年６月15日民一第1544号通達
　　　　平成16年２月23日民一第　421号通達
　　　　平成16年９月27日民一第2665号通達
　　　　平成21年４月30日民一第1109号通達
　　　　平成22年11月30日民一第2903号通達

　氏又は名の記載に用いる文字の取扱いに関する戸籍事務の取扱いは，次のとおりとするので，貴管下支局長及び管内市区町村長に周知方取り計らわれたい。

　なお，これに反する当職通達又は回答は，本通達によって変更又は廃止するので，念のため申し添える。

第１　新戸籍編製等の場合の氏又は名の記載に用いる文字の取扱い

　婚姻，養子縁組，転籍等による新戸籍の編製，他の戸籍への入籍又は戸籍の再製により従前の戸籍に記載されている氏若しくは名を移記する場合，又は認知，後見開始等により戸籍の身分事項欄，父母欄等に新たに氏若しくは名を記載する場合において，当該氏又は名の文字が従前戸籍，現在戸籍等において俗字等又は誤字で記載されているときの取扱いは，次のとおりとする。

　１　俗字等の取扱い

　　戸籍に記載されている氏又は名の文字が次に掲げる文字であるときは，そのまま記載するものとする。

　　(1)　漢和辞典に俗字として登載されている文字（別表に掲げる文字を除く。）

　　(2)　「礻」，「辶」，「飠」又は「靑」を構成部分にもつ正字の当該部分がそれぞれ「ネ」，「辶」，「食」又は「青」と記載されている文字

　２　誤字の取扱い

　　(1)　誤字の解消

　　　戸籍に記載されている氏又は名の文字が誤字で記載されているときは，これに対応する字種及び字体による正字又は別表に掲げる文字（以下「正字等」という。）で記載するものとする。

　　　対応する字種に字体が複数あり，そのいずれの字体に対応するかについて

疑義がある場合には，それらの字体のうち「通用字体」（常用漢字表（平成22年内閣告示第2号）に掲げる字体（括弧書きが添えられているものについては，括弧の外のもの）をいう。）又は戸籍法施行規則（昭和22年司法省令第94号）別表第二（以下「規則別表第二」という。）の一に掲げる字体を用いるものとする。ただし，対応する正字等を特定する上で疑義がある場合には，管轄法務局若しくは地方法務局又はその支局（以下「管轄局」という。）の長の指示を求めるものとする。

(2) 事由の記載

　従前の戸籍に誤字で記載されている氏又は名の文字を新たに戸籍にこれに対応する正字等で記載した場合には，その事由については，戸籍に記載を要しない。

(3) 告知手続

　従前の戸籍に氏又は名の文字が誤字で記載されており，新たに戸籍の筆頭者氏名欄又は名欄にこれに対応する正字等で記載する場合は，戸籍の記載の事前又は事後に書面又は口頭でその旨を告知するものとする。ただし，届出書の届出人署名欄に正字等で自己の氏又は名を記載して届出をした者に対しては，告知を要しない。

　ア　告知は，新たに戸籍の筆頭者氏名欄又は名欄に記載する市区町村長（以下「記載市区町村長」という。）又は届出等を受理した市区町村長が行う。届出等を受理した市区町村長が行った場合は，届書等を記載市区町村長へ送付する際に告知した内容を通知するものとする。

　イ　告知の相手方は，筆頭者氏名欄の氏の場合は筆頭者（筆頭者が除籍されている場合は，配偶者。配偶者も除籍されている場合は，同戸籍に記載された他の者全員）に対し，名欄の場合は本人に対してこれを行う。

　ウ　郵送により告知する場合は，本人の住所地にあて，告知書を発送すれば足りる。また，告知の相手方が届出人である場合に，使者により届出等がされたときは，使者に告知書を交付すれば足りる。

　エ　記載市区町村長は，告知をした日，方法，内容等を適宜の方法で記録するものとする。なお，告知を要しない場合は，届書の欄外に適宜の方法でその旨を記載するものとする。

第2　戸籍の氏又は名の文字の記載の訂正

　戸籍の氏又は名の文字が俗字等又は誤字で記載されている場合において，その文字をこれに対応する正字等に訂正する申出があったときは，市区町村長限りで

訂正して差し支えない。ただし，対応する正字等を特定する上で疑義がある場合には，管轄局の長の指示を求めるものとする。
1 申出人
 (1) 筆頭者氏名欄の氏の文字の記載を訂正する申出は，当該戸籍の筆頭者（15歳未満のときは，その法定代理人）及びその配偶者がしなければならない。その一方が所在不明又はその他の事由により申出をすることができないときは，他の一方がすることができ，この場合には，申出書にその事由を記載しなければならない。これらの者が除籍されているときは，同戸籍に在籍している者（15歳未満のときは，その法定代理人）が共同ですることができる。
 (2) 名欄の名の文字の記載を訂正する申出は，本人（15歳未満のときは，その法定代理人）がしなければならない。
 (3) 筆頭者氏名欄及び名欄以外の欄の氏又は名の文字の記載を訂正する申出は，当該戸籍の名欄に記載されている者（15歳未満のときは，その法定代理人）がしなければならない。
2 申出の方法等
 (1) 訂正の申出は，いつでもすることができる。戸籍記載の基本となる届出と同時にするときは，届書の「その他」欄にその旨を記載すれば足りる。
 (2) 氏又は名の文字の記載の訂正は，一つの戸籍ごとに申出を要するものとする。
 (3) 訂正の申出書（その申出が「その他」欄に記載された届書を除く。）は，戸籍法施行規則第23条第2項の種目により受付の手続をし，戸籍の記載後は，一般の届書類に準じて整理保存する。
3 訂正の及ぶ範囲
　　筆頭者氏名欄の氏の文字の記載を訂正する場合は，同一戸籍内のその筆頭者の氏の文字の記載をすべて訂正するものとする。また，その者の氏のほか，その者と同一呼称の氏の文字についても訂正することができる。
　　名欄の名の文字の記載を訂正する場合は，同一戸籍内のその者の名の文字の記載をすべて訂正するものとする。
4 訂正事由の記載
 (1) 筆頭者氏名欄の氏の文字の記載の訂正をする場合は，戸籍事項欄に訂正事由を記載するものとし，この場合において3により同一戸籍内の他の欄においてその者の氏又はその者と同一呼称の氏の文字を訂正するときは，個別の訂正事由の記載を要しない。

(2)　名欄の名の文字の記載の訂正をする場合は，その者の身分事項欄に訂正事由を記載するものとし，この場合において3により同一戸籍内の他の欄においてその者の名の文字の記載を訂正するときは，個別の訂正事由の記載を要しない。

　(3)　筆頭者の名の文字の記載の訂正に伴って筆頭者氏名欄の文字の記載の訂正をする場合は，戸籍事項欄に訂正事由の記載を要しない。

　(4)　筆頭者氏名欄及び名欄以外の欄の氏又は名の文字の記載の訂正をする場合は，当該戸籍に記載されている者の身分事項欄にその訂正事由を記載する。
　　　この場合の戸籍の記載は，本日付け法務省民二第5201号当職通達をもって示した戸籍記載例216及び217〔注・現行219及び220〕の例による。

5　訂正事由の移記

　氏又は名の文字の記載を訂正した後に，転籍し，新戸籍を編製し，又は他の戸籍に入籍する者については，氏又は名の文字の記載の訂正事由は，移記を要しない。

6　届書に正字等で記載した場合の取扱い

　戸籍の筆頭者氏名欄の氏の文字が誤字又は俗字で記載されている場合において，1(1)に記載された者が，届書の届出人署名欄に正字等で氏を記載して届け出たときは，氏の文字の記載の訂正の申出があった場合と同様に取り扱い，その氏の文字の記載を訂正することができる。

　名欄の名の文字が誤字又は俗字で記載されている者が，届書の届出人署名欄に正字等で名を記載して届け出た場合も，同様とする。

第3　戸籍の氏又は名の文字の記載の更正

　戸籍の筆頭者氏名欄又は名欄の氏又は名の文字については，次の場合に更正することができ，更正の申出があった場合は，市区町村長限りで更正して差し支えない。

1　更正のできる場合

　(1)　通用字体と異なる字体によって記載されている漢字を通用字体の漢字にする場合

　(2)　規則別表第二の一の字体と異なる字体によって記載されている漢字を規則別表第二の一の字体の漢字にする場合（対応する字体を特定する上で疑義がある場合には，管轄局の長の指示を求めるものとする。）

　(3)　変体仮名によって記載されている名又は名の傍訓の文字を平仮名の文字にする場合

(4)　片仮名又は平仮名の旧仮名遣いによって記載されている名又は名の傍訓の文字を現代仮名遣いによる文字にする場合
2　申出人等
　申出人，申出の方法等，更正事由の記載，更正事由の移記については，前記第2のうち，1(1)及び(2)，2，4及び5に準じて行う。
　この場合の戸籍の記載は，前記当職通達をもって示した戸籍記載例218〔注・現行221〕の例による。
3　更正の及ぶ範囲
　筆頭者氏名欄の氏の文字の記載を更正する場合は，同一戸籍内のその筆頭者の氏の文字の記載をすべて更正するものとする。著しい差異のない字体への更正の場合は，その者の氏のほか，その者と同一呼称の氏の文字についても更正することができる。
　名欄の名の文字の記載を更正する場合は，同一戸籍内のその者の名の文字の記載をすべて更正するものとする。
　なお，父母の氏又は名の文字の記載が更正された場合には，父母と戸籍を異にする子は，父母欄の更正の申出をすることができる。この場合において，子が父母と本籍地を異にするときは，父母の氏又は名の文字の記載が更正された後の戸籍謄（抄）本を添付しなければならない。
4　新戸籍編製の事由となる届出と同時に申出があった場合の更正の方法
　婚姻，養子縁組，転籍等により新戸籍を編製し，又は他の戸籍に入籍する場合において，その届出と同時に更正の申出があったときは，従前の戸籍で氏又は名の文字の記載を更正する。
　筆頭者及び配偶者以外の者が自己の氏を称する婚姻等の届出をし，その者を筆頭者とする新戸籍を編製する場合において，その届出と同時に氏の更正の申出をしたときは，更正後の氏で新戸籍を編製し，同戸籍の戸籍事項欄に更正事由を記載する取扱いをして差し支えない。
第4　変体仮名によって記載されている名について
　変体仮名によって記載されている名を戸籍の筆頭者氏名欄及び名欄以外の欄に記載する場合は，従前の戸籍の検索等に支障を来さない限り，平仮名を用いて差し支えない。

　(注)　別表1・氏又は名の記載に用いることのできる俗字表，別表2・通用字体に準じて整理した字体表は，平成16年9月27日民一第2665号通達及び平成21

年4月30日民一第1109号通達,平成22年11月30日民一第2903号通達により一部改正されました。

　改正後の別表は省略。

3 外国人配偶者・父母欄の氏名の更正申出

◎日本人と外国人との間に出生した嫡出子の父母欄等の戸籍記載の取扱いについて
（昭和55年8月27日付け民二第5218号民事局長通達）

改正　平成13年6月15日民一第1544号通達

　日本人と外国人との間に出生した日本人たる嫡出子（準正嫡出子を含む。）について，出生の届出人から，子の父母欄に記載される外国人たる母（又は父）の氏名は，日本人たる配偶者の氏（漢字）を用いて表記されたい旨の申出があつた場合，又は外国人と婚姻した日本人から，その戸籍の身分事項欄に外国人たる配偶者の氏名変更の旨の記載方及び変更後の氏名は日本人たる配偶者の氏（漢字）を用いて表記されたい旨の申出があつた場合において，当該外国人がその本国法に基づく効果として日本人たる配偶者の氏をその姓として称していることを認めるに足りる権限ある本国官憲の作成した証明書等が提出されたときは，左記により取り扱つて差し支えないこととしたので，これを了知の上，貴管下支局長及び管内市区町村長に周知方取り計らわれたい。

記

一　日本人たる嫡出子の出生の届出に際し，外国人たる母（又は父）の氏名は，日本人たる配偶者の氏（漢字）を用いて表記されたい旨の申出があつたときは，当該嫡出子の母（又は父）欄に「甲野，マリア」（又は「甲野，ウイリアム」）の振合いにより記載するとともに，日本人たる父（又は母）の身分事項欄に外国人たる配偶者の変更後の氏名を右の記載に対応する次のいずれかの振合いにより記載する。

　1　妻（又は夫）の氏名を「甲野，マリア」（又は「甲野，ウイリアム」）と変更　平成年月日記載㊞

二　既に戸籍に記載されている嫡出子の父母欄に記載された外国人たる母（又は父）の氏名について，当該嫡出子本人若しくはその法定代理人又は出生の届出人から，日本人たる配偶者の氏（漢字）を用いて表記されたい旨の申出があつたときは，当該嫡出子の身分事項欄に次の振合いによる記載をした上，父母欄の記載を「甲野，マリア」（又は「甲野，ウイリアム」）の振合いにより更正する。

　　母（又は父）の氏名変更につき平成年月日母（又は父）欄更正㊞

　なお，この場合，日本人たる父（又は母）の身分事項欄については，前記1の振合いにより外国人たる配偶者の変更後の氏名を記載する。

三 外国人と婚姻した日本人から，その戸籍の身分事項欄に外国人たる配偶者の氏名変更の旨の記載方及び変更後の氏名は日本人たる配偶者の氏（漢字）を用いて表記されたい旨の申出があつたときは，前記一の振合いにより変更後の氏名を記載する。
　なお，この場合において，既に戸籍に記載されている日本人たる嫡出子があるときは，その父母欄についても前記二本文と同様の処理をする。
四 前記二及び三の申出は，書面又は口頭のいずれによつても差し支えないが，口頭により申出があつた場合は，「戸籍訂正書」を作成の上，所要の処理をする。
　なお，前記一の申出については，出生届書の「その他」欄を用いて差し支えない。

◎戸籍法及び戸籍法施行規則の一部改正に伴う戸籍事務の取扱いについて（昭和59年11月1日付け民二第5500号民事局長通達）（抄）

改正　平成13年6月15日民一第1544号通達

このたび国籍法及び戸籍法の一部を改正する法律（昭和59年法律第45号）（以下「改正法」という。）が公布され，また，戸籍法施行規則の一部を改正する省令が本日公布された。

改正後の戸籍法（以下「法」という。）及び戸籍法施行規則（以下「規則」という。）は，昭和60年1月1日から施行されるが，この改正に伴う戸籍事務については，次のとおり取り扱うこととするから，これを了知の上，貴管下支局長及び管内市区町村長に周知方取り計らわれたい。

なお，これに反する当職通達又は回答は，本通達によつて変更又は廃止するので，念のため申し添える。

第2　渉外婚姻に関する取扱い
　1　婚姻による新戸籍の編製
　　(1) 戸籍の筆頭者でない者が外国人と婚姻した場合，従来その者について新戸籍は編製されなかつたが，改正法施行の後に婚姻の届出（法第41条の証書の謄本の提出を含む。）があつたときは，外国人と婚姻した者（以下「日本人配偶者」という。）について従来の氏により新戸籍を編製することとされた（法第16条第3項，第6条，改正法附則第7条）。この場合の戸籍の記載は，規則附録第7号戸籍記載例（以下「記載例」という。）73から75までの例による。

(2)　改正法施行前に外国の方式により婚姻をした場合において，その証書の謄本が改正法施行の後に提出されたときも，(1)と同様である。
　　　改正法施行前に，日本の大使，公使又は領事が受理した日本人と外国人との婚姻証書の謄本が改正法施行の後に本籍地市区町村長に送付されたときは，新戸籍を編製しない（改正法附則第7条）。
　2　配偶欄の新設
　(1)　1(1)により新戸籍を編製するときは，日本人配偶者につき配偶欄を設ける。
　(2)　日本人配偶者につき，改正法施行の後に婚姻以外の事由によりその者を筆頭者とする新戸籍を編製するときも，(1)と同様とする。
　(3)　日本人配偶者を筆頭者とする戸籍で従前の取扱いによつて配偶欄が設けられていないものについては，日本人配偶者から申出があつたときは，その者につき配偶欄を設ける。この場合においては，その者の身分事項欄に次の振合いによる記載をする。
　　　　「申出により昭和六拾年参月五日配偶欄記載㊞」
第4　その他
　3　外国人の氏名の表記方法
　(1)　戸籍の身分事項欄及び父母欄に外国人の氏名を記載するには，氏，名の順序により片仮名で記載するものとするが，その外国人が本国において氏名を漢字で表記するものである場合には，正しい日本文字としての漢字を用いるときに限り，氏，名の順序により漢字で記載して差し支えない。片仮名で記載する場合には，氏と名とはその間に読点を付して区別するものとする。
　(2)　従前の例により記載されている外国人の氏名の更正は，次の取扱いによる。
　　ア　身分事項欄又は父母欄に従前の例により名，氏の順序で外国人の氏名が記載されている者で，同一の戸籍に記載されているもの全員から，本籍地の市区町村長に対し，その記載を氏，名の順序に更正する申出があつたときは，市区町村長限りでその記載を更正して差し支えない。この場合において，更正は申出があつた戸籍についてのみ行うものとする。
　　イ　父又は母から更正の申出があつた場合には，同籍する子から申出がないときでも，その子の身分事項欄又は父母欄に記載された当該外国人の氏名の記載を更正するものとする。
　　　　申出をすべき者のうち一部の者が，所在不明その他の事由により申出をすることができない場合においては，その他の者全員から申出があるときは，申出がない者の身分事項欄又は父母欄に記載された当該外国人の氏名

3 外国人配偶者・父母欄の氏名の更正申出　371

　　を更正するものとする。
　ウ　更正の申出をしようとする者が15歳未満であるときは，申出は法定代理人がしなければならない。
　エ　身分事項欄又は父母欄を更正したときは，その者の身分事項欄に次の振合いによる更正事由を記載する。ただし，父又は母の身分事項欄を更正する場合において，同籍する子の父母欄のみを更正するときは，その子の身分事項欄には更正事由の記載を要しない。
　　　身分事項欄を更正する場合
　　「申出により平成六拾年参月五日夫（妻）の氏名の記載更正㊞」
　　　父母欄のみを更正する場合
　　「申出により平成六拾年参月五日父（母）欄の記載更正㊞」

4　父母の婚姻等による氏変更の申出

◎父母の婚姻又は離婚等によってその氏が変更した場合，職権又は申出によってする父母欄訂正の記載例（昭和26年12月20日付け民事甲第2416号民事局長回答）

　父，母の氏が婚姻，離婚その他の事由により変つた場合には，これらの届出に基ずき直ちに職権をもつて身分事項欄にその旨を記載し，父母欄の氏を訂正し又その父，母が離婚後他に再婚等により氏が変つた場合は父，母又はその申出により父母欄の氏を訂正して差しつかえないでしようか。若し右職権又は申出により父，母の氏を訂正して差しつかえないとすれば戸籍の記載例は左の振合によつて差しつかえないでしようか何分の御指示を御願いいたします。

　　　　　　　　　　　　　記
父（母）婚姻（離婚）につき年月日父（母）欄訂正㊞
　　　　　　　　　　　回　答
　所問の場合には，職権又は申出により父母欄の記載を更正して差しつかえないが，父母の婚姻又は離婚の届出の際職権で更正する場合は，その届書に必要なる事項を記載させ，また，申出により更正する場合は，その事実を明かにするために必要な資料を提出させる要があるから念のため申し添える。

　なお，戸籍の記載は，訂正を更正と改める外貴見の通りの振合によるのが相当である。

5　父母欄の「亡」の字の冠記

◎子の父母欄に「亡」の文字を冠記する取扱いについて（平成3年11月28日付け民二第5877号民事局長通達）

改正　平成13年6月15日民一第1544号通達

　標記については，子本人若しくはその法定代理人又は死亡の届出人から特にその記載方について申出がない限り，これをすることを要しないとしていますが，今後，この取扱いを下記のとおり改めますので，貴管下支局長及び管内市区町村長に周知方取り計らい願います。

　なお，これに反する当職通達又は回答等は，本通達によって廃止しますので，念のため申し添えます。

　おって，平成2年3月1日付け法務省民二第600号当職通達をもって示した戸籍記載例番号159は削除します。

記

1　子の父母（養父母）欄に「亡」の文字の冠記は行わないものとする。
2　婚姻，養子縁組，転籍等による新戸籍の編製，他の戸籍への入籍又は戸籍の再製の場合において，従前戸籍の父母（養父母）欄に「亡」の文字が冠記されていても，その移記は要しないものとする。

6　配偶欄を設ける申出

◎戸籍法及び戸籍法施行規則の一部改正に伴う戸籍事務の取扱いについて（昭和59年11月1日付け民二第5500号民事局長通達）（抄）

「3　外国人配偶者・父母欄の氏名の更正申出　第2　2配偶欄の新設」（370頁）参照。

7　嫡出でない子の父母との続柄欄の記載の更正

◎嫡出でない子の戸籍における父母との続柄欄の記載について（平成16年11月1日付け民一第3008号民事局長通達）

　戸籍法施行規則の一部を改正する省令（平成16年法務省令第76号）が本日公布・施行されました。この改正に伴い，標記に関する戸籍事務については，今後は下記のとおり取り扱うこととしますので，これを了知の上，貴管下支局長及び管内市区町村長に周知方取り計らい願います。

記

1　嫡出でない子の出生の届出がされた場合の取扱い

　嫡出でない子の出生の届出がされた場合には，子の父母との続柄は，父の認知の有無にかかわらず，母との関係のみにより認定し，母が分娩した嫡出でない子の出生の順により，届書及び戸籍の父母との続柄欄に「長男（長女）」，「二男（二女）」等と記載するものとする。

2　既に戸籍に記載されている嫡出でない子の父母との続柄の取扱い

　既に戸籍に記載されている嫡出でない子について，その父母との続柄である「男（女）」の記載を「長男（長女）」，「二男（二女）」等の記載に更正する申出があった場合には，市区町村長限りで更正するものとする。ただし，その続柄の認定等に当たり，疑義のあるときは，管轄法務局若しくは地方法務局又は支局の長の指示を求めるものとする。

(1)　申出人

　嫡出でない子（以下「事件本人」という。）の父母との続柄欄の記載の更正は，次に掲げる者からの申出に基づいて行うものとする。

　ア　事件本人（事件本人が15歳未満のときは，法定代理人）

　イ　母（事件本人が15歳以上の場合で，母が事件本人と同一戸籍に在籍するとき又は在籍していたときに限るものとする。）

(2)　申出の対象となる戸籍

　申出の対象となる戸籍は，申出のあった事件本人の戸籍のみであり，事件本人が従前に在籍した戸（除）籍は対象としないものとする。

(3)　申出の方法等

　ア　申出は，一つの戸籍ごとにするものとする。

　イ　母を同じくする嫡出でない子が同一戸籍に複数在籍する場合には，母は，

7　嫡出でない子の父母との続柄欄の記載の更正　　375

　　　同一の申出書により当該嫡出でない子らについて一括して申出をすることができるものとする。
　　ウ　市区町村長は，申出に際し，申出人から，母と嫡出でない子との身分関係を記載した申述書の添付を求めるものとする。また，戸籍の記載又は調査のため必要があるときは，戸（除）籍謄本等の提出を求めることができるものとする。
(4)　申出地
　　　申出は，事件本人の本籍地の市区町村長に対してするものとする。
(5)　更正事由等の記載
　　　更正を行う場合には，事件本人の身分事項欄に次の例による記載をした上で，父母との続柄欄における「男（女）」の記載を「長男（長女）」，「二男（二女）」等と記載するものとする。
　　ア　事件本人が15歳未満の場合
　　　(ｱ)　紙戸籍の場合
　　　　　「親権者母（父）の申出により平成拾七年壱月弐拾五日父母との続柄の記載更正㊞」
　　　(ｲ)　コンピュータ戸籍の場合

身分事項　　更　　正	【更正日】平成17年1月25日 【更正事項】父母との続柄 【更正事由】親権者母（父）の申出 【従前の記録】 　【父母との続柄】男（女）

　　イ　事件本人が15歳以上の場合
　　　(ｱ)　紙戸籍の場合
　　　　　「（母の）申出により平成拾七年壱月弐拾五日父母との続柄の記載更正㊞」
　　　(ｲ)　コンピュータ戸籍の場合

身分事項　　更　　正	【更正日】平成17年1月25日 【更正事項】父母との続柄 【更正事由】（母の）申出 【従前の記録】 　【父母との続柄】男（女）

(6)　新戸籍編製等の事由となる届出と同時に申出があった場合の更正の方法
　　　事件本人について婚姻，養子縁組，転籍等により新戸籍を編製し，又は事件

本人が他の戸籍に入籍する場合において，父母との続柄欄の記載の更正の申出があったときは，従前の戸籍で父母との続柄欄の記載を更正することとし，新戸籍又は入籍後の戸籍には，更正後の父母との続柄を記載するものとする。この場合においては，更正の申出は，届書の「その他」欄にその旨及び母と嫡出でない子との身分関係を記載してすることができるものとする。
(7) 嫡出でない子が準正により嫡出子となった場合の取扱い
　　父母との続柄欄の記載の更正の申出により，嫡出でない子の父母との続柄の記載が「長男（長女）」，「二男（二女）」等の記載に更正されている者について，父の認知及び父母の婚姻により準正による嫡出子の身分を取得したときは，戸籍法施行規則（昭和22年司法省令第94号）附録第7号記載例及び同規則付録第25号記載例（番号15，16，78，79及び80）に基づき続柄の記載を訂正するものとする。
3　戸籍受付帳の記載
　　父母との続柄の記載の更正の申出があった場合における戸籍受付帳の件名は，「続柄の記載更正（申出）」とするものとする。
4　申出による戸籍の再製
　　父母との続柄欄の記載が更正された場合において，申出人から当該更正に係る事項の記載のない戸籍の再製の申出があったときは，滅失のおそれがある戸籍の再製の手続（戸籍法施行規則第9条）に準じて再製することができるものとする。
　　なお，この場合には，戸籍事項欄に次の例により記載するものとする。
(1) 再製する戸籍
　　ア　紙戸籍の場合
　　　　「平成拾七年壱月弐拾五日再製㊞」
　　イ　コンピュータ戸籍の場合

戸籍事項　戸籍再製	【再製日】平成17年1月25日

(2) 申出により父母との続柄欄の記載の更正がされた戸籍
　　ア　紙戸籍の場合
　　　　「平成拾七年壱月弐拾五日再製につき消除㊞」
　　イ　コンピュータ戸籍の場合

戸籍事項　戸籍消除	【消除日】平成17年1月25日 【特記事項】再製につき消除

略　歴

長　山　康　彦（ながやまやすひこ）

平成11年4月	札幌法務局民事行政部戸籍課
平成15年4月	札幌法務局滝川支局総務係長
平成16年4月	札幌法務局小樽支局総務係長
平成18年4月	札幌法務局訟務部訟務官
平成24年4月	函館地方法務局総務課長補佐
平成25年4月	横浜地方法務局西湘二宮支局統括登記官
平成27年4月	宇都宮地方法務局供託課長
平成29年4月	札幌法務局民事行政部戸籍課長

新 版
市区町村長限りの職権訂正記載例集
―― コンピュータシステム編 ――

定価：本体 3,600円（税別）

平成13年9月5日	初版発行
平成21年8月1日	増補版発行
平成30年3月30日	新版発行

著　者　　長　山　康　彦

発行者　　尾　中　哲　夫

発行所　　日 本 加 除 出 版 株 式 会 社

本　　社　郵便番号 171-8516
　　　　　東京都豊島区南長崎3丁目16番6号
　　　　　　　　ＴＥＬ（03）3953-5757（代表）
　　　　　　　　　　　（03）3952-5759（編集）
　　　　　　　　ＦＡＸ（03）3953-5772
　　　　　　　　ＵＲＬ　http://www.kajo.co.jp/

営業部　　郵便番号 171-8516
　　　　　東京都豊島区南長崎3丁目16番6号
　　　　　　　　ＴＥＬ（03）3953-5642
　　　　　　　　ＦＡＸ（03）3953-2061

組版 ㈱郁文　／　印刷・製本 ㈱倉田印刷

落丁本・乱丁本は本社でお取替えいたします。
Ⓒ Y. Nagayama 2018
Printed in Japan
ISBN978-4-8178-4464-4 C2032 ¥3600E

JCOPY 〈出版者著作権管理機構 委託出版物〉

本書を無断で複写複製（電子化を含む）することは，著作権法上の例外を除き，禁じられています。複写される場合は，そのつど事前に出版者著作権管理機構（JCOPY）の許諾を得てください。
また本書を代行業者等の第三者に依頼してスキャンやデジタル化することは，たとえ個人や家庭内での利用であっても一切認められておりません。

〈JCOPY〉　HP：http://www.jcopy.or.jp/，e-mail：info@jcopy.or.jp
　　　　　電話：03-3513-6969，FAX：03-3513-6979

戸籍実務の取扱いを
一問一答でまとめあげた体系的解説書

改訂 設題解説 戸籍実務の処理

レジストラー・ブックス126
Ⅲ 出生・認知編　　木村三男 監修　竹澤雅二郎・荒木文明 著
2009年12月刊 A5判 428頁 本体4,000円+税 978-4-8178-3846-9 商品番号：41126 略号：設出

レジストラー・ブックス123
Ⅳ 養子縁組・養子離縁編　木村三男 監修　横塚繁・竹澤雅二郎・荒木文明 著
2008年12月刊 A5判 512頁 本体4,095円+税 978-4-8178-0323-8 商品番号：41123 略号：設縁

レジストラー・ブックス131
Ⅴ 婚姻・離婚編(1)婚姻　　木村三男 監修　横塚繁・竹澤雅二郎 著
2011年8月刊 A5判 432頁 本体4,000円+税 978-4-8178-3943-5 商品番号：41131 略号：設婚

レジストラー・ブックス135
Ⅴ 婚姻・離婚編(2)離婚　　木村三男 監修　神崎輝明 著
2012年11月刊 A5判 424頁 本体3,900円+税 978-4-8178-4042-4 商品番号：41135 略号：設離

レジストラー・ブックス136
Ⅵ 親権・未成年後見編　　木村三男 監修　竹澤雅二郎・荒木文明 著
2013年6月刊 A5判 368頁 本体3,700円+税 978-4-8178-4091-2 商品番号：41136 略号：設親

レジストラー・ブックス139
Ⅶ 死亡・失踪・復氏・姻族関係終了・推定相続人廃除編
　　　　　　　　　　　　木村三男 監修　竹澤雅二郎 著
2014年5月刊 A5判 400頁 本体4,000円+税 978-4-8178-4159-9 商品番号：41139 略号：設推

レジストラー・ブックス141
Ⅷ 入籍・分籍・国籍の得喪編　木村三男 監修　竹澤雅二郎・山本正之 著
2014年11月刊 A5判 472頁 本体4,000円+税 978-4-8178-4198-8 商品番号：41141 略号：設国

レジストラー・ブックス143
Ⅸ 氏名の変更・転籍・就籍編　木村三男 監修　竹澤雅二郎 著
2015年8月刊 A5判 404頁 本体4,200円+税 978-4-8178-4249-7 商品番号：41143 略号：設氏

レジストラー・ブックス145/146/148/149/150
Ⅺ/Ⅻ/ⅩⅢ/ⅩⅣ/ⅩⅤ 戸籍訂正各論編
(1)出生(上) 職権・訂正許可・嫡出否認
　　　　　　　　　木村三男 監修　竹澤雅二郎・神崎輝明 著
2016年5月刊 A5判 348頁 本体3,600円+税 978-4-8178-4306-7 商品番号：41145 略号：設訂出上

(2)出生(下) 親子関係存否確認　木村三男 監修　竹澤雅二郎・神崎輝明 著
2016年8月刊 A5判 468頁 本体4,800円+税 978-4-8178-4328-9 商品番号：41146 略号：設訂出下

(3)認知　　　　　　　　　　　　　　　　　　　木村三男 編著
2017年5月刊 A5判 400頁 本体4,400円+税 978-4-8178-4389-0 商品番号：41148 略号：設訂認知

(4)養子縁組　　　　　　　　　　　　　　　　　木村三男 編著
2017年8月刊 A5判 384頁 本体4,200円+税 978-4-8178-4414-9 商品番号：41149 略号：設訂縁組

(5)養子離縁　　　　　　　　　　　　　　　　　木村三男 編著
2017年11月刊 A5判 296頁 本体3,400円+税 978-4-8178-4440-8 商品番号：41150 略号：設訂離縁

日本加除出版　〒171-8516　東京都豊島区南長崎3丁目16番6号
TEL (03)3953-5642　FAX (03)3953-2061　(営業部)
http://www.kajo.co.jp/